◇现代传播系列丛书◇

电视节目策划

****

TV Program Scheming

项仲平 编著

中国广播电视出版社

现代传播系列丛书

主　编　王文科

副主编　陈少波　王志华

序

新中国成立后，尤其是改革开放的二十年中，我国的新闻传播事业得到了迅猛的发展。传统的报刊、杂志等媒体不断地推陈出新，新兴的广播、电影、电视技术的飞速发展，以网络为代表的电子媒体的迅速崛起，构筑了时下多种媒体并存、相互促进、百花争妍的立体传播态势。但是，新闻传播的理论研究一直滞后于新闻传播实践。

改革开放以来，我国引入西方的新闻传播理论仍无法摆脱西方传播理论的框架。近年来，虽然许多理论工作者为此做了许多的工作，但还远未能从根本上建立起符合我国国情的、具有自身特色的新闻传播理论体系。

这是一件必须完成的艰苦工作。它至少有以下两重意义：

一是社会主义国家的新闻传播实践必须有更为科学的新闻传播理论，必须有符合我国实际的传播理论来指导。西方传播学理论的形成、发展有其自身的历史、文化背景。它是西方特定的哲学思想、社会文化发展的结果，是对这种思想、文化影响下的新闻传播实践研究的结果。因而，在西方传播学理论的构架中，它所包含的许多社会、政治、文化的价值评判标准很难适用于我国。故西方传播学理论的内容可以借鉴，但不能套用，更不能照搬，否则我们将在实践中犯大错误。

二是新中国建立以来的新闻传播实践需要认真地梳理、总结。只有清醒地认识历史，才可能准确地把握将来。我们党历来重视舆论宣传工作。在几十年来的新闻传播实践中，我们形成了许多优良的传统，也走过不少弯路。所有这一切，都需要我们以严谨的态度，科学地、全面地进行整理、分析。这同样是促使我国传播事业持续、健康、稳定发展的重要保证。

由浙江传播学院（筹）（原浙江广播电视高等专科学校）组织编写的这套《现代传播系列丛书》，可以说是在这样的背景下，试图通过研究媒体传播的具体现象来丰富我国自己的新闻传播学术宝库。

立足本土文化关怀，以西方传播学理论为借鉴，努力在东西方文化的交流中形成叙述的宏大文化背景，对时下传播现象进行多元文化的探究，从而显现出一种难得的开放性，这是该丛书的首要特点。

文化是一个民族的根本。新闻传播尽管在我国也有悠久的发展历史，但它从出现的那一刻起就体现出自身的独特之处。《现代传播系列丛书》一方面力争将自己的研究对象放入深厚的文化传统之中加以审视，从本土文化传承中寻求特定问题的解释，并以此来观照西方传播学理论，审视中国对西方传播理论的引进；另一方面，又以西方传播理论来反观中国新闻传统的历史、现状和将来。在不同文明和文化的碰撞中，形成一个开放的多元的文化价值关怀体系。

开放性还体现在丛书作者们对研究对象的把握上。从媒体来说，丛书包括了传播的纸质媒体，新兴的电子、数字媒体，还包括古老的人际传播。从内容来看，既有对观念的探讨，又有对具体形式、方法的研究；既有历史的钩沉，又有现状的剖析。但从整体上来说，丛书所关注的主要对象和所涉及的主要内容都集中在广播电视的传播方面，而我国近二十年来的广播电视又处于刚刚开始、迅速发展的阶段，因而这套丛书最重要的是一种跟踪式的研究，甚至是一种原生态的描述。在多元文化中观照，但并不急于给出结论。在丛书作者们看来，与其在一个不成熟的时间里给出一个不成熟的结论，还不如让历史自己去回答人们的质疑。

其次，本丛书还试图突破当今传播形势下的单媒体的孤立、深入的研究，突破传统研究中那种对传播手法、形式、理念等没有热情的人机之间的对话形式，以宽阔的专业视角、清晰的人文理念关注当下的传播。

面对当今多种媒体并存、互相促进、共同发展的立体传播态势，任何纯粹单一媒体的研究都无法真正反映其本质，无法预测其将来的走向。如电子媒体的出现，并没有像当初人们所预言的那样，是谁吃掉谁的问题。相反，它们之间却日益显现出良好的合作方式和前景。事实上，之所以有这种预言，就是单一媒体研究的局限所致。因此，这套丛书立足传播事实，对所有媒体、事件都给予了充分的关注，目的就在于能从全局出发，尽可能真实地反映当代传播实况。

在对具体内容的把握中，作者们更加注意传播手段之后的人文主义精神，他们追求的是科学和人文的结合、技术与艺术的统一的学术坐标。

丛书的作者来自两个方面：一是具有较深学养的院校专业教师和研究人员；二是具有丰富实践经验的一线工作人员。它的构成不仅仅说明丛书理论和实践的紧密结合，理论为实践服务，重视突出实践，也为丛书的可读性提供了保证。该丛书可以作为大专院校相关专业的教材，也可以成为从业人员的进修读物。

当然，对新闻传播理论的认知还在不断向前发展，丛书难免存在种种不足。但我相信，这只是一个开始。同时也希望能有更多的同志投入这项工作，以尽快建立起具有中国特色的新闻传播理论体系。

何梓华

2001年12月

（注：为本书作序者系中国新闻教育学会会长、教育部新闻学教学指导委员会主任、教授）

目 录

前　　言

1997年，中国社会出版社出版了一本《制造革命》的书。在这部五十多万字的专著中着力表达了这样一个观点：过去的一切社会变化，是我们无法驾驭的，而未来社会的一切变化，却完全可以由我们自行策划去制造出来。该作者认为："人文的时代，人类只能幻想未来；而信息和生物革命的时代，人类却仿佛可以设计、制造，甚至批量生产未来的一切因素。"现代化高科技的飞速发展，使人类逐渐获得了驾驭世界的能力，未来就掌握在我们自己手中。

时代的飞速发展，使我们电视人在电视节目与栏目的制作中越来越扬弃机械呈现一切"原生态"的节目创作理念，使影视的生产制作过程、影视作品的接受和观赏的方式都发生了很大的变化，从好莱坞电影《侏罗纪公园》、《深渊》、《面具》、《狮子王》等片子SGI科技装置的引入，到电视节目三维动画、非线编、虚拟演播室的运用，使影片和节目的特技效果达到了人之无法想象的程度，几乎是出神入化、炉火纯青、真假难辨的程度。过去用物体模型创作每格或每幅影像画面要费很大力气，如今在SGI等设备上运行的软件可以自动创作一整套动作，甚至还可以模拟演员的表演和创作。如在制作《乌鸦》时，影星布兰登·李在该片还没拍完就已身亡，在过去只好前功尽弃，更换演员，如今利用SGI设备采用数据手段，将李的形象插到新的片中，便可以“移花接木”，顺利完成全片的拍摄。

“视像化是当今计算机产业中最主要的经济驱动力”（里查德·马克·费雷多夫：《视像化：第二次计算机革命》），“信息高速公路”的建设和“多媒体”技术的应用使偌大的地球如同具有智慧的大脑，使全球的每一个角落都能通过这个智慧的网络分享信息，实现相互瞬息交流和沟通。运用数字化技术和光纤通讯技术，能成千上万倍地提高信息传播能力。这一技术集传真、电脑、电视、录像电影为一身，采用信息处理、传输而显示的“多媒体”，将文字、声音、图像等高密度信息高速度、大容量和高精度地传送到每一个家庭、办公室、实验室、教室、图书馆、商场等，为人们提供声音、文字和影像的交互式“多媒体”服务。数码化、电脑化、电子化的“多媒体”制作和传播技术将影视艺术，特别是大众普及化的电视艺术引入一个新的境界——智能无穷、成果异彩纷呈的“多媒体”时代。“多媒体”的时代确如人们俗话所讲的“不怕人实现不了，只怕人想象不到”，异乎寻常的合理想象和实现的手段是影视发展的两个轮子，前轮几乎比后轮更加的重要。

“异乎寻常的合理想象是电视节目与栏目精品化的源泉和保证”，时代的飞速发展使得电视节目越来越难于创作，电视的受众已经变被动为主动，他们对于节目的要求也越来越高，迫使电视人改变原有电视节目创作的理念，采用新的节目运作的机制，扬弃过去凭借和依靠编导、记者个体智慧来创作电视节目的理念和机制，探寻一种科学的、艺术形象化的、依靠群众智慧来创造生产电视节目的理念和机制，运用群体智慧创造更多更好的电视精品，使电视节目成为受人民群众欢迎的精神财富和精神享受。

这是我们的希望，这是电视节目管理者和电视节目创作者的共同目标。我们希望电视人认识到，在当今的时代，再凭借和依靠编导、记者个体智慧和有限的电视理论知识来创作电视节目，已很难适应社会和观众的需要了。必须充分发挥和借用“外脑”，把电视节目策划作为节目的一个重要工种或重要创作环节，融合于电视节目的生产之中，使之成为电视节目生产不可缺少的一部分。电视节目已不仅是形象展现创作其他艺术的综合艺术，更是具备自己个性的时代艺术。

人们是否还记得，90 年代初开始，在电视栏目和一些大中型的电视节目滚动的片末字幕中，悄然出现了一个新的电视工种或电视职业——策划：某某人，某某人。到了 90 年代中期，很大一部分栏目和绝大多数的大中型的电视节目滚动的片末字幕中，都不可少的打上了总策划和策划。“策划”终于掀开了“犹抱琵琶半遮面”，开始步入电视节目制作的艺术殿堂，电视人开始用创造性的灵感和思维驾驭电视节目的制作，并且驾驭者——策划人的作用和名字的地位在节目中也变得越来越重要与显赫，这是一种存在于电视屏幕上而又极易被观众忽视的电视新现象、新变化，这种新的变化并不是电视发展过程中简单的分工的细化而应运而生的一般性的变化，它预示着电视节目创作的理念与电视节目生产运作的机制，从以个体智慧为主转变为以个体智慧与群体智慧相融合为主的变革；它预示着和标志了电视节目质量和创作水平一个质的提高，是一次质的飞跃；它标志了电视节目创作步入了一个新的阶段，拉开了电视节目产业化的帷幕，使电视节目生产驰骋在群体智慧的“快车道”上。

原中央电视台副台长洪民生在《开创电视文艺新的辉煌》一文中，在讲到“电视节目策划”时有一句至理名言：“过去习惯提倡以导演为中心，其实节目策划是灵魂。”（《中国电视》1995

年第2期）应该讲这是对节目策划的最早认识，也是最恰如其分的最高概括。目前，“节目策划是灵魂”这一至理名言，正在逐渐地成为广大电视人的职业共识，同时也成为节目创作的机制，融入到越来越多的电视节目中。

第一章　电视节目策划

第一节　策划概述

在电视学中，很多词与术语都是从西方的电影、电视里引进和翻译过来的，例如：导演（Director）、摄影（Photographic \ Camera \ Crane）、录音（Recording \ Tape-recording）、音响（Phonogenic \ Acoustician \ Fathomer）、实况转播（Live program）、剪辑（Clipping）、制片（Production）、制片人（Producer）、电子新闻采集（ENG）、电子现场制作（EFP）、电子演播室制作（ESP）、动画（Animation）、分镜头（Blocking）、摄影台本（Camera script）、指令点（Cue dots）、可视指令（Cues）、蒙太奇（Montage）、隐入（Dissolve）、样片（Rushes）、粗剪（Rough cut）、精剪（Fine cut）、录音带（Videotape）等等都是舶来品，很少有几个术语和工种是出于中国文化的，“策划”恰恰是这很少几个中的一个。

考证策划的由来，最早源于《后汉书·隗嚣传》，“是以终申，策画复得”，策划一词在《辞海》中作策画之解，是计划、打算的意思。它与英语中的plan，scheme，plot的意思相近，它们强调的都是一种理性的筹思过程和实现某一目的而进行的构思活动，策划者其实质是充当和承担了谋士、顾问、参谋的作用和角色。然而，策划这个词在中西文化的理解中其内涵还是有所不同，策划在中国文化中侧重于利用他人的谋划之意，plan，scheme，plot在西方文化中侧重于中性，既可以理解为依靠自己实施有目的的计划和运筹，也可以利用他人的计划、运筹和谋略。

在中国策划的源头可以追根溯源到春秋战国时期游说列国诸侯的策士、谋士、食客身上，“术谋之人，以思谟为度，成策略之奇”，他们有一肚子好主意，有一整套治国安民之方略，这类仁人志士为诸侯出计策，献谋略，辅成帝图。在西方策划的源头是爵爷、君主和军事集团统帅身边的顾问、参谋，他们辅助君主和统帅征战与豪取略夺。根据浙江广播电视高等专科学校詹成大教授对策划的历史考证认为：策划思想，无论是在中国还是外国，都是在战争活动中产生的。古代许多著名战例直接证明了策划对于战争的重要作用，如诸葛亮从“隆中对”这种雄才大略纵观全局出发，联吴抗曹，成三国鼎立之势，再图发展，以后火烧新野，火烧赤壁，六出祁山，七擒孟获，到空城计、五丈原归天，无论大小战役或战斗，在统一的策划下，要做出每一次战斗行动的具体策划。而中外许多史书与兵书，则记述了著名军事家的策划思想。我国春秋时期军事家孙武所著《孙子兵法》，就是一部详尽讲述战争谋略的军事著作，孙子指出：“夫未战而庙算胜者，得算多也；未战而庙算不胜者，得算少也。多算胜，少算不胜，而况于无算乎?”这里的“算”，就是预先的谋划，即“策划”的意思，这一段话非常明确地指出了周密策划在战争中的重要意义。在军事策划思想中，策划的核心内容就是战争前的“知己知彼”——充分分析敌我实力、优势、不足和战争中的“出奇制胜”——利用敌人弱点，进行周密部署，发挥自己的优势，采取出其不意的战术。

策划在中国历史上常常是和军事计谋联系在一起的，它在历史的战争中发挥了极为重大的作用，诸葛亮从“隆中对”这种雄才大略的策划谋略，联吴抗曹，奠定三国鼎足之势，成为流传千古的策划佳作，在中国革命战争时期由毛泽东领导的“四渡赤水”等，也都是中国历史上军事策划的经典案例，人类的智慧之光在这些著名的战争策划中展现得淋漓尽致。

策划真正从政治活动、军事活动中剥离出来，是伴随着商品经济的发展和社会化管理体系、公共关系学的学科发展而产生的。现代的策划概念最先产生于公共关系领域，早在20世纪初，美国著名公共关系专家艾维·莱特贝特·李就通过他所创办的美国第一家专门从事公共关系业务的企业——宣传顾问事务所，开展了一系列公共关系活动，但是“策划”一词在公共关系领域出现却是在50年代中期。在1955年出版的一部题为《策划同意》的著作中，爱德华·伯纳斯提出了这一具有挑战性的概念。紧随着伯纳斯，伦敦BMB广告公司的创始人斯坦利·波利坦60年代在广告领域率先使用了这一概念。很快，策划思想及工作方法迅速在西方广告界和公共关系界普及开来。在公共关系策划中，策划的核心内容就是通过充分的分析，找出企业在公共关系方面面临的主要问题，然后探讨有利于企业建立良好的公共关系的方法，并制定实施这些方法的计划。因此，分析与战略规划仍旧是其核心环节。在现代社会，策划手段的运用已经远远超出了最先使用它的军事领域，也超出了最先提出明确的策划概念的公共关系领域，而深入到了社会各个机构和生活的各个层面，“策划”成为一种具有方法论意义的思维方式和运作方式。MARSHALLE·DIMOCK将策划分为国际策划（如国际合作、发动战争的策划）、国家策划、区域策划、都市策划、资源策划、行政策划（对于政府或政府机构的方针和行为方式的策划）、作业策划（对于某一具体项目的运作的策划）等等种类与形式的策划。JOHN·M·PFIFFNER在其《公共管理》中，将策划分为经济及社会策划、物质（或自然）策划、行政策划等几种。

现在策划学正从美国公共关系学与管理学中延伸而逐步推广完善，并成为一门相对独立的科学学科的一个新分支，从公共关系与管理科学、运筹学到策划学。虽然，策划学尚未完善到成为一门独立的学科，但是，策划在社会活动、企业活动、商品经济中已经显露出巨大价值和勃勃生机，同时，策划又开始深入到一个崭新的领域——广播电视节目学中，并与电视节目的研究和生产相融合，在广播电视的制作中也愈来愈显现出它的地位、作用和价值的重要性。

策划发展到现在到底是怎么一个概念呢？

有的学者认为：策划是一个可大可小的思维活动，这种思维活动既可以是从无策划目标到有的过程，也可以是有目标的寻找达到目的的最优化的过程。

也有的学者认为：策划是一个动态的发展决策过程。这种决策过程是不断发展否定前者的过程。

还有的学者认为：策划是一个最优化规划未来工作目标的构思方案。

策划是一种从无到有的精神活动。

策划是一项极具理想化的活动。

策划是提高成功可能性的思考活动。

策划是为了实现某一目标或解决某一问题，而产生的奇特想法和良好的构思。

策划是一出有趣的戏剧，策划人是编剧和编导，策划案就是剧本。

策划就是栏目和节目的策略规划，是栏目和节目整体性和未来性的策略与规划。它包括从构思、分解、归纳、判断，一直到拟定策略、实施方案、事后追踪与评估过程。

策划就是在考虑现有资源的情况下，激发创意，制定出有目标的、可能实现的、解决问题的一套策略规划。

还有的中国学者认为，策划的核心内容是出谋划策。为了达到特定的目的，实现预期的目标，从当前的环境出发，不断构思各种可能的方案，并对这些方案进行综合的分析比较、评价选优、修改完善、并付诸实施的过程。

美国一些管理丛书认为策划是一种思考的程序，它的本质是一种运用脑力的理性行为。基本上所有的策划都是关于未来的事情，也就是说，策划是对未来要发生的事情做当前的决策。

策划简而言之概而括之就是谋略献策、统筹兼顾与规划。

概括上述中外关于策划众多的学术观点，大体上是四种界定策划概念的理念：

一是事前行为说，认为策划是为未来行动做当前的决策，是事前的准备过程；

二是管理行为说，认为策划是一种管理行为，策划与管理是共生的，策划与管理分离，则无任何效率可言；

三是选择决定说，认为策划是管理者从多种方案中，选择可选择目标、策略、程序及具体计划的活动；

四是思维程序说，认为策划是策划者对于未来行动的一种理性思维程序。

不论策划的定义是如何的众说纷纭，但策划的实践已远远地走在了理论的前面，可以说在当今的社会里，策划已经是一个相当普及的概念，策划已经参与和融合到众多的社会活动和行业之中，如策划与行政管理的结合——行政策划；策划渗入与广告的结合——广告策划；策划与电视行业和电视节目生产的结合——电视策划和电视节目策划；策划与商业经济的产品销售的结合——营销策划；策划与社会活动结合——社会活动策划；策划与人及社会单位整体面貌相结合——形象策划；策划与生产单位的结合——企业策划；策划与商业和社会活动、展览相结合——会展策划；策划与现代家庭生活的结合——居室策划等等，几乎所有的行业都渗透了策划的概念，都离不开整体精心的策划设计。当代意识下的策划，既是人的一种理念，同时又是一种产业运作的方式，从产品定位、产品生产到营销，一切活动都围绕着策划这个核心，由此可以看出，以这种理念来理解的策划就有了长期存在和发展的现实意义与战略意义，因为策划与我们人类的生活、与社会是息息相关的，高文明的社会、高效率的工作、高质量的生活都离不开策划。鉴于此，策划的意义可以用《礼记·中庸》中的一句古语概括："凡事豫则立，不豫则废。"

对此，今天我们在讲到电视节目时，必然会讲到策划与电视节目的宣传、制作销售的结合而产生的、同时也是当前在电视界非常流行的一个词"电视节目策划"。何为电视节目的策划呢？电视节目的制片过程又是如何引入策划这一重要的活动机制呢？在电视节目的制片过程中是谁、是什么电视节目首创引入了策划机制？这种极为有效的策划活动机制，在电视节目的制片过程中有哪些思维规律和操作规律呢？这些问题被人们在制作的繁忙和欣赏的娱乐中忘却了去探究，在电视事业和电视节目红得发紫的今天，人们似乎只追求电视节目的尽善尽美，只追求电视节目的越来越大的收视群，而遗忘了在创建电视辉煌中发挥着积极作用、而今后还将继续发挥更大作用与优势的策划机制与规律的探究，坦言之，电视节目今天的丰富多彩、辉煌灿烂已经给我们探寻电视节目的策划规律准备了丰厚的素材和创作的经验积累，我们完全可以在这片沃土上探寻出电视节目策划的规律来，使我们越来越多的电视节目既好看又省钱，既使领导满意又受老百姓欢迎。

第二节　电视节目概述

一、什么是节目

从字眼上讲，“节”字，原是指树木的交接处，是物体分段或段与段之间的地方，如竹子生叶与分枝处称“竹节”，动物的骨骼连接处称“骨节”，“季节”、“情节”等，都是指一段一段的意思。“目”字，除了作眼睛或观看的解释之外，还有大项中分小项的意思，如“大纲细目”、“章、条、节、目”等。“节目”两个字合起来，原指就是事物的条目。庚信《赵国公集序》：“若使言乖节目，则曲台不顾。”英文称节目为 PROGRAM，PRO 是前缀，先前、预先的意思，GRAM 是 GRAMMAR 文法、语法的字根，相通于 GRAMMAR，PRO 与 GRAM 拼在一起，就构成了按主观预先的规定，安排某一种要求顺序而进行的事情的条目，即进程的项目和单元。也就是，我们为了达到某一目的合理有序地安排好的工作进程而分块、分步的项目。人们现在说的节目，通常是指文艺演出的项目，同时也泛指一定时段里表现一定内容的一种形式。比如，在一场“迎接太阳——纪念渡江战役胜利暨南京解放五十周年文艺晚会”中，有序幕——（1）合唱：人民解放军占领南京；有歌舞——（2）新九九艳阳天；有舞蹈——（3）红旗颂；有说唱——（4）老南京与新南京；有二胡齐奏——（5）光明行；有诗歌——（6）无名英雄；有评弹——（7）唱南京；有京剧——（8）咏梅；有独唱——（9）阳关大道；有尾声——（10）大型歌舞：为了明天的太阳。在这里，合唱、歌舞、舞蹈、说唱、评弹、诗歌、京剧等均是这场文艺晚会中的一个一个顺序而进行的项目，或者说是一个一个演出的单元，今天我们通常把这类文艺演出中的项目或演出的单元称为节目。

二、什么是电视节目

所谓电视节目，是指电视台或社会上制作电视节目的机构，(如电视广告公司、电视文化传播公司、影视制作公司等）为播出、交换和销售而制作的表达某一完整内容的可供人们感知、理解和欣赏的视听作品。电视节目是电视传播内容和形式相结合的基本单位，同时也是电视台播出的具体项目和单元。

“三性”合一的特征是电视节目所特有的。电视节目是电视传播过程中主体人（节目制作者）精神产品的物化形态。电视节目制作者运用现代电视技术，根据策划和编导对节目的意图，将摄取有关的图像和声音素材，按预先的顺序和一定的电视“章法”或被摄对象“原生态”，进行剪辑和特技加工，分类、分段、优化排列组合而成的可供播出的艺术产品、精神产品和信息产品。“三性”合一是电视节目最重要也显赫的特征。

电视节目是一种精神产品。中国电视是意识形态的重要组成部分，是党、政府和人民的喉舌，作为社会主义的现代化大众传播媒体，中国电视还具有文化属性和产业属性，中国电视事业的性质决定了电视节目的属性和任务。作为一名电视节目的策划者，必须始终如一地记住中国电视节目的性质，尽管电视新闻报道的具体任务在不同的时期会有不同的侧重点，尽管电视节目类型在不同的时期会有不同的变幻，尽管电视节目的表现方式在不同的时期会有多元化的呈现，但这并不意味着电视节目的本质属性的改变。中国电视在社会主义时期的任务就是坚定不移地宣传贯彻党的基本路线，为社会主义物质文明和社会主义精神文明服务，培养有理想、有道德、有文化、有纪律的社会主义四有新人，完成新时期电视工作的历史使命，为把我国建设成富强、民主、文明的社会主义现代化强国做出应有的贡献。中国电视在社会主义时期的任务，不光是新闻传播、社会教育节目的任务，同时也是文化娱乐、信息服务节目的任务。对此，从电视节目的任务、本质属性来讲，所有呈现于电视屏幕的电视节目都是电视工作者创造并用于电视屏幕传播的精神产品；从电视节目的内容上讲，无论是新闻节目还是广告节目，每一个电视节目都有着正确而鲜明的主题，并按节目的主题选择和提炼素材，做到精炼、感人、生动、具有说服力和感染力、寓教娱乐，使人留下深刻的印象或艺术美感。

电视节目是一种信息产品。电视本身是一种信息载体，是一种传播工具。本世纪60年代，曾经出现过三个有名的传播模式，奠定了传播学的理论。香农—韦弗（Shannon—Weaver's）提出了一种直线性的单向模式理论，即信息源——发射源——接受器——信宿；（转自《大众传播模式论》第20页）奥斯古德—施拉姆（Osgood-Schramm's）提出信息传播循环的模式理论，即编码者、释码者、译码者——讯息——编码者、释码者、译码者——讯息的循环的过程；（转自《大众传播模式论》第22页） 丹斯（Dance's）提出了传播过程是螺旋形发展的过程，在其中有各种不断变化的要素，传播是动态的，人在传播过程中是主动的，并富有创造性。（转自《大众传播模式论》第25页）以上三种传播理论模式，无论是哪一种形式，都首先肯定了信息由信源向信宿的流动过程。这样看来，把传播活动作为一个整体过程来考察，丹斯模式所描述的螺旋式发展的过程是比较符合人类传播活动的，人类的传播活动由自我传播（Self-Communication）走向人际传播（Interperson-Communication），随后走向团体传播（Group-Communication）、组织传播（Organization-Communication），继而再发展为大众传播（Mass-Communication）。

《韦氏大辞典》对大众传播的定义为：由组织化的传播机构和组织化的专业人员制作传播内容，运用大众传播媒介，向一群广大而不确定的人群，密集地、大量地传递信息的行为。现代生活的快节奏，需要更快的、密集的、大量的信息，人们在报刊、杂志、广播等传播媒介、传播工具之后，寻求新的传播媒介与传播工具。据研究统计，人们从外界感知的信息，有85%是通过视觉获得的。在电视尚未进入大众传播领域之前，人们获取信息只能是靠阅读文字和听觉，对客观实物的视觉的信息通道，大部分是闭塞的。人的视觉通道犹如“山径之蹊，间介然用之而成路；为间不用，则茅塞之矣”（《孟子·尽心下》）。电视的兴起，直观的图像走入信息的“山径之蹊”，使之茅塞顿开，坦途再现。

电视以节目与栏目为传播的单元是大众传播的一种新形式，电视节目与栏目借助于电视手段把各种各样的单元节目以“编码”信息的表现形式传播到千家万户的电视荧屏上，使观众受纳和理解。电视以节目传播信息的方式最能体现大众传播的信息公开、单向流动、迅速广泛、由职业传播者发布等特色，这是人类视觉传播的复苏，在传播史上开通了两条人类感知客观世界的通道——听觉与视觉。在当今电视传播中，电视的职业传播者为了提供更多的信息，以吸引更多的观众，各台、各频道均加强了节目和栏目内涵的信息量。有不少节目和栏目在保持自己基本性质、功能、特色、信息量的前提下，趋向于以自己基本性质、功能、特色、信息量为主，兼顾其他功能的信息量。

电视节目是一种艺术产品。这种艺术产品是在传播信息的同时，把客观事物运动变化中的电视形象的美传播了出来，给人以一种心情上的愉悦，情感上的共鸣，情绪上的调节，精神上的享受。

这种集艺术产品、精神产品和信息产品于一身的电视节目，其表现形式不同于书籍、报刊、杂志、广播，它是通过视频与声频信号来形象化表现“原生态”动态的形象的视听产物。现实社会与人类生活的“原生态”形象是电视节目物化的形态，它集直观、生动、形象、快捷和逼真于一身，这正是这种艺术产品、精神产品和信息产品的主要特征和优势。它随着电子技术的发展还将不断扩大传播的深度和广度，将成为社会与人类生活越来越不可缺少的传媒和艺术门类。对于电视节目既要重视电视节目的社会效益，也要重视其经济效益，既要承认电视节目的商品属性，也要看到其精神产品的文化本质，策划的整个过程中，要以社会效益为终极目标，尽可能地做到思想性和艺术性、教化和娱乐、经济效益和社会效益的统一，使电视节目成为多元属性的产品。

电视节目在集艺术产品、精神产品和信息产品于一身的多元属性的同时，它本身在传播上还具有优胜于其他传媒的几个特点。

三、电视节目传播的特征

1. 综合性。电视节目的传播方式、制作形式等技术手段是时代高科技发展成果的综合。这种综合是展示时代电子科技最生活化、最形象化的窗口，电视节目的每一步变革都是以电子科技进步和成果转化为依托的。考察电视与电视节目的产生、形成、发展、变革和辉煌，可以清楚地看出其每一步都是以电子科学技术进步为先导。电子科学技术的现代化必然要带动电视艺术的现代化。

电视节目这一视听艺术产品是电子技术与艺术的综合的结晶。电视节目的发展史，也是电视技术的发展史，电视节目的艺术是全身披挂着时代的科学技术的戎装屹立于艺术大家庭之林，它博取广纳，兼收并蓄，它几乎享受了人类自工业革命以来光学、电学、化学、声学、通讯传播学、微电子学等学科的丰硕成果，从而成为最现代化、大众化的视听艺术，成为“一门利用其他科学（包括精密科学）成就的综合性科学”（叶·魏茨曼语）。电视节目视听艺术的里程碑式的分期往往是以科学技术为先导，如电视的机械电视阶段、电子电视阶段、彩色电视阶段、卫星电视阶段、光缆有线电视阶段、多媒体电视阶段，以及今后多媒体与高清晰度电视结合的情景更是令人难以预料。这都是与科学技术的重大变革和新成果的问世分不开的，科学技术的现代化给电视艺术插上了电视现代化飞翔的翅膀，给电视艺术的表现提供了前所未有的可能，从而开拓了新思路、新手法、新样式。

综合性是电视的本体特征，尽管提法变来变去，但万变不离其宗——综合性。综合性既是电视的特征之一，也是当今电视发展的主要趋向。电视的综合是全方位、多层次、多元化的综合体。电视是先进的科学技术手段与新闻、艺术、专题、百科知识、经济信息、服务项目、广告等电视节目的综合体；电视是时间和空间、画面和声音、视觉和听觉的极大的延伸和综合体，它开拓了人类求知、审美的视野和境界；电视是构成因素（元素）的综合，即集形、光、色、字、景、物、人等多种造型元素于一体，“它本身综合了电影、戏剧、小型杂志等艺术种类的特点，还同文学和音乐有密切的联系”（引自《简明美学辞典、电视条目》）；电视打破了文艺品种和行当分工的界限，集编、导、演、摄、录、服、美工、特技、剪辑等于一体，融观赏性、知识性、新闻性、广告性、服务性、娱乐性于一炉；电视是在二维的平面上形成三维空间的幻觉，是一个物理——生理——心理时空综合效应的流程结构，是大规模综合交流思想的工具。

电视的综合性是当今电视发展的主要趋向，目前正处在一个前所未有的大变革之中。这场变革具有基础深、技术新、范围广、速度快和带动一批相关工业科技影像科学发展的特点。其中，“信息”是先导，“新材料”是基础，“新能源”是支柱。这场以微电子技术（含电脑、“电子小屋”、信息高速公路、多媒体网络）为核心的信息革命和智能革命，从自然科学角度看，是类似人体神经中枢系统饿控制机的革命。它对社会经济、人们生活和电视本身以及反过来对科技的生产所产生的辐射力和渗透力都将是空前的，它对电视事业的发展更是划时代的。设想一下，20世纪以来，如果没有电子器件、半导体、激光、微电脑、光纤通讯、数码化录音录像、电子合成器、电子编辑机、非线性编辑等一系列新器材、新技术的诞生和发展，现代化的电视艺术就不可能存在。

科学技术的不断革新，使电视的生产制作过程和接受、观赏方式都发生了很大的变化，电视片中的特技效果达到了出神入化、炉火纯青的程度，几乎是无所不为、无所不能，简直是真假难辨。过去用物体模型创作每格画面要费很大的力气，如今在SGI等设备上运行的软件可以自动创作一整套动作，甚至可以模拟演员的创作，“视像化是当今计算机产业中最主要的经济驱动力”（引自里查德·马克·费雷多夫：《视像化：第二次计算机革命》）。数码化、电脑化、电子化的制作和传播技术将把电视艺术引入一个新境界——智能无穷、成果灿烂辉煌的“多媒体”时代。

例如，好莱坞有几十个项目用多功能装置制作电视的娱乐、教育节目。如儿童剧《鸟类的生活》，只要轻击键盘，屏幕就会显示一群鸟，就会出现带框文字描述其自然环境或是叙述这群鸟如何在亚马逊河丛林生息和它们的来龙去脉。卢卡斯将《青年——印第安纳·琼斯纪事》系列电视剧改编成了数控化，为美国的游戏类、教育类电视节目增光添彩。影像科技大发展、大变化，计算机与新兴的影像系统的迅速崛起，向以卤化银为代表的化学影像系统提出了严峻的挑战，同时，也为影像系统提供了向前发展的机遇，过去的那种以化学影像一统天下的局面已经被打破，新的影像体系已越来越开阔人们的眼界并显示出空前的优势。

电视节目的综合，既是节目内容、形式和技术手段及工种等的综合，同时也是各个领域、各部门资源的综合。略作分析可以看出电视节目的综合是多方法、多层次、多渠道、多元化的综合，这种综合性还具体的表现为：

(1) 从电视节目表现的基本元素上看，电视节目是电视要素的诸多综合，电视节目要素是图像与声音的综合，细分图像包含人为的绘制图像（如美术图案、布景、字幕）和非人为的自然实物图像（如对象人物、对象景物），声音包含有声语言（如解说词、报道词、串联词、台词、旁白）、音响（如实况音响、拟音）、音乐，电视节目就是由这些人为的绘制图像与非人为的自然实物图像的像部和解说词、报道词、串联词、台词、旁白、音响、音乐的声部的有机综合，构成了完美无缺的电视节目。这是人们通常所说的"视听结合"、"声画并茂"、"综合艺术"。所以，电视节目是图像、声音等诸多元素综合的产物。

(2) 从电视节目的传播形态上看，一个电视节目是诸多传递方式的综合，它既可以以一种基本的表达传递方式——录像传递播出节目，如现在许多电视台播出的新闻与新闻评论性节目、专题与纪录片节目和中小型的文艺节目，基本上还是采用录像播出的形式；也可以是直接的现场直播节目，如大型的新闻事件报道、大型文艺节目和大型的体育竞赛活动，均采用现场直播的方式，如《1997香港回归特别报道》、《三峡工程大江截流特别报道》、《建国50周年天安门阅兵式》、《江泽民、克林顿答中外记者问》、《珠海国际航空航天博览会开幕式》、《3·15特别节目》、《奥运会开幕式》、《春节联欢晚会》、《相约一九九八——庆祝香港回归1周年大型文艺晚会》、《春潮颂——纪念改革开放20周年大型音乐会》、《大连服装节开幕式晚会》等等；还可以既包容现场直播又有一定量的录像的画面内容的播出形态，如《1998抗洪赈灾晚会》、《抗洪精神颂——慰问抗洪军民大型文艺晚会》、《日全食——彗星天象奇观现场直播》等等，是一种基本的表达传递方式——直播为主也兼容了录像的表达传递方式。对此，从电视节目的传递形态上看也是综合的。

(3) 从节目的内容上看，电视节目的内容是最综合化的体现，它把电视节目装点的格外异彩纷呈，如中央电视台的《经济半小时》节目，其内容包含了经济政策、经济管理、经济知识、经济信息、经济热点和经济现象分析、世界经济介绍和全球经济动态，同时，在节目中还介绍各行各业发展的现状和经验（像住房改革、农村发展、股市现状、企业经营机制以及工业、农业和科研等一批先进典型），由此节目的内容包含了丰富快捷的知识和信息以及周到贴切的服务；中央电视台的《开心辞典》节目，其内容包揽了历史知识和掌故、人文与民俗、天文及地理、艺术和科学小知识的小百科的知识内容，节目内容之丰富可以说是包罗万象。

(4) 从节目的组成形态上看，电视节目既可以是单一的表达方式，如《丝绸之路》、《话说长江》、《望长城》、《重逢的日子》、《严华的自述》、《沙与海》、《远在北京的家》、《最后的山神》、《两个孤儿的故事》、《人鬼人》、《半个世纪的乡恋》、《家在向海》、《远离的愿望》、《龙脊》、《藏北人家》、《壁画后面的故事》、《茅岩河船夫》、《黄山猴》、《艾虎》、《西藏的野生动物》、《运河人》、《小木屋》、《扬州第九怪》、《15岁的中学生》、《德兴坊》以及《十字街头》等一大批纪录片，这一大批纪录片均是以纪实的表达手法，来表现普通人的人生哲理与社会、自然的问题等主题；同时电视节目也有很大一批采用了访谈与表演、表演与纪实、纪实与虚构相结合的多元表达方式的文艺节目，如中央电视台八套的《朋友》、三套的《新视听》、《梦想剧场》等节目。

与此同时，又可以是一种形态为框架，为较好地表现节目主题形象化的内容，综合地融合其他如纪实的表现形态为其中的组成部分。如中央电视台的《抗洪精神颂》，在这一晚会中融入了许多解放军官兵在抗洪抢险一线挡洪水救百姓的新闻画面，真切形象化地展现了解放军官兵的崇高品质和大无畏的精神；又如浙江电视台的《抉择2000——浙江省反腐倡廉晚会》，在晚会中插入了许多纪实性的镜头，生动形象化地展现了腐败分子贪赃枉法和优秀党员拒腐败的高尚人格和坚定的党性原则，用现场晚会与新闻纪实相结合的手法，大大增加了晚会的艺术效果。这一切都显示了电视节目组成形态与表现手法上的多样性和综合性。

(5) 从节目产生的组成人员上看，现在电视节目的产生已不可能是一个人的产品和成果，而是演职人员、策划者、编剧、导演、制片、摄像、编辑、录音、灯光、化妆、字幕等共同的成果和结晶。电视节目的制作完全不同于广播、报刊与杂志，相对而言，广播、报刊与杂志节目在一般情况下，是个体的创作劳动。电视节目的创作一般来说较难由某一个个体独立去完成，它必须依赖其他工种的合作，所以电视节目是群体创作的结果。与此同时，电视节目随着制作的越来越精品化和收视观众欣赏水准的不断提高，电视的个体从业人员不可能人人都是采、编、播、摄的全能手，电视节目创作的分工会越来越细，同时随着电视节目选题的大小与重要性程度的不同，电视节目所涉及的人员和工种数也会有很大的区别。有的节目可以由几个人来完成采、拍、制的任务，如一般的新闻采访、小专题、小型的纪录片；有的节目需要一个小组十几人合作完成，如新闻系列采访报道、新闻深度报道、一般性的演播室节目、小型歌会、专题节目等；有的节目则需几十人甚至上百的电视工作者一起合作才能完成。

(6) 从节目传播的功能上看，电视节目传播的功能也是多元的。电视画面是由摄像机记取下来的对物质现实情况的一种客观反映，是最为直接、逼真的再现“讯息”，通过电视屏幕出现的这些新闻节目、纪录片、纪实片等电视节目，使足不出户的观众了解了外面世界的各种信息，了解了外面世界日新月异的变化的消息，如中央电视台2001年6月16日播报了俄美总统会晤，第二天又播报了一条信息，俄总统普京对美国总统布什就两国面临何种安全威胁没能达成一致意见，他重申，俄反对单方面改变1972年签署的《反弹道导弹条约》，这是普京在斯洛文尼亚同布什举行了会谈回到莫斯科后说的这番话。关于南联盟黑山议员反对引渡米洛舍维奇，南联盟政府上周批准了与海牙国际法庭合作的法律草案，18日，黑山籍的议员聚集在黑山共和国首府德戈里察举行会议，会后，黑山共和国政府高级官员德拉甘·科普里维察表示，所有黑山籍的议员将"顺从黑山人民的意志"，在21日一致投票反对南联盟政府与海牙国际法庭合作的法律草案。

与此同时，杭州台消息：杭州女子中学重现，引发各界议论；杭州公布十大土地违法案；《同一首歌》7月唱进杭州；离退休人员养老金提高。电视画面不仅是一种"讯息"，它同时也是电视台的拥有者——国家的喉舌，既有政府发布的声音，又有经济、文化、体育和社会的消息；既有新闻报道的内容，又有文艺娱乐的歌会；既有国际的消息和动态，又有国内老百姓想了解的生活服务的信息。所以，从电视节目的功能上呈现了知识与信息、知识与娱乐、知识与生活，很好地发挥了电视了解事实、增加知识、娱乐生活和陶冶情操的多元功能。

2．直观性与现场性。直观与现场性紧密联系的是电视中大量现场实况的播出，这正是电视优越于报刊杂志、电影、广播等的第一大优势。电视节目的直播传播方式、摄录现场制作形式、瞬间覆盖与接受等都具有越快越强的高保真度和传真力。只要正确运用先进的电子声像技术的器材设备，我们既能如实再现客观对象的图像、声音，也能确保音视频信号在全球范围内传输而不失真、不损耗。电视把人们带入了特定的人、事、景、物等可视的现场氛围之中，这种身临其境的现场实况感具有巨大的魅力，迎合了人们认识事物的"前古遗训"——"眼见为实"，观众借助于电视，使人们的感观插上了"千里眼、顺风耳"，使得电视观众享受直观与现场的无穷魅力。这种直观与现场的无穷魅力使社会生活中的很多“秘密”曝光了，使社会信息的垄断开始打破，信息越来越成为全社会人人都可以共享的财富，家庭因为有了电视，使居室变成了获取最新信息、学习各类知识、欣赏艺术表演的场所，从而彻底地改变了家庭这一空间的意义。

这种直观与现场的无穷魅力是因为：

(1) 它可以直接地、生动地、较少地受文化与生活经验的限制，较大范围地感知直观的视听形象信息，排除人们对于事物认识的不确定性，同时也可以在较大程度上减少人们在阅读文字材料时运用想象的差异性。

(2) 它可以充分尊重观众，并调动观众自主的本体意识，通过自己的眼睛、耳朵，从电视屏幕上观察、判断、理解传播内容，突出了视觉在传播中的地位，养成观众偏重于从形象、具体来吸取信息的习惯，具体、形象化包括了事物、事件的过程，出场人物的动作、体态、表情和自身的语言。（当然，如果片面强调直观与现场性，如果不善于对观众片面追求直观与现场性的心态给予正当的引导，也会“容易陷入一种危险的错觉，即以为看到的就是知道和理解”。——德国鲁道夫·爱因汉姆，从而导致忽视社会实践的亲身体验。）

(3) 它可以向观众提供丰富多样的信息，这些信息常常是越越解说、旁白所指引的含意，观众可以各取所需。观众既可以跟着屏幕传播的和演示的内容学到不少知识和技能，还会有许多“无心插柳柳成荫”，诸如服装、发型、化妆、通俗歌舞，以及社会时尚等，电视往往无意中进行了示范与推广，成为自觉与不自觉的宣传员，招引不少观众的模仿和崇尚。

(4) 它可以培养观众了解客观事实、关心国内外大事的兴趣，提高国民的政治、经济、文化、艺术的综合素质。

(5) 它可以使观众产生临场感、参与感，进而调动和激发观众的某种情感，以至于产生强烈的共鸣。

3. 互动性。快速发展的时代使受众对信息的需求量加大，要求也变得越来越高，再也不满足电视节目对他们填鸭式的单项的灌输。电视观众越来越多地表现出强烈的参与意识，迫使电视创作者在电视节目中将人际传播的互动引入到大众传播中，改变了传统传播理论，使得电视人必须重新调整和选择电视节目传播和电视节目报道的方式，将电视节目的“讯息”传播者与接受者互动起来。现在的电视节目正在发生着观众从“形式上参与”到“思想情感上参与”的转变。

4. 连续固定性。电视传播是依时间流程而连续进行，电视节目有的是以节目为单元连续定期固定的编排方式播出，每一个电视台都会以一种最优化自身频道资源的形式来编排本台的节目与栏目。在通常情况下，电视台都是按照固定的栏目、固定的播出时间或时期、固定栏目或节目的时间去编排、去准时播出各自的节目和栏目。(插电视台节目播出表)

首先，电视节目的播出是连续的，大多数电视台从早晨6：00到次日凌晨2：00，不间断地把事先安排好的节目依次播出。当然也有像山东卫视台这样的个别电视台，以24小时不间断的连续方式进行播出。

其次，电视节目的播出有的必须是固定的，这种固定首先是节目与栏目赖以确立和存在的前提，同时也是一个节目与栏目区别于其他节目与栏目必要的特征条件。一般地说，现有的节目与栏目要树立其自身的栏目形象和保持固定观众收视定势，必须以固定的节目形式将其确定下来，不固定的节目就会丧失观众，节目的非准时、不固定性是电视节目最忌讳的“敌人”。

电视节目传播的特征是电视节目的内在构成的外在形式体现和反映，决定电视节目内容本质的是节目本身的构成要素。那么什么是电视节目的构成要素呢?

四、电视节目的构成要素

1. 电视节目构成要素

电视节目本身是声、画、视、听有机融合的信息产品、精神产品和艺术产品，构成这种节目的要素是图像和声音。在《中国广播电视学》一书中，把广播电视节目要素一起结合加以研究和讨论，归纳为语言、图像、音响、音乐四要素，从表面上看，总体上是合理的，但把广播节目与电视节目区别开来，问题就出来了，第一，广播节目不存在图像，它根本不可能存在包括图像的节目，图像要素是区分广播节目与电视节目的特质，它有了图像就不是广播节目，构成广播节目的要素就是声音。第二，在广播电视节目要素中，声音、图像同属于节目的首要的最基本的要素，是节目的一级要素，语言、音响、音乐是声音的组成部分，是节目要素的二级要素（元素），所以把构成电视节目的一级要素的图像和构成节目的二级要素的语言、音响、音乐放在一起加以讨论和研究，也是欠妥当的。因为，如果要对图像再作进一步的细分，可划分为实物图像与绘制图像，实物图像与绘制图像是图像要素的组成元素，是电视节目中图像要素的二级要素（元素），所以，将电视与广播放在一起讲节目要素，以及把节目要素的主、从属位置交叉的放在一起讨论是欠科学的。对此，构成电视节目的首要的最基本的要素是把图像和声音有机、和谐、完美的结合，构成人们通常在讲的“声画并茂”、“视听结合”、“其乐无穷”的电视“世界”。

要进一步研讨电视节目要素，有必要将电视节目图像和声音两大基本要素所含有的要素成分作一个简要的阐述。

2. 图像

电视节目的图像包含实物图像、绘制图像和虚拟图像。所谓实物图像，是指“由客观存在的一切实际人物和情物构造的图像”，也就是由摄像机拍摄记录下来的“人物”、“建筑”、“自然”和“景物”的物质现实的客观反映。（转引浙江广播电视高等专科学校壮春雨教授的话）这种实物图像又可以分为自然的人物和景物，实物图像在反映客观现实时是鲜明的、具体的和单一的，它不像文字，不适宜对物质现实进行抽象的、概况性的反映，它是对事物一种单一再现。例如，反映描绘一个人物，文字可以从各种角度对人物的形象、动作、表情等进行描述，列夫托尔斯泰《复活》中对玛丝洛娃的描写：一个身量不高、胸脯颇为丰满的年轻女人，里边穿着白上衣和白裙子，外边套一件灰色的大衣。那个女人脚上穿着麻布袜子，……头上扎着一块白头布，分明故意让几绺卷曲的黑发从头巾里滑下来……在那张脸上，特别是惨白的无光的脸色衬托着，她的眼睛显得很黑，很亮，稍稍有点浮肿，可是非常有生气，其中一只眼睛略为带点斜睨的眼神。这是玛丝洛娃出现在沙皇政府法庭上时的肖像。通过文字的描写，读者要得到具体的形象，就必须加上自己的想象，读者根据文字描绘，在头脑中想象出来的人物形象，往往因读者人生经验、教养、阅历的不同而千差万别。玛丝洛娃出现在沙皇政府法庭上时的肖像不仅写出了玛丝洛娃的现在，也使读者联想到她的过去，从一对非常有生气的又黑又亮的眼睛里想象到她曾有过美好的少女时代，但黑暗的社会蹂躏了她、吞噬了她，使她变成了“现在”这般模样。那故意下滑的黑发，是她卖弄风情所养成的不良习惯，可以联想到她从肉体到精神都受到极大的腐蚀和摧残。从她那略为带点斜睨的眼神中，使读者想到她对这个不公正社会的不满、抗议和轻视。但是电视的图像就不同了，图像中的玛丝洛娃的形象只有一个，就是由演员扮演的玛丝洛娃，电视观众离开了演员的形象是无法描绘出电视画面中的玛丝洛娃的形象的。电视图像一般不表现抽象的“人”、“建筑”、“景物”，它只是客观再现“具体的人”、“具体的建筑物”、“具体的景物”。图像要反映某些相对抽象的思想时，往往通过两种方式，一是利用某种形象的象征性；二是利用画面的组接和对比，这也有赖于观众丰富的想象加以补充。所以，电视的图像在表现抽象的思想、概念和认识时，远远不如文字来的灵活自如。

电视的实物图像有什么自身基本的特征呢？概括性的讲，电视的实物图像的主要的基本特征是“运动”和“连续”。电视图像的运动使画面能很好地接近生活和再现生活。“运动”包含了两个方面，一是被记录对象的运动，从位置与肢体的变化，到语言与喜怒哀乐表情的反映；二是摄像机的运动，摄像机的推、拉、摇、移、跟、升降等拍摄运动，正是这两方面的运动才使电视画面变得如此的丰富多彩。图像的“运动”是有规律的拍摄章法，运动要有节奏、要有韵律，如果毫不相干、毫无意义的乱动，那只能破坏节目，扰乱观众的视觉。

当被摄对象、摄像机的运动与变化、电视图像记录和拍摄的只是一个或一组图像单位，这一个或一组图像单位就好比象形文字的一个字和一个词，字与字、词与词按照文法组成句子，句子与句子按照各类文章的章法组成各种不同的文章，电视图像也一样，一个图像与一个图像，一组图像与一组图像，按照视听语言的法则来组成具有思想内涵的电视节目来反映和表达编导的目的。电视的每一图像在每一次“切换”中中断，同时又在每一次“切换”中断中连接起来，在这种多次的切换连接、连接再切换的过程中，把图像连续起来，直到节目的终结。电视图像的连续，就是图像之间的更换组接，图像的更换组接也是有一定的法则，既要有连贯性，又要有韵律感，连续顺畅的图像编辑能使观众引人入胜。

所谓的绘制图像，是指通过美术设计和美术工程师而构造的图像。（转引浙江广播电视高等专科学校壮春雨教授的话）绘制图像无论是一幅完整的图像作品，还是一个图案，或是一种色彩、一个构图、一行字幕，都是参与节目图像的组成部分，更是为了服从于节目图像的需要，为了服务于节目的表义、造型、抒情和营造气氛的目的。

绘制图像由电视美术设计和电视美术工程两方面构成。（转引浙江广播电视高等专科学校壮春雨教授的划分方法）电视美术设计是造型艺术，它是直接为电视节目服务的，它不能分离节目而独立存在，必需与节目内容和节目的形式相辅相成，共同完成它们的使命。电视美术设计是一项艺术创造性的工作，这项工作或称这个专业是与电视传播同时诞生的，它与美术工程的珠联璧合构成了以视觉艺术为主的视听艺术，概括起来讲，电视美术是对电视屏幕与电视节目总的视觉形象、节目效果进行总体或部分造型设计和制作的构思方案。目前，一些国外电视机构习惯于把电视美术专业地划分为两个部分，即立体设计和平面设计。立体设计主要是指场景设计和围绕场景设计有关的设计，如电视灯光、道具、服装、化妆等；平面设计主要是指片头设计和动画设计。

电视美术不同于美术，美术和电视美术虽然都属造型艺术的范畴，但两者的从属性不同，美术相对于电视美术，它是总范畴，电视美术从属于美术范畴，是美术发展过程中的一个分支或一种类型，从美术史的角度和目前其功能的存在，大体可分为以下几类：（1）以欣赏和收藏为目的的纯美术。如中国画、油画和各种新兴的画种及书法等。（2）以实用为主要目的，兼容欣赏性、美化装饰性、商业营销性、收藏文化性等目的的美术形式，如工艺美术设计、装璜设计、建筑设计、时装设计、居室设计、家具设计、广告设计、书籍版面设计、陶瓷器皿设计、剪纸等。（3）随着戏剧、戏曲、电影等艺术的发展变化，美术与它们不断的融合成为综合艺术的一部分，形成了一个分支或一种类型——舞台美术和电影美术。（4）随着电视的出现和电视节目质量要求的不断提高，以美化电视节目的屏幕效果而设计、制作和进行美术加工的综合性艺术——电视美术。

电视美术主要包括：各类电视节目的场景设计（演播室节目场景和电视剧场景设计）、灯光设计、节目片头设计（手工设计和计算机绘画）、动画、服装设计、化装、道具设计、特技字幕等等设计。电视美术与一般美术的最大区别在于电视美术的从属性，电视美术的创作必需服从和服务于电视节目的创作，必需配合于节目的主题、节目内容、形式和特定的环境进行创作，在这方面，电视美术、舞台美术与电影美术有着异曲同工之处。然而，电视美术所服务的是电视艺术，适应的是电视技术的制作手段和表现手法，因此，它与舞台美术与电影美术又有着很大的区别。正是这种区别使得电视美术在艺术创作和技术处理上，有着许多自己的特点，这些特点的运用，为电视屏幕的视觉效果增添了光彩。

电视美术继承和借鉴了舞台美术与电影美术的传统做法，吸收了舞台美术与电影技术的许多特点和长处，同时也创造和开拓了许多新的路子。在电视的创作活动中，经过美术设计的创造性的劳动，在有限的舞台空间中创造了具有更多变化的可能性的表演空间。设想一下，即便是1000平方米的大演播室，它的实用面积也只有784平方米，并且它的长宽高的比例也是失当的（长宽比例接近1:1，因此表现正面在全景的镜头的深度是不足的），另外对于一个几乎是四周都安装有天幕的演播室，每一侧区设有3根吊杆，假如电视美术的舞美不将其设计合理，则吊杆基本上等于无吊杆，况且也没有可供景升降的行程。电视美术就要将这些确使人为难的因素，通过美术的手段，达到：

①舞美的景具符合节目的内涵，并充分地伸展开来。电视美术不仅仅为节目提供了造型基础，具有实用性和欣赏性，而且还融合于节目的内容的构思与构成之中。例如1989年中央电视台

的春节联欢晚会，电视舞美就设计了一模型景合成方法，将一对大红门模型作为前景，大红门徐徐开启，镜间由此推入，展示出大演播室中一片热烈、欢腾的景象。这种处理除了在造型上的功能外，很好地赋予了春节晚会的片头的功能，十分有效地拓展了观众对这个演播室视野的空间，同时，把晚会非常纯正的中华大家庭的民族气氛、民族风格和情怀与舞美的形象、色彩及光影搭配都饱满醇厚地有机结合了起来。美术设计就是要把握节目的总体气氛，并以此为创作基点，将编导创作的内心视像，外化为可视而多变的立体空间形象。(插入 1989 年中央电视台的春节联欢晚会电视舞美的图片)

②充发发挥好电视直播画面转场过渡的作用。在电视传播活动中，无论是一整场节目的播出，还是一个一个具体节目的推进，特别是一些场景变化比较多的大型文艺晚会中，经常会遇到因节目内容转换而引发画面衔接与过渡的艺术问题，尤其在一些晚会和节目思想性强、单个节目或一组、一个篇章的节目与电视舞美融合为一体的直播节目中，随着节目、随着节目片章的变化，演员、舞美、道具都将“下场”和“上场”，这需要一定的时间，电视画面既不可能停止也不大好把这些演员、舞美、道具的“下场”和“上场”实况表现给观众，对此，就需要运用电视美术多场景的设计，通过电视镜头的切换来过渡和转换电视的画面，使节目内容与电视图像自然、流畅的沿袭下去。(用电视美术多场景的设计来过渡和转换只是电视画面转场的一种方法，其他的电视手段还很多，如通过字幕、主持人、动画、漫画、特技等等，在这里不作具体的展开)

③构图的和谐，构成电视画面图像的视觉美感。电视画面的构图艺术主要是从两个方面或两个角度来讲构图的问题的，一个就是我们讲的最多也是最为重要的，是从摄像构图的角度来讲电视画面图像的视觉美感，另一个就是从电视美术设计的角度来考

虑构图，以增加图像的视觉美感。从摄像构图的角度，一般来说，图像的构成主要考虑画面的四个部分：主体、陪体、环境和空间。在构造图像的时候，首先是表义，要突出表现的主体，并兼而说明事件和人物的背景，交待时空，起反映气氛的作用；然后是审美，画面图像的构成既要顺眼、看起来舒服，更要使图像有悦目之美感。这就要注意图像的位置、角度、线条、组合等因素，做到图像的大小配合，前后高低和谐，左右比例恰当，留出视线和想象空间。

从电视美术的角度看，电视布景画面的比例，也就是美学上常常谈到的1.33这一在艺术和数学上的双重价值的数，在电视画面上，4:3的比例被人们认为是最完美、最理想并无以替代的永恒的"黄金分割"原则。许多艺术形式都还在自觉不自觉地遵守着这一准则，电视的画面也不例外，这个1.33的数值也是在电视舞台设计中应遵循和注意的准则，电视美术的画面、构图的高度与宽度，其最理想的比例也是4:3，当然还应注意到电视摄像机的多视角性，从而使布景具有良好的多视角适应性。然而这个美学上的准则，在1000平方米的演播室的舞台设计中就产生了矛盾，1000平方米的大演播室的节目几乎都是大型节目，需要的是较大规模的场面，以及主表演区占一半的格局和表演形式，同时又要有一定数量的现场观众（一般来说，采取一半为观众），这样也就是讲电视在1000平方米的大演播室里的视角充其量不超过180度的半方位，实用横宽为24米，实用高度为10米。在这样的节目表演形式和场地条件下，在电视画面的比例上就产生了一个较难解决的问题，特别是在全景上（近景、中景、小全问题倒不大），以2号机为例，画面出来的全景比例不是4:3而是4:1.6。这个比例造成了空间上的浪费和审美价值的下降。由于演播室条件的限制，要彻底改变这一画面出来的全景比例问题是不太可能的，但舞台美术的设计能挽回和减少它所带来的问题。具体可行的作法是，两侧的布景在空间允许的条件下向中心靠拢一些，并尽可能地提高布景的高度，从而使画面尽可能接近电视 4:3 画面的要求，以进一步提高画面构图的审美价值，也尽量让大演播室的空间得以合理而充分的利用。

处理好以静态形式与动态形式表现的分离与结合，实现电视美术制作的一种全新的理念和方法——虚拟演播室。虚拟演播室的问世，开拓了电视美术和电视美术动画制作在电视节目制作中的新的领域，为电视节目的导演和美术设计师提供了一个巨大的想象空间和创作空间，其具体的基本运作流程是静态形式与动态形式表现的分离与结合。

3. 声音

电视节目的声音，具体的讲，它包括有声语言、音乐和音响。有声语言、音乐和音响是构成电视节目声音的三个子要素。

对于有声语言，又可以细分为解说词、报道词、串联词和台词。在电视节目中有声语言不同于广播，它是电视节目的一个重要部分，它和电视的图像密不可分，它与图像的有机结合才构成电视节目。电视节目的主题、内容与结构，是由图像和有声语言来共同体现的。

电视节目离开了图像，就不成为电视节目，同样，电视节目离开了语言，节目的大多数图像就会失去现实感和真实感。

电视是以图像及其伴声来传播信息的。图像和声音是构成电视节目的基本物质材料。图像和声音相配合的流动，是电视节目的基本运动形式。

具体地说，语言如解说词、报道词、串联词等在节目构成中的作用，主要有下列几点作用：

(1) 说明

电视节目虽说以视觉为主，但有些内容是摄不到、难以摄或无需摄取的，这就要靠语言来说明，如时间、地名、人名、数字、历史背景等等。尤其是知识类节目（如医学卫生、保健美容以及各种知识讲座）、技能类节目（如烹调、编织、工艺制作），没有语言的说明，就不明白节目的内容。

（2）应急

电视节目制作手段虽说先进，但总有一个过程。有些突发事件或重要消息，一时来不及拍摄或制作，就要靠语言口播来解决。

（3）补充

电视图像的直观性有它的优势，但也有一定的局限，有些内容单纯靠图像难以明确或准确表达，因此，各类电视节目一般都要程度不同地用语言来加以补充，说明事物的状态、性质、成因、意义，弥补图像所不能提供的部分。如介绍一件具有复杂意义的文物古迹，不管从什么景别、什么角度来拍摄，图像中不过是古迹文物而已，至于这个文物有多少年历史，是哪位历史人物使用过的，其中有什么特别的奥秘等等，就必须靠语言来补充解释。语言对图像的补充作用，大体表现在：

①图像表达不出而又需要让观众了解的内容；

②图像表达不完整而又是节目不可缺少的内容；

③从图像上看不懂而需理解的思想内容，特别是静物所蕴含的思想内容；

④从图像中不能感受的感觉，如味道、冷热、软硬等。

（4）阐发理性内容

电视图像虽有直观形象的优点，图像在反映复杂的生活、纷繁的世事、深刻的意义方面，往往比较困难，尤其是表达思想、理论、路线、政策时，则显得无能为力，更不能对事物发表评论。一般来说，形象思维常常附着在图像上，而抽象思维则往往体现在语言中。语言是表达理性世界内容的直接手段，必须依靠有声语言来深化节目的主题，传播节目的思想，表达作者的意向。

(5) 反映内心活动

电视节目中充满着人物的活动。人物的外表，如年龄、相貌、姿态、动作等等，都可以通过图像来显示；而人物的感觉、知觉、思维、情绪、深奥的心灵、微妙的感情等等，图像则难以表达。因此，反映人物的内心活动就必须靠语言。

(6) 增强感染

图像有图像的感染力，语言有语言的感染力。语言的恰当和优美，对图像能起到提高和升华的作用。生动的图像和精彩的语言相配合，则能使节目相映成辉，增强感染力，使观众视之悦目，听之悦耳。语言对图像的增色作用有三种情况：

①好的图像配上好的语言，锦上添花；

②一般水平的图像配上好的语言，弥补图像之不足；

③较差的图像如果配上好的语言，可起“遮盖”作用，有时甚至可以“挽救”一个节目。

(7) 连接、转场

各类电视节目图像的组接，场景的转换，都需有一个过渡的“纽带”，有时是图像，有时是声音，有时声画结合。

对于音乐而言，它是一种有规律的声音系统，是通过演唱或演奏为人所感受的时间艺术。有组织的音乐所形成的艺术形象，对于表达人们的思想感情和反映社会生活，具有很强的感染力。

当音乐参与电视传播活动时，当音乐作为某个具体节目的构成要素和表现手段时，它将改变自身原有的地位和作用，而从属和服务于所参与的节目，成为构成该节目的一个组成部分。

音乐是构造电视节目的重要材料，不是所有的电视节目都需要音乐，但许多节目都需要音乐的参与。总的来说，音乐在节目构成中的作用，主要有以下几个方面：

A. 深化主题思想

节目主题的深化，是在时间的延续中实现的。作为“时间艺术”的音乐与节目的进行有一种天然的适应性。节目音乐中的主题音乐，尤其是主题歌，对于表现节目的主题思想或节目中的人物感情，有明显的增效作用。如专题片《哈尔滨的夏天》中的主题歌“太阳岛上”，给节目所增添的光彩是人所共知的。从某种意义上讲，正是这首主题歌，使人们加深了对节目的印象，以至把千百万游人拉到了太阳岛。演唱者也因唱此一曲而成名。

B. 渲染环境气氛

节目所反映的事物，都是在特定的时间、地点、环境中发生的。节目音乐对于说明事物发生的地点、环境，烘托事物周围的气氛，表现人物特定的情绪等都有着独到的作用。如采用新疆民歌为素材的节目音乐，不仅能使观众了解事物发生在新疆，而且能使观众联想到戈壁、草原以及维吾尔族的形象。

C. 连贯图像语言

美国电影理论家克拉考尔曾说过：“只要一响起音乐，我们就会感到某种本来并不存在的结构形式。乱糟糟的姿势变为可理解的手势，散乱的视觉材料渐次合并，进退有序。”

至于音响，它是电视声音的一部分，也是构成电视节目的一种要素。

音响，有广义和狭义两种理解。从广义上讲，音响泛指一切声音，是物质无能无力的形式之一。从狭义上讲，是指物体在运动中所发出的、并为人们听觉器官所接受的声音波。

把一般音响运用于广播电视传播中，使其在节目中形成一种特殊效果，称之为音响效果。

电视节目中的音响效果，是运用电子技术对音响素材进行实录、模拟、加工、重放，使之成为一种适合视听传播需要的电声音响。当这种具有新闻价值或艺术价值的电声音响与电视图像、有声语言、节目音乐有机结合时，就成为构成电视节目的要素之一。

节目音响大体有三大类：

一是现场音响——新闻事件或文字故事发生现场所发出的各种声音。现场音响又分两类：一类是新闻现场固有的，它不以记者的活动为转移，无论记者去不去采访都会发生；另一类是伴随记者的采访而产生的音响。

二是模拟音响——根据事件发生、发展的实际情况，将所需各种声音效果，通过事后模拟配入节目的音响，这种音响多用于艺术类节目，尤其是电视剧，而新闻节目则不可以采用模拟音响。

三是特制音响——根据某种节目或某一情节的特别需要而制作的一种特别声音。

英国的格林·阿尔金在他的《电视音响操作》一书中，曾经论述了“电视不只是一种看的东西”这个问题。他说：“如果作一个简单的试验，在某个晚上你看电视把声音关掉，那么，就会出现三种明显的情况：a. 尽管有‘看一张图胜于听一千字的话’的古老格言，但任何电视节目的大多数内容是由声音来表现的。b. 当你听不到伴随图像的声音时，大多数图像就会失去现实感和感染力。c. 除非你能同时听到与图像多少有关联的声响，否则即使看着的图像大多数是直观素材，你也无法稍长时间地集中精力去看它。”

所以，电视节目分像部和声部，声部又分语言、音响、音乐，由这些因素而构成电视节目。

第三节　电视节目策划概述

什么是电视节目策划呢？所谓电视节目策划就是对电视频道、电视形象、电视活动及电视栏目和节目的策略规划思维过程，是对电视频道及栏目和节目整体性与未来性的策略与规划。它包括从构思、分解、归纳、判断，一直到综合拟定策略、实施方案、事后追踪与评估过程。

电视节目的策划是一种创造性活动，由于电视节目策划是一种集归纳、演绎、分析、综合等方法于一体的符合艺术创作规律和电视语言规律、运用电视技术、顺应市场法则的创造性的过程，因此电视节目策划本身是一种运用高科技的艺术再创造。电视节目策划这一艺术再创造，首先表现在它在思维过程中要经历智慧的艺术化的表达方式，如发散式、爆发式、无拘束式思维等。在这些充分展示人类创造力的思维表达方式中，策划活动融合了人类智慧中的灵感、顿悟、综合、创新等一系列优秀素质，使电视策划本身升华为一种塑造的艺术。电视策划的艺术性还表现在它具有艺术创作的一般品格，即追求独特性，从科学的角度来认识，即追求特殊真理，而不像一般意义上的科学活动那样探索普遍真理。这是由策划活动的基本宗旨决定的。

科学和艺术并不是两种截然分开的创造活动，科学创造中往往包含着艺术的启迪，艺术创造中也浸透着科学的警示。在电视人创造性活动的巅峰状态下，科学和艺术融为一体，共同注解人类伟大的智慧。

电视节目策划是一个系统复杂的过程，它犹如一棵参天大树，吸取来自多方面的营养成分，生长、壮大，开出知识的花朵，结出智慧的果实。它是以“目标”为起点，以“信息”为素材，围绕创意，展开思维活动。从某种程度上说，电视策划这棵参天大树是一本浓缩的智慧集，这本智慧集、这棵智慧之树目前还是全新的，它需要我们电视人不断地施肥、培植、修理，在领略那种策划的花朵与果实的同时，去研究它成长的机理，以便更好地重塑电视策划的参天大树，为电视人服务。

一般来说，电视节目策划可以分为广义的电视节目策划和狭义的电视节目策划。

所谓广义的电视节目策划指的是在一个广阔的范围内，在没有发生范例的情况下，从无到有的思维活动过程，一般指的是频道的开办和设置、频道形象包装以及特大型的电视综合活动。

所谓狭义的电视节目策划指的是在栏目或节目宗旨明确规定的情况下的节目和栏目策划，从一定意义上讲，狭义的电视节目策划从属于广义的电视节目策划，但广义的节目策划和狭义的节目策划，其策划的主体、对象、内容和环境是不同的。

广义的节目策划的主体是帮助电视台的决策人及管理者的智囊团和顾问群，其对象是电视台的决策人及管理者，其内容是宏观的、全局的、前瞻的和重要的。

所谓狭义的电视节目策划，具体地讲，指的是在栏目或节目宗旨明确规定的情况下，栏目和节目开拍之前，通过策划者（群）的创作性讨论和编导的精心准备，设计出节目（或栏目）的最优化、最理想的走向，使节目的质量大大提高的活动。也就是说在栏目或节目宗旨明确规定的情况下，由栏目和节目的创作者——编导牵头下的策划者（群）以把握导向、服务观众为出发点，从题材的选择、主题的确定、结构的形式、声画内容的融合的最优化的思考与筛选到最后确定实施拍摄方案的活动过程。简而言之，狭义的电视节目策划是单指明确栏目和节目定位与宗旨的情况下进行的策划过程，狭义的节目策划主体是帮助具体的栏目和节目的编导的策划者（群），对象针对地是具体的栏目和节目的编导，内容是明确、具体的栏目和节目。

所以，从广义的策划概念来理解电视节目策划这一问题，电视人的这种节目策划的思维活动和出谋划策的理念可以追根溯源到早在数千年前我们的老祖宗那里。说到“狭义的电视节目策划”这种的策划理念与节目的运作机制到是电视节目制作与策划理念相融合的新产物、它的运用到是中国当代的电视编导和新闻记者耕耘和努力的结果，随后一批专业和兼任的策划人使节目策划发扬光大。

通过录像资料与论文材料的查阅和考实，概括性地说，电视节目的策划是先从狭义的栏目和节目策划走向广义的频道等大的策划活动，在电视节目中首创引入“策划”概念，并开始运用策划活动与电视节目有机结合的是电视文艺节目，是文艺节目中的春节联欢晚会和电视剧；然后，精明强干的电视广告人又使“策划”运作之大兴旺，起到了推波助澜的作用；然而，真正让“策划”步入规范化、科学化殿堂的是中央电视台一套1993年5月1日开播的电视新闻节目《东方时空》，它以《东方时空》中四个子栏目“东方之子”、“生活空间”、“时空报道”、“面对面”的成功推出为标志，电视新闻节目的制片人把节目的策划纳入节目运作的系统之中，逐步形成和完善了电视节目系统策划的运作机制，“策划”真正地在电视节目中确立起它应有的重要地位。在《东方时空》成功策划的基础上，在1994年又一次策划推陈出更胜一筹的栏目《焦点访谈》。对此，大多数电视人在各自不同的节目中运用系统策划的机制，很多人越来越清楚地认识到策划在电视节目中的作用和价值。“节目策划是灵魂”这一至理名言，正在逐渐地成为广大电视人的职业共识。

让我们简单扼要地回忆和考证一下策划在电视节目中产生的这段历史，十年浩劫桎梏了中国社会，同样也停顿了电视事业。粉碎“四人帮”的胜利，标志着灾难的结束，使我国发生了一次伟大的历史转折，电视事业也相应进入了新的发展时期。在中国电视事业复苏与发展的初期，尚未出现和形成频道整体形象包装、频道资源优化组合和数百人、上千人参与完成的大型、特大型的电视活动，最大的电视活动也只是一年一度的春节联欢晚会。

上千年来中国人一直遵循着除夕之夜围炉守岁的传统民俗，

恐怕没有人会想到，公元1983年的除夕，全国人民的生活中会加入一台联欢晚会。现在看来随着一年一年晚会的举办，它竟会成为全球华人除夕之夜一道必不可少的“年夜饭”，成为龙的传人喜迎中华民族第一节的新民俗和最壮观的节日庆典。从此，中国的电视节目中又诞生了一个名牌节目，出现了一种新的晚会形式，这种数亿中国人参与的新民俗——春节联欢晚会。

春节联欢晚会的出现以及它的规模和影响，是随着中国电视事业的发展而形成的，它本身已远远超出大型文艺节目的范畴。80年代初，电视机数量的急剧增加，电视观众视野的不断开阔，欣赏水平的不断提高，电视台整体制作能力的发展，春节联欢晚会正是在这种大背景下应运而生的。然而，当时谁也没有想到、谁也不敢想到要在除夕之夜举办一台春节联欢晚会。

1982年的初秋，中央电视台的几位老导演黄一鹤、邓在军等思考着能不能在除夕之夜搞一台大型的现场直播晚会。他们在大体的可行性思索之后，大胆地向当时主管文艺工作的洪民生副台长提出了这个想法。

在长江文艺出版社的《难忘今宵》——中央电视台历届春节联欢晚会大写真的回忆录中有这样一段记录：1982年深秋的一个黄昏，这是一个值得记忆的时间，橘黄色的阳光下，车流如河的北京街头流金溢彩，从广播电影电视部大院里走出一位衣着朴实的汉子——黄一鹤导演。他腰杆子挺直，迈着八字脚，京城明媚的秋天他似乎“视而不见”，整个的思绪，还沉浸在台长一席话中：“老黄，第一次春节联欢晚会交给你搞怎么样？你要尽力把它办好。”黄一鹤导演答应了。然而，这台春节联欢晚会至于有什么样的困难，节目应该怎么搞，黄一鹤导演却没有加以过多的思索。站在复兴街头，让秋风一吹，顿时觉得有些茫然。春节联欢晚会国内尚无模式可以借鉴，台里也没有特大的演播室，节目该怎么办呢？黄一鹤导演找来了文艺界的一些朋友，朋友们

"侃"的天昏地暗，晚会的形式慢慢的出来了，黄一鹤导演又请来了一个庞大的顾问班子："侯宝林、袁世海、郭兰英、杜澎、谢添，还组织了一个精干的策划创作班子：扬勇、马季、姜昆、王景愚。晚会策划的形式出来了：

第一，不搞录像，应当实况转播，增加观众的参与感，增加现场气氛。

第二，开辟电话点播，让观众直接参与联欢晚会。

第三，聘请节目主持人。主持人有四位，两位相声演员，马季和姜昆，一位喜剧演员王景愚，还有一位是演出电影《小花》而名扬一时的刘晓庆。

第四，请中央领导出席，与民同庆同乐。

经过反复的推敲、策划，台本、节目调子也基本决定了下来，晚会以小品、相声和歌舞为主，杂技、武术、猜谜语节目为辅。

除夕之夜，联欢晚会意想不到地获得了空前的成功。演播大厅里，掌声、笑声、欢呼声此起彼伏，四部直播电话的铃声不绝不耳，几乎一直没有停止。1982 年秋，中央电视台文艺部导演从举办春节联欢晚会想法的酝酿、提案到庞大顾问班子的筹建，这其中导演和顾问班子昏天黑地地侃侃而谈，反复的推敲，就是我们电视界目前很流行的"节目策划"早期的雏型。从一定意义上讲，1982 年底的春节联欢晚会是最早成功地借用"外脑"、运用节目策划理念的电视节目，也是最早成功地运用节目主持人的电视节目。

与此同时，我国的电视剧在 80 年代初也得到了快速的发展，电视剧的制作由直播演出转变到按剧本进行录像拍摄，从而使电视剧可以在整个社会广阔的空间和较大的时间跨度中纵横驰骋，电视剧的品种也向多样化发展。

自从 1981 年我国播出第一部国产电视连续剧《敌营十八年》

以后，1982年我国电视剧发生了翻天覆地的变化，电视剧开始改变单本剧这种清一色的面貌，单本剧、短剧、小品、连续剧、系列剧、戏剧电视剧等纷纷投拍推上屏幕。商业化倾向和商业化运行机制开始渗透到电视剧的制作过程中。电视剧的商业化倾向首先是从广告创意的兴起而渗入进来的。在电视剧的拍摄过程中，“以剧谋钱”、“以钱谋剧”和“以剧谋名”的现象在影视圈频频出现，一夜之间就会冒出“×××电视剧拍摄组”、“××电视剧导演”，当时只要创意一个本子，筹划到一笔钱，再找上几个稍有工作实践经验的人仓促上阵，一边实践、一边学习，一边摸索、一边提高，个把月拍摄制作完成后，当务之急就是卖给电视台，当时中国社会刚改革开放，观众对电视节目的需求量比较大，而电视台制作电视节目正处在发展阶段，相对而言是求大于供的局面。制作单位或制作个人一方在企业、在社会上拉“赞助”，一方面又争取从电视台获取酬金，以此两头获利。丰厚的利润、可观的回报，使人们在实惠中认识了创意的重要性和价值。从事电视剧的制作单位或精明的制作人开始将创意系统化，并借用国外管理学“企划”的理论，引入了“策划”这一概念，并把它与电视剧的商业化运作机制相融合，逐步形成电视剧商业化的策划机制。与此同时，精明的制作人在生产电视剧的过程中又应运而生、应势而长而诞生了中国电视界新的角色和新的工种——电视剧制片人。

电视剧制作的这种无序状况到本世纪末的1986年，广播电影电视部颁发和实行“电视剧准拍证”制度以后，尤其是执行了电视剧每年一度的题材规划之后，我国的电视剧才走上了有序发展的轨道，电视剧商业化的策划机制还是被深深地保留了下来，电视剧商业化的策划机制随着电视剧市场化的形成和完善而更加科学、更加繁荣，并在实际的过程中发挥更大的作用。

第四节　电视节目策划研究的对象

随着电视事业特别是电视新闻、电视文艺节目改革的进一步深化，选题计划以及对选题的策划、组织、协调、实施，即选题的管理对节目的优化作用已逐渐引起电视界人士的关注。有人大声疾呼："目前到了需要认真研究选题及其策划的规律，并主动用其规律来指导实践的时候了!"

进入90年代，随着改革开放的不断深入，各地电视台的宣传选题的管理在坚持正确舆论导向、提高节目质量、多出精品上都下了很大工夫。而且，在电视节目管理和栏目制作中也增加了策划这项重要内容。

随着电视的发展而深化，管理的核心从"宣传什么"逐渐演变为"宣传什么和怎样宣传"，既注重选题又注重如何实施，这说明宣传选题的管理在符合电视节目自身特点的轨道上健康地前进着。

电视节目与栏目策划的理论和实践的探索与研究，在这个大背景下开始产生了。

电视节目与栏目策划是专门研究电视节目和电视栏目最理想化设计的一门电视学的分支学科的一部分内容。电视节目与栏目策划研究的对象是关于电视台电视频道的资源配置、电视台或电视频道形象、电视栏目结构、电视节目制作、电视节目与栏目营销等电视活动的最优化的设计与筹划过程，在这个最优化节目与栏目的过程中，电视节目与栏目策划对象、策划原则、策划目标、策划程序、策划者的素质等问题。所以，从节目与栏目的研究对象讲，电视节目与栏目的策划存在两个层次的问题，第一个层次指电视频道资源、频道的形象、频道的定位、频道的发展策略等宏观全局性工作，以及需调全台力量的史无前例的国际性的特大型电视活动的策划，我们把这一层次的策划归类为广义的电视节目策划。第二个层次指的是频道中电视栏目的策划和具体的电视栏目下的具体节目的策划，以及一般性的电视活动的策划，我们把这一层次的策划归类为狭义的电视节目策划。在电视台的实际工作中，第一层的策划活动主要是针对节目的管理部门，第二层的策划活动主要是针对栏目和节目的制片人和编导。

对于这两个不同层次的策划范畴，它们之间既有联系又有区别，它们两者都是以电视文化活动或以解决电视文化艺术问题为目标而进行的电视策划活动，它们进行策划的程序也都是一样的，包括电视策划的主体——策划者、电视策划的客体——策划对象、电视策划的策划目标、电视策划的方案和电视策划方案实施后的追踪评估这五个大的步骤构成。

但是在每一个程序与构成中彼此又有着不同，这包括它们策划对象的本身有着不同的规律，电视策划的策划目标、电视策划的方案都有不同的策划视野和不同的知识结构及不同的策划理念。

从电视节目策划的研究对象看，电视节目策划的第一层次是电视台对自身所拥有的频道资源科学合理配置、电视频道形象的策划与频道栏目“讯息”结构最优化设计的策划，这是宏观与广义的电视节目策划，它涉及办台方领导的意图、频道传播范围内观众收视的规律、频道传播范围内与其他频道的竞争、自身频道的定位和形象包装宣传、频道传播范围内人才与资金的配制等，面对如此宏观和庞大的策划任务，它的策划往往是机构和群体组。

第二层次主要是针对具体栏目与节目的策划活动，同时也包括栏目与节目主持人形象的策划等一系列电视活动，在狭义的节目与栏目的策划中，它们的策划都是在频道形象和栏目与节目宗旨定位都明确的情况下，根据栏目和节目的固有属性，运用电视的手段，策划出可视性大、艺术品位高、切入口新、形式多样、耐人寻味、久看不厌的电视栏目和电视节目精品，狭义的电视节目策划面对的任务或命题往往比较微观和具体，它的策划一般是几个人的小群体和个体。

一、策划者

策划活动是人类高智慧的行为，策划者是设计和谋划电视活动方案的理性思考者。对一名高级策划者来说，他需要具备什么条件和素质呢？泛泛而谈人们都知道，策划者要求具有较高的素质，要求知识丰富、学识渊博，分析问题与解决问题的能力较强，能见微知著，预测事物发展方向，有组织才能，还要求有过人的胆量和勇气，有坚定果敢的性格，有创新精神，有使别人接受自己策划的能力。博学多识是策划者的坚固之盾，谨慎细心是策划者的可靠之"链"，度量宏大是策划者的肥沃土壤，使人纳谏是策划者的成功之机，业余爱好是策划者灵感的方舟。

二、策划目标

目标引导实践活动，指引人们取得成功。策划目标是策划所要达到的预期结果和策划者将要完成的任务。策划目标依据不同的环境条件制定、实施，它是评价和检查任务完成程度的惟一标准。

三、策划对象

策划对象是策划的客体。策划活动中，它作为策划目标指向的对象，是一个重要的要素。策划对象可以是人，如相关公众；也可以是物，如地区形象，电视节目和设备展览。策划对象处于不断发展变化的环境中，他（它）们随着环境的改变而改变，因而策划对象及所处环境的总体，是电视策划活动中最关注和最活跃的要素。

四、策划程序

策划，是一个系统性工程，按照一定的科学的程序进行策划，也就成了策划成功的必要条件。因此，策划要明确先做什么，后做什么，按照一定的步骤、章法去思考问题，在符合客观规律的前提下去做。科学的策划程序应包括解读任务、调研与收集资料、制定策划目标、设计策划方案、实施策划方案、收集评估反馈信息。这六个步骤是动态的组合在一起的，并不是孤立的，从下图中可看出它们之间的关联性。

解读任务——调研与收集资料——制定策划目标

收集评估反馈信息——实施策划方案——设计策划方案

五、策划方案

策划方案是策划主体从策划目标出发，创造性地作用于策划对象的产物，是在创造性思维的过程中，遵循科学的策划运作程序和步骤设计完成的。策划方案是策划活动的最终成果，它详细记录了策划的方法及实施内容。策划方案也是策划活动成果的思维见于文字的标志，它提供电视节目与栏目导演实施具体创作的方案。因节目与栏目要求的不同、编导技能和知识结构的差异，策划方案并未存在法定与规定的标准，它可详可略。是否有规范化的规律呢？

对此，在创作电视节目与栏目的过程中，这些问题都有待于我们去研究，从而总结创作的经验和规律，以进一步的提高创作电视节目的质量和水平。

电视节目与栏目策划是公共关系学、管理学与电视学结合的一个从属于电视学的分支学科，是专门研究电视频道资源配制与形象设计、电视节目与栏目最优化方案设计、制定、实施活动与规律性的学科，它与节目编导艺术既紧密联系但又有明显的独立性和任务分工。总的来说，它主要涉及和包括电视节目、电视栏目、策划者的素质、广义与狭义节目策划的原则和规律、文艺等各类节目与栏目策划规律与程序、频道的策划等方面的内容。学习电视节目策划可以帮助我们：

1. 调集人才优势，借优秀“外脑”为我所用。

电视栏目和电视节目都是一种电视化的艺术创造活动，这种艺术活动是纷繁复杂的社会生活和多姿多彩人生的形象展现；这种艺术活动是人类历史上各艺术门类的电视化的综合再创造；这种艺术活动是与当代最先进的电子技术相结合的产物，是人类文化史上从未有过的一种高科技的艺术。随着科技的发展，这种艺术完全能够复原和创造一个无比丰富多彩、有声有色、真实可信的现实世界。

2. 实施电视精品战略，创作出更多更好地鼓舞观众的优秀电视作品。

党的十四届六中全会关于社会主义精神文明建设的决议中，对文学艺术的创作提出了更高的要求，《决议》强调提出：“树立精品意识，实施精品战略，在文学艺术各门类中，努力创作一批思想性艺术性统一，具有强烈吸引力、感染力，深受广大群众欢迎的优秀作品，带动社会主义文艺事业的全面繁荣。”

艺术精品是一种美学形态的文化和精神成果。陶冶出优秀的电视精品，是时代的需要，也是人民的渴望，更是电视工作者的天职。精品电视节目具有鼓舞人们上进、陶冶人们情操、净化人们心灵的艺术魅力。树立精品意识，实施精品战略，应是电视文化一贯追求的品位。

有人认为，要成为精品，一是在思想上要能站在时代的前沿；二是深入生活并进入人的精神的深层；三是在艺术表现上的创新和成熟。面对实施电视精品的战略要求，凭借一个编导的知识和智慧是适应不了时代的要求的，必须依靠群体的力量和智慧，才能创作出更多更好地鼓舞观众的优秀电视作品。

3. 迎接"外压内争"（"争"是竞争）的挑战。

在国内，各媒体之间相互融合、相互渗透、相互竞争加剧，媒体之间的界限越来越模糊，内宣与外宣的分别越来越小，特别是互联网的迅速发展，改变了媒体原有的格局和传播的方式，对电视的冲击很大。境外卫星广播电视的挑战也越来越大，国际电波战已有近半个世纪的历史。近些年来，电波战已进入了新阶段。以境外卫星广播而言，美国计划在1995年建立"自由亚洲电台"。与此同时，美国、德国、法国、加拿大等国也都大力加强对亚洲的广播，增加华语广播实力或增办华语电台。其中，美国、德国通过租用独联体的发射台，大大增加了对中国和亚洲的广播实力。现在，英国每天对中国和亚洲的播音达15小时，德国每天对中国和亚洲的播音多达19.5小时。据1991年统计，外国电台的华语广播共有22个，使用频率有一百多个。对于境外的卫星电视来说，率先对华播放节目的是美国有线电视新闻广播公司（CNN）。据资料，目前亚洲地区有15万户家庭和7万个宾馆房间在接收它的节目，大部分集中在东北亚。在亚洲影响最大的要数BBC世界广播电视台（BBC—WSTV）。1991年以来，该台利用香港卫星电视公司（STAT—TV）的频道，每天24小时向亚洲播放自己的节目。现在，BBC世界广播电视台拥有5个频道，东起日本，西到土耳其，北达蒙古，南及印度尼西亚，覆盖面达到亚洲38个国家。BBC世界广播电视台除用英语播音外，目前还有十多家卫星电视台对中国广播，包括美国广播公司，澳大利亚电视台，美国哥伦比亚广播公司，俄罗斯电视台等。中国的电视业的生存和发展随时面临竞争的严峻挑战。电视台单靠自身的力量往往还未能完全把握市场的脉搏，做出足以能战胜境外媒体的把握。电视台需要在自身之外长期或短期依托一些智囊机构，如策划公司、市场调查公司、市场研究公司、顾问公司、咨询公司，急需从制作、管理等方方面面与国际磨合、碰撞和接轨。从国际竞争的角度看，中国的电视规模太小、太弱、太缺乏竞争力。拥有3000家大大小小电视台的中国，拿到国际上一比较，即使中国最大的中央电视台，实力虽不可小视，但与国外的媒体，如CNN、NHK、BBC、VOA等竞争仍实力悬殊。国外一家大的电视公司每年创造的利润额是中国几乎所有电视台利润额的总和。据有关资料表明，国外一家媒体一年所创造的电视收入达到上百亿美元，而中国的电视台少则几百万人民币，多则像中央电视台这样的大台，在中国人看来，已是很了不起的，在中国号称“吨位”最大的中国电视产业的“旗舰”，1998年以4.95亿美元的“身份”首次进入世界100强，排名第57。1999年“身份”长到6亿美元，折合人民币约50亿。但同年，美国时代华纳公司的电视收入达184.62亿美元，NHK为40.5亿美元，差距可见一斑。难怪国际媒介巨头默克多早想进入中国的媒介业，想收购并垄断整个中国电视娱乐业。据估计，今后十年，一些国家还将发射120个电视广播卫星，其中约有一半在亚洲。如此看来，中国面临的空中“电波战”的威胁是十分严重的。与此同时是科技进步的挑战，由于科学技术的迅猛发展，各种广播电视设备更新换代的很快。据国内外专家预测，二十一世纪广播电视技术的发展将进一步加剧广播电视的竞争。

4. 规范和有序化地开掘节目选题，把握节目切入口，合理配置节目资源与人财资源，使电视节目达到最优化的效果。

不难看出电视策划选题管理有如下特点：

（1）导向性。与资本主义国家的电视不同，我国的电视事业是党的事业的重要组成部分。江泽民同志指出：“舆论导向正确是党和人民之福；舆论导向错误是党和人民之祸。”因此，宣传选题的管理总是把导向放在第一位。无论哪一级、哪个环节的管理，总是首先把是否与党中央保持一致，是否与政府工作重点同步合拍，导向是否正确作为选题取舍的标准。对那些健康向上，对整个社会有良好的宣传、教育、引导、鼓舞、推动作用的，为改革、发展、稳定创造良好舆论环境的选题总是加以肯定、鼓励和扶持。反之，如果导向有问题，设计得再精巧的选题也不予通过。

(2) 前瞻性。任何一项电视策划活动，必须最优化当前行为和预测未来行为的影响及其结果，必须对未来各种发展、变化的趋势进行预测，必须对所策划的结果进行事前、事中、事后评估。所以，策划者肩负着重要的任务，要想达到预期的目标，必须满足电视栏目人、财和节目资源的超前策划。

尤其是节目选题的策划超前是节目的先导，选题的规划总是要超前的。编导、记者和节目管理人员在确定、审批选题之前，总是要吃透党的方针政策，根据大局预测发展的趋势，了解今后一段时间乃至更长的时期内各级政府的战略重点，确立正确选题，准确判断选题的价值，发现并扶持那些反映时代特征，反映新鲜事物、新鲜经验的选题，以不致于选题的不合时宜而白白浪费栏目的财力和人力。

随着改革开放的深入发展，新情况、新问题、新矛盾层出不穷，纷繁复杂的社会生活给宣传选题在是非的判断上、趋势的预测上、分寸的把握上增加了难度，电视工作者要从宏观的角度即大局的角度处理选题。新时期，全党全国的大局是高举邓小平理论的伟大旗帜，紧密团结在以江泽民同志为核心的党中央周围，完成“十五大”提出的有中国特色的社会主义政治、经济、文化建设和党的建设的战略任务。选题正确与否，能否确立，如何确立，如何宣传，都要从这个大局出发，审时度势，坚持正确的舆论导向，为大局服务。

第二章 节目与栏目

第一节 节目与栏目概述

栏目是随着电视的蓬勃发展从报纸杂志的编辑艺术中借用过来的专用名词。栏目，在报纸杂志中称之谓“专栏”，它是以一个相对集中的主题为中心的一组或多组稿件，这些具有共同点的稿件——如类似的主题、类似的题材、类似的体裁或类似的风格的几组稿件放在报纸或杂志的一个版面或占据版面的一个局部，并标以这些稿件一个统一的标题，继而以花边的形式与这些稿件以外的文稿隔开，以示区别。据《新闻工作手册》中对“专栏”的解释：“专门刊登某一种内容稿件的版面。专栏一般都有固定的名称或位置，在报刊版面中具有相对独立性，也可以进行单独而集中的稿件组合。”（引自《新闻工作手册》第606页，新华出版社）如在进行一个报道国有企业改革的专栏报道排版中，在这一专栏内，它可以有集中来自不同地区、不同国有企业单位的报道材料，也可以容纳本报记者、通讯员、特派记者和各个方面作者的稿件。

电视栏目是电视编导们在电视节目的创作过程中，从报纸杂志的编辑艺术中借用过来的一种电视节目包装策划理念、电视节目创作的节目结构形式和电视节目编排思路。

电视栏目，是广大电视观众最熟悉和了解的电视节目俗语之一。我国电视开播的第一天就有了专栏节目，在1960年元旦开始试运行的北京电视台（即现在的中央电视台的前身）固定节目表中，就明确设置了28个专栏。然而，真正意义上的“栏目化”的阶段开始于80年代初，1983年在武汉举行的“电视专栏节目评奖活动”的交流会上，广东电视台代表报告了该台自办节目80%以上全部实现了“栏目化”，办成了“专栏性节目”，此后，各省、市、自治区电视台也都按“栏目化”的要求办电视节目，各个电视台内掀起了改组编播、制作部门的调整之风。中央电视台也率先推陈出新，推出了“名牌”栏目。到1991年，中央电视台已开办了八十多个电视专栏栏目，据湖北辞书出版社的《电视辞典》介绍，在全国观众中比较有影响的栏目就有54个。其中像新闻信息类的栏目《新闻联播》、《午间新闻》、《晚间新闻》、《观察与思考》、《今日世界》等，文艺类栏目有《百花园》（现改版为《东西南北中》和《中国音乐电视》的前身）、《周末文艺》、《外国文艺》、《综艺大观》等，社教类栏目有《祖国各地》、《华夏掠影》、《人民子弟兵》、《七巧板》、《我们这一代》等等。后来，中央电视台又增加了许多栏目，如《地方台30分钟》、《经济半小时》、《军事天地》、《体育新闻》、《赛场纵横》、《神州风采》、《社会经纬》、《科技时代》、《十二演播室》、《旋转舞台》、《正大综艺》、《电视剧场》、《电视你我他》等栏目。在电视迅猛发展的今天，中央电视台不断改版调整，到本世纪末1999年底，中央电视台的八个频道共推出了近200个栏目，如新闻节目中心的《早间新闻》、《新闻30分》、《新闻联播》、《晚间新闻报道》（晚间新闻、世界报道、体育报道）、《焦点访谈》、《东方时空》、《新闻调查》、《实话实说》等18个栏目；社教节目中心有《夕阳红》、《科技博览》、《今日说法》、《当代工人》、《读书时间》、《半边天》、《万家灯火》、《社会经纬》、《地方台30分钟》等17个栏目；文艺节目中心有《综艺大观》、《旋转舞台》、《曲苑杂坛》、《文化视点》、《戏剧博览》、《梦想剧场》、《文艺广角》、《周末大回旋》、《专题文艺》、《综艺走廊》、《艺苑风景线》、《'98 环球》、《世界各地》、《外国文艺》、《人与自然》、《每日佳艺》、《佳艺五线间》、《东西南北中》、《音乐电视城》、《中国音乐电视 60 分》、《地方文艺》、《外国音乐》、《荧屏歌声》、《音乐桥》、《九州戏苑》、《戏曲采风》、《梨园群英》、《戏迷园地》等 54 个栏目；体育节目中心有《城市之间》、《中国体育》、《世界体育报道》、《五环夜话》、《体育商城》、《体育欣赏》、《跟我学系列》等 23 个栏目；海外节目中心有《中国新闻》、《中华医药》、《中国报道》、《中国旅游》、《中国风》、《中华艺苑》、《CNN 世界报道》、《神州风采》、《神州戏坛》、《天涯共此时》、《欢聚一堂》、《投资指南》、《环球瞭望》、《华夏风情》等 44 个栏目；广告经济信息中心有《经济半小时》、《中国财经报道》、《世界经济报道》、《生活》、《商界名家》、《商务电视》、《商桥》、《供求热线》等 23 个栏目（引自中央电视台年鉴 1999）。

尽管电视观众越来越认同和首肯电视栏目的形式，各电视台的节目也越来越趋向于栏目化的方向制作和编排，我们的电视学者和专家也认为电视栏目是最有利于发挥电视“独家优势”的节目样式，但应该看到电视栏目的研究还很不够，与蓬勃发展、变化的电视栏目的实践很不相适应，电视栏目的理论研究远远迟后于实际的节目的发展。

电视栏目与电视节目是既有联系又有区别的两个概念。

电视栏目是按照一定的宗旨和目的，把一些或一组题材内容、内容性质、功能目的、或形态相近的小节目纳入一个定期、定时长的某时段中播出，并将这一定期、定时长播出的某时段冠以名称，这一冠名播出时段的节目我们习惯于称为栏目。如中央电视台一套的《地方文艺》，是 1993 年 8 月 1 日为全国地方电视台开设的展示地方文艺的栏目，它的宗旨是发挥各地电视台的文艺优势，策划、组织、带动各电视台不断创新，推出电视文艺精品。该栏目时长30分钟，在中央电视台一套隔周日22点52分（1999年9月后改为23点27分）播出。在30分钟的栏目时长中，编导将不同地域、不同类型、不同风格、不同特色的艺术品种根据其属性进行编辑制作，并展现在观众面前。1998年2月1日又进一步改版该栏目，在原栏目时长中把3～4个精彩的电视散文重新包装编辑，制作出浑然一体的具有较高欣赏性和艺术性的节目，在这中间不加任何的小节目或小栏目，有时该栏目在编排系列节目《'98首届全国电视诗歌、散文展播》的同时，还设置了若干系列板块或称之为小栏目内容有《名家谈散文》、《关于电视散文的话》、《语丝》、《栏目寄语》、《导演寄语》，栏目结构和形式的错落有致、富于变化，在一定程度上克服了栏目程式化单一的结构局限的问题。

又如中央电视台四套的《中华医药》，是向海内外华人传播中华优秀传统医药文化的医药栏目，放在每周一10点30分中央电视台第四套播出，该栏目是从中华优秀传统医药文化的视角，来增加海外华人与祖国的密切联系和民族认同感。该栏目集医学知识、医药之道、解答疑难病症为一体，下设了体现宗旨的八个小节目《人物档案》、《专科门诊》、《健康话题》、《养生有道》、《中华老字号》、《医林专讯》、《洪涛信箱》、《民族医药》。一个栏目可以由若干个小节目串编而成，也可以包含着几个小栏目，有时每一辑也可以只播出一个节目。比如中央电视台的《新闻联播》栏目，每天一次，包容了10～20条独立的图像新闻和口播新闻，但有时又加入《动态》、《简讯》、《系列报道》、《观众来信》等一些小栏目。

又比如《音乐电视城》是一个音乐性栏目，宗旨是为观众呈献最新流行、最新动态和最新作品。该栏目主要介绍国内外最新的音乐作品，展示近期最火爆、最流行的歌曲；介绍音乐电视的拍摄过程和制作过程中所采用的先进的科技手段和一些拍摄中的趣闻轶事；同时，配合国内、台内的重大的纪念活动，制作音乐专题节目。栏目设有《新歌上市》、《打开问号》、《劲爆金曲》、《镜外追踪》4个小栏目。栏目时长30分钟，隔周六21:25在中央一套播出。

还有像中央电视台二套的《生活》，是1996年7月1日开播的综合经济栏目。其宗旨是服务百姓，引导消费，提高生活品质。设有《背景》、《消费站》、《都市印象》、《生活留言》、《新发现》、《时尚接触》、《教你一招》等小栏目。每周一至周六20:00在中央二套播出，栏目时长30分钟。

所以，可以看出电视栏目就是在固定的名称下把若干个内容相似、相近或表现和反映同一宗旨的一组、一串小节目，经过电视编导重新包装编辑，在固定时段中播出的节目。在这里固定时段中播出的固定的名称就是栏目名称，栏目内容相似、相近或表现和反映同一宗旨的一组、一串小节目就是习惯上讲的小板块或小栏目。简而言之，电视栏目可以概括为在固定的名称下若干个内容相似、相近的小板块或小栏目重新包装编辑而成的节目。

从本质上讲，电视栏目是一种电视节目的编辑形式或称电视节目的包装形式，它与报刊杂志的专栏一样，是一种编辑排版的形式。从其反映的内容来讲，这种编辑和包装可以包含新闻、经济、文化、教育、科技、卫生保健、艺术、体育等各个方面的节目。

这种栏目内容的重新编辑和包装主要具有两大优点：

1. 有利于电视观众记忆和收视。早期的电视，由于人力、财力和设备条件的限制，电视观众在一个城市最多也只有1~3个电视频道可以收看，同时每天收看的时间也是很有限的，电视节目的形式和内容都比较单一，电视画面中除了简明扼要的新闻报道外，仅有一些社会教育、文艺演出和电视剧的节目。那个时期每个节目的时长规格不很统一，节目时长带有很大的随意性。电视观众是处在一种无法选择电视节目的状况下收看电视节目的。此后，特别是进入 80 年代，电视的春天来到了。电视的频道资源不断被开发，电视节目也日趋丰富多彩，各个电视频道的电视节目如同潮水般地涌进每一个家庭，电视观众不可能全部收看，城市观众选择电视节目的自由度是越来越大，同时，电视观众收视的选择的倾向性也日趋明显，在众彩纷呈的电视频道和电视节目中，要使节目有更多的观众收看，要想提高收视的效率，必须组织收视，采取科学有效的措施。对此，电视工作者们为了观众收看的方便，将一些相对突出、相对独立、相对集中、相对一致的内容的节目有计划地组织节目制作，并冠以和内容相统一的名称与节目时长，通过合理有序地编排，把具有共同之处的节目并入到各种相对应的栏目中，在内容与形式均比较和谐统一中，显示各个栏目自身的特色和优势，以满足电视观众多种多样的需要，便于他们收视和记忆。

2. 有利于电视台对电视节目的管理、电视节目的运作和节目的编排。

电视节目的管理、电视节目的生产运作及电视节目的编排是极具科学性的问题，实现对节目人、财、物的栏目化归口管理，从宏观（频道）和微观（栏目）的角度对栏目和选题作统筹的规划，科学地规划节目的类型和节目的形式及数量比例，做到栏目设置合理，编排思想明确、有新意、有艺术感，节目可视性强的电视屏幕。

第二节 电视栏目的传播特征

自本世纪 80 年代中后期，我国电视如新闻、文艺等各类节目的采制能力飞快发展和提高，随之带来了电视新闻和文艺节目内容的规范化和整合，这种电视节目内容的规范化和整合，使节目的形态从单一的节目发展到了规范化整合栏目，这不仅有利于观众的收视，而且也为电视按计划有顺序地组合节目内容创造了条件，同时也为电视节目通过栏目的连续性而构建起传播的整体效应。

电视栏目化是电视发展到一定时期的必然产物，是电视走向成熟的标志。电视发展的初期，由于技术设备的简陋，采、录节目不方便，无论我国还是国外，播出的电视节目都是简单的、零碎的、单一化的新闻、文艺和电影与电视剧等，每天、每周、每月的节目除新闻外，其他的节目缺乏系统、固定的格局，电视台如同“空中电影院”，播放的电视节目带有一定的随意性。到了40年代后期，世界上最早的栏目——新闻栏目，如《骆驼新闻大蓬车》开始出现，打破了电视节目播出的原始格局。到80年代初，电视栏目化进入了发达时期，如日本NHK电视台，1981年有栏目21个，到1982年栏目增加为66个。在美国，以三大广播电视网为代表的电视栏目在六七十年代就比较发达，80年代进入了鼎盛时期。原苏联国家电视台在80年代议而不绝，开始把电视节目走向栏目化作为发展的口号和方向，先后开办了新闻、科技、少儿、文艺、体育等七大类近百个栏目。与电视栏目同步发展，出现了一个新的、很有影响的电视工种——电视栏目主持人，涌现了一批与电影明星、演艺明星齐名的电视栏目主持人，像美国新闻栏目主持人克朗凯特、丹·拉瑟、詹宁斯，法国《健谈》主持人毕柏，日本主持人黑柳彻子等。

我国电视真正进入栏目阶段，已是80年代的事。“1984年7月30日，广播电影电视部委托《电视月刊》编辑部、《电视周报》编辑部和中国电视服务公司联合举办的第二届全国优秀电视专栏节目评选在湖北十堰市揭晓。广东电视台的代表发言，宣布该台自办节目80%以上全部实行了‘栏目化’。”（《中国电视艺术发展史》424～425页，浙江人民出版社）这次会议之后，各大电视台按照“栏目化”要求办节目，改组编播、制作部门，相继推出了许多成功的电视栏目，像上海电视台的《大世界》、广东电视台的《开眼界》、太原电视台的《今晚30分钟》、长沙电视台的《市长与市民》、武汉电视台《万国剪影》等。到1991年底，中央电视台就开办了栏目80多个。近几年，栏目化的发展速度更快，到1996年，由于8个频道的开播，中央电视台的栏目已达到320多个。各省、市电视广播台纷纷效仿，形成全国电视栏目热潮，一派欣欣向荣之态。中央电视台的《新闻联播》、《东方时空》、《焦点访谈》、《为您服务》、《综艺大观》、《正大综艺》、《人民子弟兵》、《地方文艺》、《东西南北中》、《地方台30分钟》、《九州神韵》、《夕阳红》、《人与自然》、《七巧板》、《半边天》、《音乐桥》等等，已在全国观众中产生了很大影响。

电视节目栏目化是电视台播出节目有序化管理的需要。电视台节目的播出与报纸、书刊不同，后者可以将所有内容同时展现在纸张上，在空间上有限，时间上是无限的，可以随便读者怎么看，无顺序限定，无时间限制。电视节目就大不一样，电视是时间切割和组合的艺术，电视节目是以秒钟计算，像流水一样滔滔不绝地播出，它必须按照一定的时间和顺序编排。电视节目编排就是将每天、每周的屏幕时间分割成块，分配给一个个栏目，制成统一的节目时间表，然后按表播出。电视节目栏目化使整个电视台的节目编排、播出和观众的收视趋向于合理化、规范化和有序化，这是电视节目管理走上现代化的重要标志。

电视栏目有着规范节目内容和提供内容识别选择的功能。电视新闻栏目实际上是电视新闻节目中专门集中传播有新闻性特征的内容的组成单位和划分形式。它以栏目的名称、特定的标识画面或片头和标题音乐或间奏等与其他栏目区分开，使得整块节目布局与结构层次分明，包装更加精致并且收视便于记忆，进一步密切了与观众的联系，满足了观众参与节目、加强双向交流的需要。例如，中央电视台一套新闻综合频道一天的节目安排（2001年5月21日），如下：

6：00　东方时空早新闻
8：35　焦点访谈
9：20　读书时间（18）
10：10　芝麻开门（121）
10：20　侯大官（22）
12：00　新闻30分
12：40　今日说法
13：40　评书：童林传（16）
15：40　今日说法（136）
16：05　实话实说
16：45　探寻古老技艺
17：30　动画城（121）
18：09　大风车（141）
19：00　新闻联播
19：38　焦点访谈
20：06　电视剧：大宅门（32）
21：00　现在播报
21：35　人与自然（20）
22：00　晚间新闻
23：12　地图上的故事：红安与黄安
23：16　军事天地（19）
23：30　纪录片（72）
00：26　当代工人（17）
01：01　走向远山

从整个频道上，栏目的属性结构形态清楚显示出来，早晨6：00~上午9：00是晨曦新闻，中午12：00~13：00是午间新闻，19：00~20：00是综合新闻，21：00~21：20是新闻快讯，在一天18个小时之间，集中了5块新闻栏目，在5块新闻栏目之外，上午9：00~12：00安排了文艺、社教的重播节目，像《读书时间》、《九州戏苑》或科教类节目，下午13：00~19：00安排文艺、社教和少儿节目，晚上20：00~21：00安排电视剧，21：20~01：00交替安排中央电视台各部门名牌的文艺、社教、纪录片、地方文艺等栏目。从大处着眼，栏目把频道的结构形态勾画了出来，便于频道的管理机构对频道资源与节目内容的进一步优化组合和电视观众对频道内容的识别与记忆。

栏目节目既然已是一种普遍的电视节目类型，它必然具有自己独有的节目特征，那就是系统性、固定性、综合性。

1．栏目题材内容和形式类型的系统性

任何电视栏目都要求栏目的节目内容具有相对的系统性、稳定性和连续性。栏目的节目内容具有相对的系统性不仅要有自己的名称，更重要的是规范了栏目的节目内容。一般来说，系统性是栏目最基本的特征之一，除新闻性的栏目力求信息容量大而全的内容与结构外，其他类的栏目通常都拥有相对固定的题材内容范围和有指向性的收视群体。内容的系统是栏目的重要特性，例如，《东方时空早新闻》、《新闻30分》、《新闻联播》、《焦点访谈》、《现在播报》、《晚间新闻报道》这六个新闻性栏目，它们都是新闻属性的栏目，从新闻的外延角度看，同属于新闻信息发布的动态性，但是《东方时空早新闻》着重点在于早间新闻杂志型，它的系统性就是建立在早新闻系统性上的；《焦点访谈》是与《新闻联播》一起构成黄金时间的新闻板块，着重于既是新闻总汇，又是热点聚焦，对社会热点问题进行较深层次的剖析，它的栏目的系统性就是建立在热点的深度剖析上，新闻动态、新闻信息等均不在它的系统之内；《新闻联播》着重于确立国内、国际重大重要新闻发布的权威窗口地位和国家形象；《新闻 30 分》着重于新闻消息报道、现场直播，确立以内容和新闻价值为标准混合编排的结构；《现在播报》着重于快速及时地报道社会新闻和与老百姓生活相贴近、相关联的新闻；《晚间新闻报道》着重在当天的重要新闻事件，在及时报道事实的基础上，充分调动各种背景材料进行深入解释和说明，其目的在于强化节目的深度和信息的立体感，此外，该栏目还与《世界报道》、《体育报道》统一增加其信息内容。从这些新闻栏目的结构设置可以看出它们栏目的新闻内容与题材系统性，在一定程度上讲，新闻性栏目内容与题材的系统性还存在交叉，但栏目内容与题材系统化是不容否认的。然而，在文艺性、社教性栏目中，栏目的系统性特性体现的就比较清楚了。

例如，1994 年开播至今的《半边天》栏目，其题材和内容的系统范围就规范为展示女性风采，监测女性社会形象，传播女性科学，促进女性性生活的和谐发展。简而言之，《半边天》栏目的题材和内容的系统范围就规范为——女性，即成熟（成人）的女性，其系统性就是建立在成熟（成人）女性的问题上。于是，这个栏目就把一切非女性的内容和问题放置于系统之外。

1991 年 12 月开播、1997 年改版的《12 演播室》，是一档以 18～25 岁青年观众为主要收视对象的栏目。其栏目题材和内容的系统范围就相应勾画出来——关注青年命运，反映青年呼声，展示青年风采，开拓青年视野。简而言之，《12 演播室》栏目的题材和内容的系统范围就规范为——与青年相联系的命题，其系统性就是建立在时代青年的问题上。

1997 年 1 月开播至今的《精品赏析》栏目，是一档揭示精品创作规律的学术性谈话节目，是对国内外获奖的节目、栏目及优秀影视作品进行赏析的节目。栏目旨在于用电视手法，展示创作经验，揭示艺术规律，从而达到宣传精品，提高观众欣赏和审美品味，推动精品战略的实施与发展的目的。这个栏目题材和内容的系统范围就规范为——电视和电影精品，其系统性就是建立在精品的问题上。对此，那些非精品性的栏目和节目就不在这个系统之内，也就不是我们制作节目的考虑范围。

1997 年 5 月开播、1998 年又一次改版的《当代工人》是一个专题栏目，它是歌颂中国工人的伟绩，展示时代工人的风采，在栏目的形式上采用访谈方式，走出电视演播室，深入厂矿、林区、油田，把演播空间拓展到工人一线之中，在工人工作的现场直接与工人对话。这种全新的栏目样式，使节目更具有新闻性、时效性和现场感，加强了活泼热烈的气氛和观众参与的意识，进一步促进了人与人之间的交流、沟通和理解，同时更有利于维护工人的权益。对此，可以很清楚地看出，这个栏目题材和内容的系统性是建立在工人群体的问题上。

1995 年开播至今的《银幕采风》是一个报道和宣传中国电影界的大事、要事及优秀国产影片、优秀导演和演员的专题性栏目。它由《银幕内外》、《新电影》、《今夜星空》和《电影唱片》四个小栏目构成，它的题材和内容的系统性就是——电影，同时还必须是中国电影。

1996 年 7 月开办的音乐栏目《荧屏歌声》，是一档向观众介绍中外影视歌曲，以歌言志、以歌传情的影视歌曲栏目。它的题材和内容的系统性就是——影视剧中的歌曲。那些非电影和非电视剧里的歌曲，如通俗歌曲、古典歌曲等，也均不在系统之内。

1996 年 7 月开播至今的戏曲栏目《戏曲采风》，是一个展示中华戏曲艺术的历史渊源的节目，它反映戏曲艺术工作者为戏曲的发展所付出的努力及取得的辉煌业绩，让更多的观众了解戏曲艺术及戏曲界的动态与信息。这个栏目的题材与内容的系统性就是——时代戏曲的“团”、“剧”、“人”，即它的系统性是指剧团、剧目、戏曲演员的活动、信息和人的业绩。那些非戏曲和戏曲的欣赏部分，就在该系统之外了。

栏目有成百上千，在此就不一一列举了，从这些列举的栏目包括那些还没列举到的栏目中，我们都可以看到：电视的栏目与杂志一样，电视栏目的系统性一脉相传于杂志，两者都存在栏目内容与杂志内容的系统性，如《中国电视戏曲》杂志，杂志内容与题材的系统性就是——戏曲电视化后的故事以及与戏曲和电视相关联的人、事、节目、电视剧、理论研究等等；《中国电视》杂志，其杂志内容与题材的系统性就在于——中国电视界动态、学术、评论、人物、荧屏随笔等；《电视研究》杂志，其杂志内容与题材的系统性就在于——电视理论与电视各类节目创作研究、各类节目创作经验介绍等。对此，杂志与电视栏目一样，不同的杂志与不同的电视栏目都有自身的系统性，在电视中，每一个栏目，不论是新闻类还是专题类亦或是文艺类，都有一个栏目内容类型系统化的要求，栏目内容类型的系统性是栏目定位的集中表现，不存在没有内容类型的系统性的栏目。失去内容类型的系统性的栏目将失去栏目自身的特征，将成为一个杂七杂八、杂乱无章的大拼盘。

2．栏目结构形式的固定性

固定性是栏目的最基本的特征，也是最直观的特征，它不仅要求栏目结构和内容形式的固定，还要求有固定的栏目名称、栏目的播出时间、固定的栏目片头、固定的栏目长度、相对固定的栏目主持人等，以便于观众的定期、定时、定点收看。

(1) 栏目的板块结构与形式固定

在确定了栏目内容类型的系统性后，下一步的问题就是确定栏目的结构形式，栏目的结构形式是有机地、全方位地反映与表现栏目系统性的内容的主体框架，是表现栏目节目内容的板块形式。在通常情况下，一方面是为了便于节目内容制作上的操作，往往把栏目分为几个小板块，把在同一个系统内的不同内容归到相应的板块中，从板块节目提升栏目实质，只有把不同内容板块的节目都做好，这一期栏目才有望成为好栏目；另一方面是为了便于电视观众收视信息量的增大，使观众能在一个固定特别是有限的栏目时长内，尽可能多地从一个内容类型的系统信息中了解各种不同的信息。

《银幕采风》的题材和内容的系统性就是电影，同时还必需是中国电影。为了能全方位、多视角地反映《银幕采风》内容的系统，它由《银幕内外》、《新电影》、《今夜星空》和《电影唱片》四个小栏目构成，从《银幕内外》看，这是一个有关电影圈内外动态、轶闻等的栏目，从电影圈内外动态、轶闻再讲到电影；《新电影》小板块是专门介绍和宣传国产新电影的窗口；《今夜星空》小板块是介绍电影新人或名星，从新人或名星再联系到电影；《电影唱片》小板块是介绍电影歌曲，从电影歌曲过渡到电影。无论是四个小栏目也好还是四个小板块也罢，《银幕采风》系统的内容被四块不同的内容分工负责装到了四个小栏目之中。

《银屏歌声》的题材和内容的系统性就是影视剧中的影视歌曲。

(2) 栏目播出时间与长度的固定性

栏目时间长度的规范化和栏目播出的固定化，一方面是为了统筹安排电视栏目与其他诸多栏目在频道时间安排中的科学性；另一方面是为了电视栏目能更好地吸引受众，对电视栏目时间的合理分配，要符合观众的收视心理和收视习惯。同一信息系统的容量量化规范要求，在信息传递过程中，信息量总是牵制发送方和接受方，两头都要兼顾，缺少了哪一头，都会影响信息的传播。对此，栏目必须根据栏目自身的具体情况确定栏目的长度。《新闻调查》对社会普遍关注的事件或现象进行多侧面、多角度、深层次的电视调查，融社会性、故事性和调查性为一体，根据上述栏目的基调，栏目时长在 50 分钟以下，每周也只能一次，最后，该栏目确定时长为 45 分钟，每周五晚上黄金时间播出。《夕阳红》栏目时长为 30 分钟，每天上午 8：50～9：20 在中央电视台一套播出，15：30 在第二套重播。《12 演播室》1996 年改版后突出了栏目的时效性和与观众的接近性，共分为四个小栏目：《快人快语》，及时报道青年人感兴趣的各种文化信息和社会信息，这一板块大约 4～7 分钟；《边走边看》，观察与思考千变万化的当代社会，这一块大约 6 分钟；《人在九六》，记录与表现时代的青年人物，这一板块大约 10～15 分钟；《点到为止》，是针对青年中思想、生活中的一些问题进行咨询，这一板块大约 5 分钟。在确定栏目长度时，要克服那种由于内容庞杂而增长栏目长度的弊端。栏目形态的节目要防止这样一种倾向：当一个栏目获得社会的好评和认可的时候，编导者就想扩充栏目的时间长度来保持栏目的好评和乘机乘风破浪再一次地扩大影响，盲目地认为栏目的时间长度越长栏目就越有力度，栏目的影响力也越大，不切实际地开办大型冗长的栏目。郭镇之在《试论九洲方圆的改革》（刊载于北京广播学院学报 1988 年 3 月）一文中就栏目《九洲方圆》有这样一段评论："《九洲方圆》栏目最主要的缺点是时间太长，渐渐地观众的注意力不那么集中了，两个小时看娱乐节目是没有问题的，但要抖擞起精神长时间地注意那些平淡的节目，细细品味其中的意蕴，甚至动一番脑筋记忆和思索，终究是一件费力的事。"现在频道又特别多，观众的遥控器同时掌握着 40～60 套电视节目，栏目一旦冗长拖拉，观众将毫不留情地按动遥控器，选择其他的频道和其他的栏目。我们应时时记住，电视收视是观众闲暇时间进行的，即使有十分精彩的节目内容也应当确定适当的时间长度，过长的电视栏目会造成观众的收视疲惫，结果会使栏目达不到本身的传播目的。我们在策划栏目和设计栏目内的子栏目时，一般要做到适可而止，只有能表现和说明内容宁短勿长，把栏目的时间留到安排其他的信息内容，才可能使栏目的信息容量加大、加深。

栏目的固定性除上面提到的栏目结构、栏目时长、栏目的固定播出时段外，同时还涉及栏目的名称、片头、主持人等多种栏目的组成元素，在这些栏目的固定性组成的元素中，栏目播出时段的固定是较为突出的问题。固定时段的栏目播出不是以人的意识为转移的，它既是栏目传播属性的要求，也是传媒对观众的基本尊重和应负的责任，一个有较好声誉和较大影响的频道，它的栏目是不会随意改变播出时间的。栏目播出时段的分配与栏目播出时间的确定是由电视台节目的最高机构——电视台节目编委会决定的，电视台总编室只是具体执行编排台节目编委会已确定下来的各栏目的播出决定。现在有的电视台在强调固定播出的基础上，进一步强化栏目的固定性播出，提出整点播出的概念。整点播出概念的提出更有利于栏目品牌的确立，也更有助于观众的收视。如中央电视台一套的几档新闻栏目的播出时间就很好记。(见下表)

栏目名称	播出时间	播出频率（每周）
东方时空早新闻	6：00	一至日
新闻——焦点访谈	8：30	一至日
新闻30分	12：00	一至日
新闻联播	19：00	一至日
新闻——焦点访谈	19：38	一至日
现在播报	21：00	一至日
晚间新闻	22：00	一至日
世界报道	22：00	一至日
体育新闻	22：00	一至日
新闻调查	21：20	每周五

3．综合性

电视栏目除上述两个特征外，还有一个显著特征，即栏目的综合性，也称为复合性，这种综合性体现在栏目的具体内容和表现形式上。栏目正是因为有了这一特征，才使其内容与信息量在系统的范围内变得无止境；同时，栏目所进行的形式又灵活多样，各种表现形式交错使用，并无定法。

一个栏目的内容从宏观上讲是系列化的、是固定的，如《经济半小时》一定是经济节目。但到具体的每一期，则可以是综合性的，既可以反映国家宏观经济政策和行业产业结构改革动态，也可以宣传大型国有企业改革的成功经验；既可以表现经济体制变革中商业、房地产业、股市证券业等经验、信息，也可以是经济界、企业界、商界优秀人物的专访；既可以是“最惠国待遇透视”、“东南亚金融危机”、“技术全球化”等经济知识，也可以是经济生活中新奇的经济现象，如“电子货币”、“互联网络”、“热连线”等等。又如中央电视台的《综艺大观》，它既可以是纪实新闻性的，也可以是知识娱乐性的，更可以是文艺欣赏性的，它可以有歌曲、舞蹈、戏曲、戏剧、相声、小品等节目，内容与形式丰富多彩，《综艺大观》栏目一办就是十年，至今还有良好的收视率，它之所以有如此长的生命力，很重要的一点就在于栏目本身的综合属性，栏目的内容与形式在系统性前提下是一个无比宽广的天地，任凭电视编导去综合。又如，中央电视台曾有的《九州方圆》和现有的《东方时空》、《焦点访谈》等，从栏目的表现形式来看，也是十分丰富多彩的，可以是报道式，可以是纪录片，可以是专题，可以是访问和谈话式，也可以是以上各种形式的交错使用，灵活多样，变化莫测，像《东方时空》、《焦点访谈》等栏目的表现形式都是极具综合性的。

社会生活复杂多样，单以某一方面、某一角度或仅用某一种方式都不能较全面地反映，必须全方位、多层次的表现，这是栏目综合性的立足点，也是生活内容本身的要求。同时，栏目的综合性也可以充分发挥栏目优势，使栏目显得内容丰富、结构多样、形式灵活。在一定意义上讲，电视传媒的兼容性就体现在栏目类节目的综合性特征上。

第三节 电视栏目化

一、电视节目制片人

何谓电视制片人？他是进行电视剧或电视节目、栏目制作的领导者、组织者和电视节目的经营管理者。电视制片人既不是行政职务，也不是专业技术职称，更不是什么名誉称号，他是受本单位法人或出资方代表委托，是创作集体（剧组或栏目组）的全权代表、总负责人。据《中外广播电视百科全书》的诠释："电视制片人是电视节目制作的总负责人。负责选定创作题材，组织剧本写作，选择导演、摄像等主要创作人员，制定拍摄计划，负责监督节目制作的进程，协调各方面的关系，直到节目完成后的商业交易。"

制片人（PRODUCER）这个称呼，最早起源于西方电影业，大约是20年代的美国，是电影制片厂老板为控制导演开支过大、降低成本的一项管理制度。制片人在国外是指影视生产的投资者或其代理人，是具体电影拍摄的组织、管理人。但制片人制形成气候并让独立制片人登上历史舞台，则是在40年代的世界影都好莱坞。当时的背景是，一方面，经过20年的发展和完善，美国的电视事业如日中天，蓬勃发展，当时的美国社会上所拥有的电视机数量已达400万台，形成了对电影事业的直接挑战和残酷的行业竞争；另一方面，电影事业也面临着美国政府在政策调整方面的巨大压力，在1948年美国法院通过的一项决定里，美国的电影制片公司被要求放弃继续拥有电影院的所有权，使制作系统与放映系统分离，同时，不再确保制片公司从前曾经得到保证的电影影片的发行数额，其目的就在于打破行业垄断，从而促进电影市场的发展和成熟。于是，独立制片人应运而生，使美国电影事业的体制和结构出现了很大的变化，而且这种独立制片人制于60年代末，开始影响到西方整个电视业。

诚然，制片人作为舶来品在中国被选择，既是市场经济的催生物，同时也是改革开放社会主义电视事业发展至今的历史必然。随着电视的出现和电视事业自身迅猛的发展，尤其是电视栏目化的迅速发展，栏目制片人制应运而生地被引进电视栏目生产之中。我国电视制片人制形成于80年代中期，发端于电视剧生产领域，进入90年代初，在中央电视台等电视台的部分栏目中开始实行栏目制片人制，制片人制开始从电视剧生产领域扩展到电视节目制作生产领域，进入90年代中期，电视制片人制已在全国电视节目生产行业的栏目生产系统中得到了推广和普及。到目前，全国有近85%的电视台已经实行制片人制，90%的栏目实行了栏目制片人。电视剧生产领域制片人制的运作更趋成熟，从名义制片人、执行制片人、责任制片人发展到与国际接轨的独立制片人。在电视节目的生产领域中，有纪录片制片人、综艺节目制片人、文艺节目制片人和新闻节目制片人等等。

二、中国电视节目制片人制的掌故

在中国电视发展历史中，电视节目制片人制是80年代末以后特别是90年代的中期盛行起来的事。长期以来，我国的各级电视台内部实行的是三级管理模式，台的机构设置也是按照这个理念建构，即台领导下面的新闻部、文艺部、社教部等各部门，各部门又统领着本部门的若干个组，每一个组下面又有若干个栏目和节目，每一个栏目下层又有众多个编导。（现在，有些大台在台与部之间又出现了中心这一级管理部门）所以，台长领导和管理着部主任，部主任管理着各组组长，组长领导着下面的编导，在具体栏目的统筹和管理上，栏目负责人的管理和称呼往往是五花八门的，有的称呼科长，有的称呼组长，有的称呼责任编辑，各编导的直接领导就是科长或组长和责任编辑。一旦台里有一个宣传报道的通知，这就要台长开会或电话传达给部主任，部主任在布置给本部门的各组长，各组长再贯彻落实给各栏目和节目的负责的编导。一个宣传报道的通知，至少要经过3至4层才能到达具体做节目的编导中。当时电视台的管理模式用图表示为：

台 长

副台长	副台长	副台长
新闻部或新闻评论部等	社教专题部或青少体育部	文艺部或电视剧部
时政报道组 社会新闻组 经济信息组 专题报道组	体育竞技组 专题片组 文化教育组 社会生活组	地方文艺组 外国文艺组 戏剧、戏曲组 歌舞组 大型节目组 电视剧组
以栏目命名的组 ………	以栏目命名的组 ………	以栏目命名的组 ………
各个组下面，至少2至3个栏目	各个组下面，至少2至3个栏目	各个组下面，至少2至3个栏目
各栏目下至少有10至60个记者	各栏目下至少有10至30个记者与编导	各栏目下至少有2至6个编导

中国电视事业自身的迅猛发展，尤其是电视栏目化的出现，原有的节目制作人员3至4级的管理和运作模式，表现出极大的不适应，从一定意义上讲电视栏目化的出现是诞生电视制片人的必然结果。

另一方面，电视台、电视频道随着栏目化，节目的数量也急剧增多，同时场面规模和声势也越来越浩大，电视本身是现代化的传播媒介，有着报刊、广播等其他传播媒介所不具备的迅速、快捷、直观、形象、声画并茂的综合优势。电视节目的创作与录制又是多工种、重装备的集体劳动产物，它包含了策划、导演、摄像、舞美灯光及演职人员，以及生产过程中各工种的配合、统筹等诸多环节，在如此繁重的节目创作任人唯贤下，导演还要把许多琐事都挑在一肩，导演经常被这些节目艺术创作构思之外的事情弄得焦头烂额，牵制了很多的精力，直接影响了导演的艺术创作，使得电视节目的质量提高跟不上电视观众欣赏水平和审美要求的提高。为了减轻导演的负担，把电视节目中的管理与协调的工作交还给该节目的牵头人或称呼为该节目的制片人，由制片人管理与分配给节目的其他工种，例如，节目创作过程中的吃、住、行等就由剧务承担；节目创作的经费开支就由制片主任具体负责，这样一来，节目的导演就可以把主要的精力用到节目的创作上，直接发挥了导演的创作积极性，使导演全身心地投入到接二连三的节目创作之中，导演再不必为剧组的生活、后勤等事操心而影响节目的策划和创作了。过去的节目管理和节目运作模式已严重地阻碍了编导节目的创作，因而，从电视节目内部要求改革的呼声很高。

社会主义市场经济的春风也吹入了电视台，社会主义市场经济的涌动是中国电视制片人制诞生的直接的催生素，给电视台节目的生产带来了新的机制，过去那种节目经费包干、节目包播、节目剧组吃“黄粮”、“黄帝的女儿不愁嫁”的节目运作机制受到了冲击，随之而来的是频道竞争、栏目竞争、节目竞争的压力，中国的电视人第一次产生了危机感，电视节目的商品属性受到优胜劣汰的市场经济规律的检验，电视人和电视节目开始在市场经济的海洋中大浪淘沙，使一大批既有艺术修养又懂电视节目创作规律，既有组织管理能力又有经济核算和营销艺术的电视人，在市场经济的大潮中乘风破浪，推出了电视节目精品，在赢得社会效益的同时，也取得了一定的经济效益。这就是中国第一批“电视制片人”或“准电视制片人”。

随着节目与栏目制片人队伍的不断壮大，电视台内部的管理体制也开始调整，有的省级电视台出现了节目以频道制管理的体制，电视节目从原来的4级管理走向了频道道长领导下的栏目制片人负责制的2级管理，电视节目的质量由栏目制片人直接对频道道长负责。电视台内的节目生产与管理开始呈现为：

台　长

新闻综合频道道长（副台长）	影视综艺频道道长（副台长）	经济生活频道道长（副台长）	等等
新闻联播栏目制片人	影视前沿栏目制片人	经济生活栏目制片人	等等
新闻评论栏目制片人	荧屏歌声栏目制片人	财富论坛栏目制片人	
新闻时空栏目制片人	综艺大舞台栏目制片人	财经报道栏目制片人	
等等	等等	等等	

电视节目管理和节目制作运作模式的制片人制的转变，实际上是把台长或总编辑一个人的责任转化为众多采编制片人的责

任，把办好一个台的荣誉感分解为诸多制片人办好节目的荣誉感。强化了制片人的责、权、利，节目没办好，制片人就没当好，手上的节目就要被淘汰，被更好的节目所取代。

由于制片人制在中国出现的时间不长，各地的条件和情况又存在着差异，因而各个电视台的实行情况也不同。从全国的情况来看，没有一个统一的模式和规范，因此，探索一条适合中国国情，适合中国电视特点的制片人道路，已经成为一项十分紧迫的任务。

诚然，我们虽说制片人制在中国还没有取得广泛推行的成熟范例，它处在摸索前进的试点阶段，但在实践中已涌现了几种极具生命力、值得去完善并逐步给予推广的运作模式，根据广东电视台朱剑飞同志对我国目前几种制片人现状的总结，大体有四种模式：

其一，曰“特区制”，即充分利用倾斜政策，以点带面，耕耘标准样板田。这以中央电视台的《东方时空》为代表。《东方时空》于 1993 年 5 月 1 日推出，属于早晨节目中带有新闻杂志性的板块栏目，时间长度为 40 分钟。它除了制作经费来源不属于个人之外，可说是一块几乎具备制片人制所需原生态环境下的试验地。

具体操作上，在用人方面，栏目设总制片人，下属的四个小栏目“东方之子”、“生活空间”、“时空报道”、“面对面”，再分设若干制片人。节目组力图打破铁饭碗，除核心成员是台内业务骨干之外，以 4:1 甚至 5:1 的比例大胆招聘社会流动人员，而且招聘的记者一般要求具备出镜当主持人的素质，目的要培养并推出中国记者型的主持人。

经费方面，采用“以栏目养栏目”的全面承包方式，即先向中央电视台贷款做前期启动资金，然后主要靠开发板块内被允许经营的 5 分钟广告时间，赢得经济效益来支付全部人员的工资、奖金、完全体外循环的设备使用及节目拍摄、制作的业务经费。

管理方面，抓放权和制约两头。放权一头，一是允许突破现有人员编制，大量聘用“临时工”；二是摒弃内外之别，强调同工同酬，编外人员同样享受公费医疗和养老保险；三是尊重投入和产出关系，业务经费给予合理的实报实销；四是制片人拥有选题的确立、人才的选用和管理及一定的经济财权。制约方面虽允许体外循环，但指定台内两家公司，即北京未来广告公司和北京重点高科技电视发展公司，分别做栏目的广告业务和财政管理，并实行大致半年一次的严格审计，而且，一切费用都必须在节目获得播出后方可销账；虽拥有若干记者组，但每个记者都不会被指定谁负责哪个方面的报道，或是固定谁和哪个部门联系，而是强调平等抢新闻，即谁早报题就由谁拍，谁的节目抢的快、拍的深，就播谁的节目；虽然制片人大权在握，但对属下工资、奖金发放是有透明度的，标准由制片人定，但要向其汇报并备案。作为严格禁令，节目中不允许出现商品味，不允许从业人员利用采访之便索取任何报酬，《东方之子》一般也不采访企业界名人。作为局部成功的范例，《东方时空》依靠赋予的非常灵活的政策，引入了竞争的机制，刻意锻炼队伍良好的素质，加强职业道德的规范，从而赢得了节目的社会效益和经济效益。

其二，曰“频道制”，即有意减少中间环节，合理划分事权，建立责任制。这以上海电视台两个相对独立运作的十四频道、八频道为代表。1993年元旦之后，上海东方电视台、上海有线电视台、上海教育电视台相继问世，从而打破了在全国同一地区同一级别广播电视机构只能独此一家的传统模式。面对多台的强力竞争，经过一年的酝酿筹备，上海电视台也拿出大手笔，不仅仅在点上，而且在整个层面上，直接挑战电视系统长期因袭的传统管理体制和模式，先后在十四频道（1995年4月14日）和八频道（1995年6月16日），在国内首次实行频道总监领导下的栏目制片人制。针对过去上海电视台部门多、层次多，往往造成调度信息滞后和宏观指挥失灵以及台领导大部分工作时间耗费在协调部门之间的矛盾和摩擦之中的现象，新体制首先是撤掉大部分条块纵横的节目部门建制，分划所属两个频道相对独立运作，建立了频道节目总监责任制和栏目制片人责任制。操作上，台长同频道总监合理划分事权，除有关宣传的重大问题由台编委会讨论决定之外，频道总监对本频道日常节目全权管理，对台长负责；而频道总监直接领导栏目制片人，在他们之间不存在任何中间层次。在制片人方面，人选由总监直接聘任，栏目都由制片人承包，当中撤消以往行政建制的科组，制片人根据自身栏目及其责任的大小，在位时分别套接行政系列（在副主任至副科长之间）相应的待遇（有利于消化撤消部门建制的干部），并在人、财、物方面具有相当权利。

其三，曰“中心制”，即结束体制上的分割掣肘，代之以人事合一、人机合一的“一体化”的管理方式。这以吉林电视台组建的新闻、文艺、社教、经济四大节目中心为代表。在1995年3月吉林台出台的机构改革方案内，提出了强化中心，淡化部、活化节目组的原则，这是依循一个生产体系内部的各生产因素必须同步进行、相互介入、相互参与的“一体化”理论指导的结果。所谓强化中心，就是强调以节目生产（宣传）为中心，对与生产有关的所有生产要素实行统一指挥，形成以生产为中心、配套管理、经营共三大系统的运行新机制。在生产系统内，吉林台现在是按节目大类统归四大中心：新闻中心（原新闻部加制作组）、文艺中心（原文艺部、电视剧部合之）、社教中心（原对外部、专题部、体育部、社会教育部合之）、经济中心（原经济台划归）。由对口分管的副台长兼任中心主任，另设常务副主任，由部门正职担任，负责中心日常工作。为解决节目部门和技术部门之间的频频矛盾，正视电视艺术和技术大融合这一宏观趋势，吉林台有意在中心范围内让采编、技术合成“一条龙”，即将大部分技术人员合理地分到各个采编部门，由各中心直接领导，同时按照生产实际，将全台的常规技术设备和大大小小演播室以及前后期设备分给各中心管理，节目生产出现了“四条龙”，台制作部和播出部只保留了少部分人员和全台精尖设备，如三维动画、特技机、工作站和转播车等，作为各中心技术制作的提高和补充。所谓“淡化部门”，主要指合并中心时必然要撤消若干节目部门以减少中间环节，或者在不得以必须保留的部门（如播出、制作部）中划出相当权限充实中心，所以节目中心之内较少保留部的编制，更多的是采编人员和技术人员多工种的混合组别，以区别于原有部的建制。所谓“活化节目组”，就是针对过去传统的采、编分家的前后期脱节的“流水线”式作业方式，实行同步式的“采编合一”的制片人制。现在吉林台的节目中心，基本撤消部科的建制，中心领导直接赋予制片人包括拟订选题、人机调度、节目设计、后期制作、奖金分配和完成承包合同等相关权利。由于制片人被赋予了生产节目的核心地位，所有由其组合的采编制作人员都接受制片人的意图参与节目的前、后期研究和操作，使得节目组中人人有权力，人人也有义务，这样“一体化”的本质——让所有人共同为一期完整的节目负责的目的就容易实现。在用人上，该台制片人尚未有多大自主权，组建班子还不能完全做到双向选择，究其原因，还是无法冲破现行人事制度的限制，优化出来的员工，面一广就无法妥善安排，所以现在重点强调在制片人人选的严格把关上，而且在制片人成为新的组织核心和完成节目的关键的同时，各中心相应出台一系列对制片人的制约制度，包括考核和财务审计，包括试用三个月和奖惩等等，仅一个经济中心所制定的各项制度就达 6 大类 28 项 48 条。他们的经验是，要放活就必须管好。在经费来源及财务管理上，吉林台提出“公开承揽，统一管理，以栏目养栏目”的原则，在坚持

“统一签合同，统一价格，统一进账”的前提下，由各中心制片人从广告部手中接手栏目广告的经营，而广告部只负责栏目广告的管理。

其四，曰“双轨制”，即允许新旧体制一定时期内和平共处，透过实践中各自优长劣短的较量，形成体制转轨的大势所趋及其平稳过渡。这以广东电视台率先在周六、周日的节目改版中试行栏目制片人制为代表。1994 年 11 月 1 日，是广东电视台建台 35 周年华诞日，作为台庆系列活动的组成部分，也是当年深化改革重大举措的十件大事之一，广东电视台首次在周六、周日播出节目中隆重推出面对假日而以板块形式为主的改版、扩版方案。为保证当中是用优秀的节目来充实它，这次改版涉及到的时尚、博览、游艺、科普、体育、艺术、家庭、咨询服务等 11 个新设栏目，均全部实行栏目制片人制。栏目制片人已经赢得了竞选上岗、优化组合、拟订选题、节目设计、经费包干、财务签批及责任到人等相应权力，也有了台制片人工作协调小组来帮助理顺新旧体制错综复杂的矛盾。效果不同凡响：一是节目的质量明显。在岭南、珠江两台现有的栏目中，制片人栏目收视率几乎都在两台的前十名内，当中近半数还名列前茅；二是从业人员的心理素质大为改观。制片人栏目按任务配置的正常编制人数都有较大幅度下降。

三、电视制片人应具备哪些条件和素质

电视制片人应具备哪些条件和素质呢？根据《中国应用电视学》归纳列出了四个条件：“a. 电视制片人必须对电视制作的各个领域具有足够的知识；b. 电视制片人应当有渊博的知识，清醒的头脑；c. 电视制片人应该是一个精明强干、有组织能力的人；d. 电视制片人还应该是一个能干的鼓动者。”鉴于上述的四个条件，在我看来，概括起来讲，作为一名合格的电视制片人，

应该是既熟悉电视宣传艺术政策和规律，懂得电视节目组织管理规章和电视生产流程，又有驾驭市场经济运作能力的综合型人才。制作人还应具有独创性、渊博的知识、清醒的头脑，对事物非常敏感，能承担各种责任并能处理各种题材的节目。作为一个制作人，就必须会创造节目的形象，并以形象来传递信息。对于一个出色的制作人，仅仅有创造性还不够，电视节目的制作目的是一种复杂的技术性手段，需要一个精明强干的、有组织能力的人，才能使大量的制作问题协调起来。有一个制作人说过："制作中有40%靠创造性。"这说明没有组织能力就不可能把富有创造性的构思转变为成功的电视节目。制作人还应该是一个能干的鼓动者，他最终必须与人打交道，要把自己的思想和热情传播给摄制人员。他必须团结、鼓舞、指导和领导他们，使他们向同一个方向、同一个目标努力。正如一个制作人所说："制作人的鼓动工作与电视摄制一样重要。"因为是摄制人员最后把制作人的构思转变成真正的电视节目，所以他们干得好坏会影响到整个节目和制作人本身。通过具体地分析，电视制片人应具备和加强素质与意识的培养教育。

1. 导向意识

具有社会主义性质及其特色的中国电视，具有"喉舌"的特性与宣传教育的功能，这决定了电视节目制片人必须是政治思想上成熟的。无论是拍摄、制作新闻还是文艺作品及其传播的电视作品，都必须要始终与党和人民保持一致，坚持党的原则，即制片人必须要有高度的政治觉悟和政策水平，坚持"主旋律"，提倡多样化。自觉的坚持以邓小平同志建设有中国特色社会主义理论作为指南，把以正确的舆论引导人，以科学的理论武装人，以高尚的精神塑造人，以优秀的作品鼓舞人的精神落实到工作之中。作为剧（节）目、栏目制作负全责的制片人，必须认真学习领会党的宣传精神，自觉服务于宣传中心，并且保证所带领的创作队伍不在政治上出差错。

因此，电视制片人不论针对电视剧还是栏目，不论是新闻节目还是文艺节目的制片人，一定要牢记电视节目的属性，这种既是精神产品又是物质产品，既非商品又是商品的两重性，无论在本电视台播出，还是作为市场行为体现其经济效益的商品销售，都必须是以良好的社会效益为前提，做到既有良好的社会效益又能获得经济效益，促进两者的良性滚动。如果只重视经济效益，而忽视社会效益，那就会舍弃舆论导向，走到斜路上去，产生不可设想的恶果。

2. 审美意识

审美，是电视艺术最本质的特性，而观众从艺术作品中获得审美感受的中介因素是人的感情。白居易说，“感人心者莫先乎情”。法国雕塑家罗丹也说，“艺术就是感情”。艺术家有了难以克制的感情流动，艺术家的创造才会发生；当观众被作品中所蕴含的激情所感染，就会引起心灵上的震颤，即感情共鸣，因此而产生审美享受和审美愉悦，这种审美效应会引起人的思想升华和行为驱动，激励人们去探索、去追求、去抗争。正如列宁所说，“没有‘人的感情’，就从来没有也不可能有对真理的追求。”这不但是文艺作品的功能，也是一部优秀作品的成功之所在。认识到这一点，使制片人在创作中就能够比较自觉地注意驾驭栏目的建构，以适应观众的审美需要。

与此同时，作为制片人和他组织领导下的主创人员，以及这些主创人员之间，均构成一定审美关系，这些人之间审美感受的事物又成为审美对象，制片人自身不光必须具备较高的审美意识和艺术功力，还要带领主创人员自觉追求屏幕文化的心理开掘，并以独特的艺术眼光、与众不同的审美视角，按照美的规律，观察生活，熟悉生活，透过表象掌握本质事实，于寻常生活中发现神奇，把对生活的审美感受、体验和理解用画面、声音、镜头语言形象的反映出来，形成一种美的意境，这样才能使栏目一班人都确立和培养起审美的意识。

3．经济意识

人所共知，一个产业没有效益，就没有存在的必要。中国电视事业，是带有“喉舌”特性和宣教功能的媒体与信息产业。它是以第一、第二产业所创造的产品为基本物质条件，主要通过服务的形式，生产非物质形态的产品——精神产品，以满足人们日益增长的精神生活的需要，物化于生产力的绝对因素——人的因素之中，从而有力地推动我国社会主义现代化建设。鉴于电视虽有高消耗、重装备的特点，它的日常经费比广播高十几倍，甚至几十倍，比报刊出版发行需要支出更多的经费，但它向社会提供的精神产品却又具有非商品性，因而对党政领导机关指定的重点剧（节）目和新闻性的作品，坚决不搞有偿服务；其他作品则要在取得社会效益的同时取得良好的经济效益。它不仅要创造大量的精神财富，还要创收，“以节目养节目”，解决自身日常需要的经费，并向国家交纳规定的税金，支援社会主义现代化建设，与此同时，还要将剩余积累的资金，不断扩大再生产，产生良性循环。为此，制片人必须具备经营理念和成本核算的概念。他不但应认真核算每一期节目的成本，合理分配人员的劳动报酬，他还要学会营销节目，收回成本以便再生产等等，这些都是崭新的时代课题。

4．服务意识

为人民服务，为社会主义服务，为改革、发展、稳定的大局服务，是一切电视剧（节）目生产的出发点和归宿，它不仅关系到作品的导向，也意味着制片人工作中的一切行为，就是“服务”二字。服务不是冠冕堂皇的招牌，也不是精美的包装，更不是廉价的口号，它要求制片人在创作集体里不做官当老爷，而是建立一套为实现目标服务的管理制度，做一名勤勤恳恳的公仆。

制片人的服务意识主要表现在两个方面：一方面是科学性和严肃性；另一方面是正视现实，该曲就弯。归纳起来就是四个字，“思方面圆”。“方”是原则性，制片人要用原则性规范自己的思想、思维方式和行为准则；“圆”是灵活性，实施工作计划时要适应客观现实。如果思方成方，是书呆子，无法对剧目生产进行科学的管理，难以调动一切积极因素；如果思圆成圆，处事圆滑，也决不是一名合格的制片人。与此同时，由于每一个制片人带领的是一个相对独立的集体，他（她）既是业务上的领导，也是行政上的领导，因此，在强调服务的同时，还必须具备较强的领导才能，带领自己的创作队伍同心同德、尽心尽职地工作。

电视节目是集体创作的产物，它需要强有力的协调，也凝聚着众多部门共同合作的汗水。大至一台晚会，小至一期栏目，都得经过三四个以上工种的合作。一个台有数十个，甚至上百个栏目，如果对负责这些栏目的制片人管理不力，散乱无序的态势必然出现，节目的交叉、重叠现象也就在所难免。实行制片人制度的目的之一是减少浪费，但如果失去统筹，新的浪费又将出现。

5. 电视意识

电视制片人不仅要是一个具有丰富电视知识和制作技能的行家，同时还要是电视理论与实践的学术带头人。制片人决定了栏目的走向，制片人的风格一定程度上就是栏目的风格。

在我们的现实中，相当多的电视制片人是从电视编导、电视记者的业务骨干转变为电视制片人的。对此，制片人要把自己丰富的经验和对传播规律与技法的见解，变成栏目剧组的共识，保证栏目的创作人员整体水平的提高，以保证栏目质量和要求达到制片人理想的效果。

四、电视节目制片人的主要工作内容

电视节目制片人的主要工作内容概括起来讲，就是三句话：

生产和制作什么样的节目？如何生产与筹划制作？生产与制作好的节目如何最有效地传播到观众中，又如何快捷、准确地反馈观众对节目的收视意见？如果要将电视节目制片人的主要工作具体地分解，主要包括以下几项：

1. 在节目策划阶段，制片人对栏目的选题和主题确立起着决策性作用。生产什么样的节目？节目的选题从何而来？

一般来说，栏目的选题有四种来源形式：

第一种形式是电视台根据上级宣传报道的精神和题材规划的需要，指定制片人去完成某节目的摄制。

第二种形式是电视节目制片人根据电视台播出情况和栏目内容需要而策划构思出来的，并经过台领导部门批准而组织实施拍摄的。

第三种形式是从观众的反馈信息中来，由频道领导和制片人在统筹兼顾频道与栏目宗旨的基础上，策划拍摄制作的栏目与节目。

第四种形式是由制片人从媒体和渠道中发现符合要求的文字稿和剧本及题材，并经过批准而策划制作而成的节目。

第一种形式的电视节目相对应的是电视台重大活动的电视节目和特别节目的制片人。其节目经费一般来源于电视台和节目的广告征集，特殊情况下也可能获得行政部门的部分经费支出。第二种形式的电视节目相对应的是电视台临时和阶段性节目的制片人。其节目经费一般来源于电视台、节目的广告征集或制片人自我融资。第三种形式的电视节目相对应的是电视台常规性栏目的制片人。其节目经费一般来源于电视台正常的栏目经费。第四种形式相对应的是电视节目的独立制片人，他们往往采取多种形式，自己找节目的选题、自己策划节目、自己筹建摄制班子、自己筹集资金、自己联系节目播出的“窗口”及时段等。但是不管是哪种方式，制片人都应负责形成最初的策划设想，并使节目主题具体化。制片人在策划构思节目主题的过程中，要想到“两头”、“兼顾中间”，所谓的“两头”，一是要想到上层领导对节目的要求和指示精神或投资方的要求，另一头是要想到节目的对象——观众，要想到节目的对象是全国观众还是当地的观众？节目的观众群的年龄、性别、受教育的程度等一系列关于受众的问题。所谓的“兼顾中间”，就是想到在摄制节目的过程中所能调兵遣将的人、财、物及能达到的技术保障、技术优势等问题。只有把这些问题搞清楚了，才能使自己的节目更大程度上适应观众的需要和兴趣，达到节目拍摄的最终目的。

不论是哪种电视制片人，制片人在节目的运行中对节目（剧目）选题起着决策性的作用。在进行确定选题的决策时，应把舆论导向的把握放在首位。在这方面，制片人要通过认真学习党的方针政策，认真领会、并在自觉清晰地意识到党在一个阶段内宣传工作的主旋律的基础上，在自己所策划的栏目或节目中，把党的工作重心、政策精神，积极地在作品中贯彻体现出来，使舆论的宣传与党的路线方针政策保持一致，在受众中产生良好的效果。

比如中央电视台的《东方时空》栏目，在每一个不同的历史阶段，他们的选题决策都显示出了明确的方向性，从《东方时空》播出的节目中，可以清楚地看出每一个阶段的舆论导向的重点。

北京电视台拍摄的电视纪录片《京城百姓家》，更表现了充满精品意识的导向把握，它一反以往电视纪录片的“悲情”倾向，以一种轻松的、开朗的、向上的情绪，平和地讲述了一个个真实的老百姓的故事，充分展示了制片人在选题策划中的导向把握上的功力，专家们也纷纷称这部系列片给中国纪录片带来了晴朗的天空，起到了方向性的启示作用。

2. 在节目的选题确定后，制片人应对主题的深化、情节的设置和拍摄的全过程起整体把握的作用。

在节目的选题确定后，节目的制片人首要的工作是整体把握好节目导向、节目的艺术关和技术关等问题，节目的导向也与选题一样直接关系到电视节目是否存在投拍价值，节目的艺术关和技术关对于节目能否拍摄成功具有决定性的作用。在这个过程中，制片人不是原则性的把握或财务上的总管，更不是剧组的陪衬，而是整个拍摄计划实施的总负责人。他要通过自己的努力，使合作形成、计划实施。

在拍摄的过程中，制片人要经常性地了解编导和剧组是否按前期构思和主题进行拍摄，在主题的深化上画面内容是否到位。在具体拍摄的阶段，制片人决不能做甩手掌柜。

一般来说，导演在实施拍摄前，要制定所拍摄的内容和采访提纲，而这个案头方案的基础源于制片人的策划对节目拍摄所设计的思路，所以说，制片人对于社会生活的熟悉程度和对于节目前景的估计就显得尤为重要。

比如，选择什么样的导演来承担这个选题，在美术、灯光、音乐等辅助设计上，怎样做到投入少产出多，影视剧还要考虑选择演员的问题，任何一个环节不通畅都会影响计划的实施。众所周知，世界上知名和成功的制作公司，像美国的好莱坞制作公司，都是由制片人来选择剧本、导演、演员和其他的主要创作辅助人员。

以电视系列片《京城百姓家》和《中国母亲》为例，由制片人策划，向全国部分电视台的制片人发出策划书后，由全国部分电视台的制片人来应征其选题，然后在各台前来要求认定选题的70多位编导面前，进一进阐明自己的节目策划要求，同时，不厌其烦仔细地与每一个编导研究摄制方案，斟酌镜头和解说，调整编辑结构，从内容和形式的角度讲明道理，使各分制片和编导在操作中不感到盲从，真正明白节目的策划本意。

北京电视台《金色时光》栏目的制片人在确立了选题和节目的内容之后，没有甩手交给节目的编导，还和编导一起把好创作人员这一关，在挑选人员的时候，制片人有意识地挑选了一个学美术设计的和一个学摄影的同志，使得后来在拍摄节目时形成和产生了很多很好的思路，较高质量地完成栏目拍摄的任务，为栏目增了色添了彩。

由于目前电视从业人员都比较年轻，阅历也比较浅，难免在拍摄时会出现表现不到位、抓不住重点或漏掉重要情节、采访乏味等问题，为及时克服这些问题，制片人应对所拍摄的内容进行指导和检查，发现问题及时纠正。

如专题节目《多渠道地为晚年积累资金》的制片人，在编导开拍后发现了编导没有吃透养老保险的基本精神，所拍摄的节目没有提出明确观点的问题。在看了样片后，制片人立即决定找保险部门的专业人士为公众提出了几个明确的观点，以此做指导，使公众能通过看这个节目，不仅增长了一定的知识，又能够明了保险在自己生活中的位置，从而使节目的主题强化了，鲜明了，有说服力了。

制片人对于拍摄计划的制定和管理也十分重要，这直接关系到制作成本。拍摄计划的合理有序、管理的科学，既保证了节目的质量，同时又减少了浪费。

制片人是直接制定拍摄计划的人，这就需要制片人对所拍摄对象的了解和对环境的熟悉。拍摄文艺专题片《同是一个梦》前，制片人曾三次下香港实地考察，从拍摄的场地到老人们的居住环境、条件、就餐的场所，测算这些地点之间的距离，然后制定了详细的时间表，既把握了节目，直接给予编导指导，又保证了节目的质量，避免浪费拍摄时间。

在做特别节目时，制片人的统筹能力就显得尤为重要。一要有精品意识，二要有艺术要求。比如北京电视台制作的专题片

《我们共同走过》，是一部纪念抗日战争胜利50周年的作品。那时北京电视台能叫的出名的这类作品就不下四五部，策划设计这部作品的艺术标准的确比较难，竞争性很大，压力也很重，既不能简单地完成“历史追求”的任务，也不能简单地完成“美学追求”的任务。该节目的制片人与编导经过反复思考，确定了将历史追求与美学追求统一在一起的目标，用历史眼光和艺术的感受调动电视的独特手段、方法和优势，多角度、全方位地去再现历史，并直抒编导者对这段历史的独特见解，给观众带去思索、启迪与感悟、陶冶。虽然这部片子是分两个组，由八个人共同完成，但大家的思想都统一在一个共同策划的艺术目标下，所以达到了预期效果。

3．在节目的编辑制作过程中，对于节目地再创作起监督、评估和总结的作用。

节目的后期制作是一个编剪过程，更是一个再创作和强化主题的过程。在这个阶段中，制片人应着重把握再创作和评估结果的问题。

首先，应对计划的实施和完成结果进行评估，检查计划中的各项内容是否都已落实。如拍摄周期长短、预算资金运用是否合理、有无超出预算、整个节目今后的前景如何，前景包括收视率和专家评价、市场占有率等。

其次，确定编辑制作方案，对原设计主题进行主题深化和再创作的把握，这也是全篇创作的关键。制片人应再次与导演确认片子的定位原则、编辑方案，对片子的主题进行强化，使构思上升到精品意识的高度，指导编剪工作，充分发挥编导人员的主观能动性，在素材的选择、情节的铺排、叙事的延展和任务性格刻画上下工夫，以达到突出、强化主题和二度创作的目的。

再次，在节目初编后，制片人应根据总体设计对完成片进行一审，并提出具体修改意见，使节目能达到设计要求。在这个过程中，制片人应有高瞻远瞩的能力和清醒的头脑，切勿自我陶醉。任何电视节目都是遗憾的艺术，不可能没有缺点。《金色时光》栏目就是这样，几乎没有不作修改的节目。

制片人要善于总结，很多认识理论是经过总结得出的。每一次改革方案后都要总结，有总结才能有提高。制片人要有自信，要有敢于吃苦探索的精神，更要有敢于否定自己、敢于承认失败的勇气。目前电视台的制片人更多的是完成领导交给的任务和面对电视观众意义上的制片人，缺乏面对市场和参与竞争的能力，还有待于进一步地引导和规范，使之提高素质和能力，适应飞速发展的大众传播业和电视业本身，成为电视节目创作的核心人物，充分发挥制片人在节目运作中的主导作用，制作出更多、更为广大公众欢迎和能够参与市场竞争的电视精品节目。

第三章　电视节目策划者应具备的素质

第一节　电视节目策划人概述

策划人和传统的学者看起来都是在制造思想成果，但是，如何区分二者的差别？恐怕很多人都会说，学者从事的是学术研究甚至是纯学问，他们的成果主要变成了文化的积累。而策划人从事的是针对企业拓展市场和创造经济效益的策划工作，他们的成果主要用于解决现实的经济效益等问题。

其实，策划人与学者之间还有一个很明显的差别，即学者们可以常年钻在书斋里，与书和其他各种资料为伍，而且这种“冷板凳”坐得时间越长，越能够出成果。策划人则相反，他们必须与社会各个层面保持广泛的联系和交往，拥有与人打交道的足够能力，这样才能保证从市场和社会上不断获得足够的信息和其他各种资源，为成功开展企业策划奠定可靠的社会资源基础。

社交能力是策划人从事策划工作的又一个重要的基础。策划人的社交能力，首先体现为策划人是否以一种开放式的心态和行为与社会接触，形成自己的社会交际圈，并从中获得大量的策划资源。我们可以发现，国内那些有一定名气的策划人，他们几乎都有一个很广泛的社会关系网。从表面来理解，关系网越大，交际越多，这些策划人的精力越分散，就越容易对策划造成负面影响。其实相反，正是这些庞大的网为他们提供了无数的项目、资金、人才、思路、信息等等资源。甚至可以说，没有这些网的支撑，很难想象这些策划人能够正常开展策划工作。

策划人的社交能力还体现为他们注重通过多种社会渠道树立自己的品牌，从而吸引更多的企业与他们建立合作关系。策划人本身是“做市场”的，因此，他们对自己的发展也常常采用市场化的办法，通过社交、媒介等形式，广泛塑造自己的品牌，以求提高自身的无形资产价值，赢得更多的企业的认可。北京有一位策划人，由于想出了一个自认为绝妙的“主意”，便向全国一百多家拍卖行发出信息，要求以两百多万元的价格拍卖他的“主意”。此事经媒体一公布，引起广泛注意，并有两三家拍卖行对此事产生了兴趣，此事不管结局如何，这位策划人都是“赢家”，因为即使他的“主意”未能真正拍卖，他也会随着这件事的报道而扬名。

策划人的社交能力也体现在他们充满机敏和智慧的语言交流表达上。策划人的职业性质决定了他们必须具备与形形色色的人打交道的能力，而人际交往中，语言交流无疑是最重要的手段之一。策划人需要运用语言交流的技巧表达自己的思想，获取他人有价值的信息。当然，策划人最重要的语言交流场合应该是与客户的交谈和谈判了。尽管策划人可以通过文字的形式向客户介绍自己的工作、提出策划建议和思路、列明合作的要求等等，但是，他们也知道，许多企业决策者往往是在与策划人的交谈中了解到策划人的能力，了解到策划对企业发展的重要意义，从而促成了策划行动的落实，而与客户就项目策划进行谈判，这更是展示策划人才华和风采的时候，一个优秀的策划人往往也是一个谈判桌上的高手，当策划人把应有的智慧、灵活和敏捷恰当地运用到与客户的谈判中并得到客户认可时，可以说这个项目的策划已成功了一半。

还需要指出的一点是，之所以把社交能力看作是策划人应该具备的业务基础之一，也是充分考虑到中国国情和中国策划业的现实需要。中国策划业还很稚嫩，还没有多少人真正了解和信任它，中国的策划人又力量单薄，不得不通过广泛的社交圈子传播策划业和策划人自己的信息，并且从中获得大量的、有助于企业策划的信息。于是，又要搞策划，又要搞社交，整天一副忙忙碌碌、缺少章法的样子，这种情况真实地反映了现阶段许多中国策划人的实际形象。假如中国的市场经济再成熟一点，中国的企业和市场再规范一点，也许我们的策划人就会更轻松一点和专业化一点，他们不必花太多的时间进行那些目前看起来属于策划业务所必需的社交活动，而可以把主要精力放在项目策划的中心业务上。那时，策划人可以省却了许多烦人的社交应酬，套用一句著名的广告词，他们可以对客户说："你只需把企业的策划要求告诉我，其余由我们来做!"也许你和你的朋友们酝酿已久，现在终于踌躇满志地开办了自己的策划公司，也许你已通过一些渠道联系到几个策划项目，正在与客户洽谈之中。一切似乎都在正常推进，不过，我现在仍然想借用少年先锋队队歌中的一句话问问你："准备好了吗?"

第二节 电视策划者应有的基本素质

一、策划人应有相关知识的积累

艺术追求和其他事物一样，最可贵的在于创造，一味"循规蹈矩"、一味模仿是没有出路的。人们在欣赏电视文艺娱乐节目的同时也称赞电视艺术编导的独创精神，叹服策划者的功力和水平。这种对创造精神的激情释放，是电视艺术源远流长永不枯竭的源头。

电视这一现代化综合性宣传载体，为电视艺术家提供了比以往任何时候和任何一种艺术形式更为广阔的创作天地，最先进的传播手段为电视艺术家提供了一个施展创造才能的无限想象的天地。

策划创作是一个复杂的过程，对于创作者来讲，在这个过程中，他涉及的内容是多方面的，既有社会的也有个人的，既有体力的也有脑力的，既有感性的也有理性的，既有哲学的也有艺术的——相比之下，策划者与编导者所要学的知识更多一些，所要了解的东西也更多一些，需要的想象力也更丰富一些，总之，策划者所要具备的素质比电视其他工种要求更高。

高尔基曾经说过："新闻工作和文学工作一样，都是非常困难的职业。它们要求的学习和工作，不是少于而是多于其他任何职业。因此，这种工作是不能顺带做做，而是需要把整个身心献给它。"

从事职业策划工作，除了需要一个充满智慧的头脑外，必备的相关知识也是十分重要的。从某种意义上说，策划业是一个需要通才的行业，它要求策划人具有多学科以及跨学科的广泛知识，才能对付来自电视的多种多样的策划要求。然而，电视策划也是有规律可循的，找到这些规律，也就了解了一个策划人所应主要掌握的知识范畴。电视工作，概括地讲，就是管理、传播和经营三大部分。管理主要对电视台内部而言，传播、经营则主要是对电视台外部即市场而言。

策划人为电视台进行策划服务，应该系统地掌握有关电视管理和传播、经营的知识。当然，从策划业的实际运作看，更多的策划是有关电视台的传播效果，即电视台更希望策划人为电视台解决涉及市场方面的收视率问题和广告收入问题，其实质是经营问题。

“经营”是一个含义很广的词，电视台的经营涉及到方方面面，我们通常可以把它分为两大类：一类是电视台产权层面的，产权属有形资产的，称为资本经营或资产经营，产权属无形资产的，称为品牌经营或电视台形象经营；另一类是涉及电视台营销层面的，有产品（节目）营销和服务营销之分。电视台经营既然是针对市场而言的，策划人就不能不掌握必要的市场知识。正如我们已知道的，可以从每个角度划分市场，也可以从多个角度认识市场，因此，策划人面对的市场知识也是极丰富的。

由上可见，一个职业策划人为了搞好电视策划，他应该拥有足够的知识储备，其中，围绕“电视产业—经营—市场”问题而形成的知识积累构成了策划人的核心知识库。这个核心知识库包含的主要知识如下：

1. 电视管理学知识。尽管策划人通常更多地是从电视台接收有关经营方面的策划项目，但是，掌握电视台管理方面的知识仍然是很重要的，因为一个电视台经营的好坏，其内部管理状况和水平是一个重要基础。尤其是在当前市场经济条件下，中国的电视台正在大力推进制度创新，全新的制度要求全新的管理观念和管理模式，才能适应电视产业运作日益市场化的需求。

2. 市场学知识。策划人在于协助电视台驾驭市场，因此，必须对现代市场有综合的、深入的认识。无论是宏观的市场理论，还是微观的市场分析，都应该充分掌握，以便在为电视台进行策划时，能够熟练地掌握市场焦点，嫁接市场理论，比较准确地分析电视台面临的市场问题，达到“疱丁解牛”的境界。

3. 产权知识。产权是构成电视品牌战略的最重要内容之一，是电视经营中的深层问题。产权问题包括：电视台资本经营、收购、兼并、联合、控股、参股、拍卖、破产、资产量组、买壳上市等等。一般说来，由于电视台产权问题比较重大，电视台对外寻求策划，多是找那些具有实力和资格的中介机构或产权交易中介机构承担咨询策划任务，而小型策划机构或独立策划人很少接受这类委托，但产权问题与电视台的各项经营活动都有千丝万缕的联系，因此，策划人对此应有足够的了解。

4．品牌知识。品牌是无形资产，电视台的品牌常常关系到电视台的整体发展。因此，品牌也是构成电视台发展战略的重要内容。近年来流行的电视频道形象包装策划，就是全面提升电视台品牌的一种有力手段，于是，电视形象策划就成为策划业为电视台服务的一个重要组成部分。其实，品牌策划要比形象策划的内涵丰富得多，策划人只有掌握更多的品牌知识，才能突破一般的形象策划的局限，使电视台真正能通过品牌的扩张达到无形资产增殖的目的。

5．市场调查知识。电视策划就是为电视系统地提供市场运作的思路和具体方法，而这些方法和思路不能凭空产生，只能在对市场进行深入调查研究之后产生。由此可见，一个策划人还应该掌握市场调查的有关知识，如抽样、问卷设计、访问员培训、调查数据录入、原始资料整理、统计资料分析、各种调查方法等等。当然，时下有不少专职从事市场调查的公司，策划人可通过此类公司获取市场资料或信息，也可从其他渠道获取二手资料，但一个项目的策划仅有这些往往是不够的，策划人仍然需要自己动手深入市场开展必要的调查，以获取宝贵的一手资料。为了保证获得有价值的、可靠的一手资料，策划人掌握市场调查方法就显得十分重要。

6．市场营销学知识。现在的书店里，关于市场营销学和市场营销实战案例之类的书真是汗牛充栋，这也是中国进入市场经济的一个小小的写照吧。策划人为电视台做策划，主要涉及经营问题，市场营销学的知识应当是一门极重要的基础知识，多看一点此类书当然有助于增加知识和开阔思路，但更重要的是把这些知识创造性地运用于自己所从事的电视策划中去。

7. 广告学知识。中央电视台每年一度的广告标王大战使中国电视界深深领略了广告在现代市场营销中的重要作用。目前，电视界存在着一种错误的认识，以为电视台本身根本不要做广告。其实，随着竞争的加剧，电视台也要加强自身的宣传。所以，电视策划也常常要涉及到广告，甚至有时候一个电视策划就是一个广告创意。从这个意义上说，策划人必须了解广告学的一系列知识。尽管策划人不是广告设计者，但他们必须是广告创意人，有时候策划人为企业及其产品提供的一句绝好的广告词，都可能为电视台带来可观的品牌效益、经济效益和社会效益。

8. 公共关系知识。公共关系和广告一样，已成为现代企业营销的重要手段。策划人常常要为电视台的形象推广和电视台产品（节目）或服务的市场推广提出一些公共关系的策略，设计一些有针对性的公关促销活动等等。这就要求策划人对公共关系知识十分了解，特别是公关活动的实践经验要比较丰富，这样便可以使策划方案的可行性大大增强。

对于策划人来说，以智慧求生存和发展，知识当然多多益善，不过，上述知识应该是基础部分。当然，还有一门知识更重要，那就是关于策划的知识。这一点，策划界见仁见智，能不能借此成为策划高手，那是每个策划人自己心知肚明的事了！

二、电视知识与编导的知识

策划者在进行电视活动策划时，必须了解电视知识与编导的知识。蒙太奇技巧是电影创作的基础，也是电视创作的基础。

作为技巧的蒙太奇实际上就是人们通常所说的画面剪辑，是电视与编导知识中比较核心的内容，它也是创作者表达思想的形象化的手段。创作者通过对镜头的组织去创造涵义、去叙事、去抒情，但这都是建立在蒙太奇技巧的表意规范之上的，它成为影视创作的基本条件。有人认为，纪录片编辑很容易，把镜头接在一起就行了，它既没有情节、人物的限制，又没有连贯性的要求，其实恰恰相反，要从一大堆杂乱无章的镜头中剪出流畅的画面语言，有时甚至要剪出“戏”来，它的创造性远比艺术片要大得多，难度也要大得多。当然，要把标准降到仅仅把事情讲清楚，那确是一件不难的事。

最基本的剪辑的镜头结构形态：

1. 平行的剪辑（又叫平行蒙太奇）——是在一个蒙太奇段落里出现两个以上的线索，这几条线索平行发展，相辅相成。它强调几条线索之间的逻辑关系，当两条具有明显因果关系的线索交替组接在一起时，人们通常又叫做平行交叉式剪辑。

平行剪辑利用了人们认识事物内在的相关性原则，打破了事件发展的线形时空线索，将客观事物内在的含义通过镜头对列的方法挖掘出来，并利用一种结构方式发挥出表现性的功能。

(1) 平行剪辑的一种作用是展示同一事件的广泛影响和广阔的空间面，在现实生活中，当一件事情发生后，有时会在不同的方向上引起反应。把同一时间、不同空间的镜头组接在一起有利于表现这些反应的相互联系。

(2) 平行剪辑的另一种作用是表现事物之间的相互联系。把相互之间具有一定逻辑关系的两个形象平行组接在一起，可以形象地揭示出两个事物之间的内在关系，以此来表现事物的深层含义。

(3) 平行剪辑的另一个作用是通过两个形象的交替，造成一种画面结构的变化，并通过这种结构变化使原本并不具有直接关系的两组镜头相互影响、相互加强，产生出一种含蓄的意境。在《奥运会集锦》这部片子的开头部分，将运动员入场点燃圣火的开幕场面和运动员做各种各样赛前准备工作的镜头交叉组接在一起，使画面的结构显得活泼多变，富有情趣。

(4) 平行剪辑还有一种作用是把有冲突性因果关系的两条线

索平行交叉剪辑，可以造成一种紧张的戏剧气氛。故事中经常用这种方法来表现追捕、谋杀、救援一类的情节。纪录片中有时也用这种方法。

2．基本的电视叙事结构

(1) 单线结构

这是一种戏剧式的结构形式，它要求叙事趋向沿因果链条从开端进入具体的冲突，然后有条不紊地被强化，推向一个不可避免的高潮，当高潮以某种方式缓解时，导致了叙事的结束。但它又通过蒙太奇手法，时空的自由转换以及声画处理等电视的语言，成为一种电视化的结构。

单线结构的主要特征有三个：一是明显的事件线索贯穿始终，有头有尾，段落层次分明，强调事件的发展要有明显的因果关系；二是时空发展顺序进行，内容安排按时间的过程步步推进，环环相扣，直至结束；三是整体布局严谨规整，注意头尾的照应，高潮的处理，段落与段落之间的转换过渡，以及内在的逻辑性与因果关系，形成独立、闭锁的自足体系。这种结构形式，适于事件性较强的题材，或主题明确、目的性强的宣传题材。但它的局限与弱点，就是难于对客观世界的复杂形态作多侧面的反映。

(2) 复线结构

这种结构形式由两条以上的内容线索同时发展，构成影片的总体框架，几部分内容相互撞击，相互加强，在内容的对列或对比中，加深影片主题的涵义。

(3) 板块结构

这种结构方式的最明显特征，是整个影片由几大块内容串连而成，每块内容相对独立又互相联系，内容之间的连接线不是事件，而是主题或情绪。它有些类似散文或通讯的结构形式，从一个基点出发，在认识事件的不同层次上展开论述，形成对事物的多角度的审视。《微循环专家修瑞娟》第一集，选择了三组材料——手、与海的关系、给女儿的一封信，三大段落自成体系，之间没有必然的逻辑关系，但又都渗透了人物性格的特点。影片的结构为观众提供了认识人物的不同侧面，把人们引上一条开阔洞察力的道路。《不能消失的颜色》，把植树造林的主题分成三个层次——破坏生态平衡给人类自身造成的危害，人类对自然环境的破坏和植树造林的必要与紧迫。三部分内容相对独立，但都渗透了悲怆的情绪。这种情绪基调使三大内容统一起来，具有了一种完整性。观众通过这种共同的情绪感染获得审美感受，直到情绪的高潮。这种结构方式较少限制，灵活多变，能自由地从多角度去表现一个主题，也日益成为纪录片创作者喜欢采用的结构形式。综上所述，电视节目是一种集体的创作，电视制作人要对电视制作中的各个方面作出决策，因此必须对电视制作的各个领域具有足够的知识。制作人从来没有操作过摄像机、没有打过灯光或没有编辑过录像片，但他必须对制作的各个方面足够的了解，这样才有可能对制作作出高明的决策。制作人起码应该了解各制作方面的能量和局限，制作人还必须对每个摄制人员的工作能力有足够的了解，以判断他们的工作情况并设法使他们发挥全部能力。

制作人还应具有独创性、渊博的知识、清醒的头脑，对事物非常敏感，能承担各种责任并能处理各种题材的节目。作为一个制作人，就必须会创造节目的形象，并以形象来传递信息。

对于一个出色的制作人仅仅有创造性还不够，电视节目的制作目的是一种复杂的技术性手段，需要一个精明强干的、有组织能力的人，才能使大量的制作问题协调起来。有一个制作人说过："制作中有 40%靠创造性。"这说明没有组织能力就不可能把富有创造性的构思转变为成功的电视节目。

制作人还应该是一个能干的鼓动者。他最终必须与人打交道，要把自己的思想和热情传播给摄制人员。他必须团结、鼓舞、指导和领导他们，使他们向同一个方向、同一个目标努力。正如一个制作人所说："制作人的鼓动工作与电视摄制一样重要。"因为是摄制人员最后把制作人的构思转变成真正的电视节目，所以他们干得好坏会影响到整个节目和制作人本身。

三、策划经验的积累

以为把书本上那些与策划业相关的知识装上一肚子，便可以扛上策划的金字招牌包打天下，这显然是不切实际的。我们认为并反复强调策划的实际意义，正是策划人本身多年来主持或参与电视台策划过程中的一个深刻体会，即策划经验的积累是非常重要的，拥有越丰富的策划经验，就越能够得心应手地开展电视策划。策划经验首先是指策划人的广播电视从业经验，因为策划人进行策划活动的主要服务对象是电视台，策划人对电视台的熟悉和了解程度是能否搞好策划工作的重要基础。一个策划人，如果他曾经在电视台工作过，这对他从事电视台策划一定是大有帮助的，但是这并不意味着那些没有在电视台工作过的就不能从事电视台策划工作。因为熟悉电视台的渠道是多种多样的，且各有优势。在电视台工作过的人，他们对电视台的了解比较深、比较细、比较具体，但其策划视野容易受某一个电视台或某一层次电视台的限制；没有干过电视工作的人，他们对电视工作恐怕始终缺乏真切的、深刻的感受，但他们容易横跨众多不同类型的电视台进行策划思路的嫁接，电视台常常能从中得到意想不到的好的策划思路和方案。

策划人的电视工作经验还表现为与电视台打交道的经验，这可以说是策划经验中最重要的组成部分之一。策划人固然是凭本事吃饭的，但如果策划人有天大的本事，却由于不善于与电视台打交道，无法使电视决策人和管理者认可策划人的本事，这些本事也无用武之地，策划人满脑子的智慧、点子也找不到释放的机会。当然，这里所讲的与电视台打交道，并不是说策划人要会花言巧语，甚至通过坑蒙拐骗的不正当手段获取电视台高层的信任。策划人与电视台打交道，机敏、恰当的思路、语言和行动是必不可少的，但更重要的是他们为电视台服务的真诚态度和真知灼见。

策划经验还表现为策划人的市场经验。策划人的工作，用一句大白话说，就是“做市场”，为电视台做市场，使电视节目或栏目品牌从市场中的默默无闻到小有名气，到名声大振；使电视台的资产从少到多，从小本经营到规模经营；使电视台的产品（节目）从无市场份额到有市场份额，从较小的市场份额到较大的市场份额，从涉足市场到站稳市场；使电视台的服务从被动到主动，从一般到优质。这就要求策划人对市场非常熟悉，以便使他们为电视台开展的策划能够紧紧贴住市场运动的脉搏。

策划人的市场经验一般体现为两个层面，一方面，市场是包罗万象的，大到中央台、省级台，小到乡镇广播电视站，看似相差较大，但它们面对的市场问题却有共同规律可循，策划人无疑要通过自己的市场经验，把握市场变化发展的一般规律，从而指导自己的策划工作。另一方面，策划人面对的策划工作都是具体的，比如，关于某一电视剧的市场推广策划，某一个电视台栏目品牌的宣传广告策划等等。这就要求策划人对电视台委托的策划任务所具体对应的市场有相当深入的了解。在这一点上，策划人的功力并不在于他在接受电视台某项策划委托前就已经十分熟悉与之相关的市场状况，而在于能够根据策划任务的要求，在尽可能短的时间内，通过市场调查等手段，比较充分地掌握市场的情况，为进一步的策划打下坚实的基础。

有了电视台从业的经验和市场经验，还不能说就等于有了策划经验。严格地说，电视台从业经验和市场经验只是策划人经验的基础部分或间接经验，直接的策划经验取决于策划人的策划实践。电视策划，实际上就是策划人在深入洞察了电视台有关信息(如电视台的节目或服务、市场需求、收视率、资金实力等等)和市场有关信息（如电视台规模、各地电视市场特征、品牌影响力等等）之后，用特别的思路和方案，在电视台和市场之间牵线搭桥，为电视台打通或占领一定市场进行完整的、系统的服务。策划人的策划经验，正是这种牵线搭桥和服务的经验。一个拥有丰富策划经验的策划人，他在接手电视台的策划任务后，能够很快找到电视台及其产品和服务在打开市场局面时存在的主要障碍，并设计出一套独特的克服障碍、攻克市场的方案。能不能说，一个没有策划经验的人，就不能够参与电视台策划工作呢?这显然是一种直线思维导致的不恰当结论。实际上，策划实战和策划经验好比是鸡生蛋、蛋生鸡的关系，一方面，有了策划实战，就能够积累策划经验；另一方面，有了策划经验，就可能成功地驾驭策划实战。没有策划经验的人，可以加入到某一项策划任务中去，跟随有经验的策划人在实践中学习电视策划，并逐步积累起自己的策划经验。顺便强调一下，正如策划知识不是万能的一样，策划经验也不是万能的。策划人只能依托经验减少策划的盲目和失误，而无法用现成的经验去取代现实的策划。电视台的目标和需求是多种多样的，市场是千变万化的，策划人如果以不变应万变，也许原先那些宝贵的经验还要拖了策划人事业拓展的后腿呢!

培养独特的市场感觉常常听到人们对他们所了解的某个策划人做出这样的评价：“那家伙的市场感觉真好!”有的学者和专家根据自己的经验认为，如果一个策划人听到人家这样评价自己，会非常高兴的，因为这个评价在行中人看来，几乎就等于自己具备了策划能力的社会资格认证。策划本来就是一种头脑产业，一个找不到市场感觉或者市场感觉很差的人，他又怎么能担负起策划的重任呢？究竟什么是市场感觉？请你把自己设想成一个某一专题节目的市场推广的策划人。你来到某某电视台或电视节目交易会，至此，我们该给“市场感觉”得出一个简单的结论了：市场感觉是策划人必须具备的一种优秀的智慧品质，它依赖于策划人丰富的市场知识和经验，但又相对超脱地附着在策划人的智慧和才华中。市场感觉是敏锐的、粗线条的、不加修饰的、不受束缚的、真切的甚至是突发式的，但它常常在一瞬间能触及到问题的实质或核心。正由于如此，市场感觉对于策划来讲是珍贵的，它往往成为策划人一连串策划思路甚至是最终策划方案的起点和基础。我们大家都生活在市场经济的时代，每一个人的衣、食、住、行，都深深地打上了市场的烙印，可以说，人人都有自己的“市场感觉”。但是，当我们谈到策划人的“市场感觉”时，一定是一种超越市民认识水平的、独特的市场感觉，是对市场具有透视力、洞穿力的一种悟性意识，正是这种感觉的独特性，才能够升华出一系列拍案叫绝的策划方案，才能营造出一个个令人称道的策划奇才。

坚持认为策划人要具有独特的市场感觉是可以培养的。因为从客观上讲，人人都具有创造的潜能和智慧基础。然而，并不是人人都有机会或者主观上愿意从事策划人的职业。只能少数人在走上了这条道路后，才会有意识地、专业化地在企业激烈的市场竞争中培养、寻找、磨练自己的市场感觉，直至那种独特的感觉从市民常规、表象的认识水平中升华起来。

希望从事策划的朋友，当你听到人们真心地对你说“你有很好的市场感觉”时，你应该确信，那就是你作为策划人的职业素质合格的重要信号。

四、策划人的社交能力

策划人和传统的学者看起来都是在制造思想成果，但是，如何区分二者的差别？恐怕很多人都会说，学者从事的是学术研究甚至是纯学问，他们的成果主要变成了文化的积累。而策划人从事的是针对企业拓展市场和创造经济效益的策划工作，他们的成果主要用于解决现实的经验效益等问题。

其实，策划人与学者之间还有一个很明显的差别，即学者们可以常年钻在书斋里，与书和其他各种资料为伍，而且这种“冷板凳”坐得时间越长，越能够出成果。策划人则相反，他们必须与社会各个层面保持广泛的联系和交往，拥有与人打交道的足够能力。这样才能保证从市场和社会上不断获得足够的信息和其他各种资源，为成功开展企业策划奠定可靠的社会资源基础。

社交能力是策划人从事策划工作的又一个重要的基础。策划人的社交能力，首先体现为策划人是否以一种开放式的心态和行为与社会接触，形成自己的社会交际圈，并从中获得大量的策划资源。我们可以发现，国内那些有一定名气的策划人，他们几乎都有一个很广泛的社会关系网。从表面来理解，关系网越大，交际越多，这些策划人的精力越分散，就越容易对策划造成负面影响。其实则相反，正是这些庞大的网为他们提供了无数的项目、资金、人才、思路、信息等等资源。甚至可以说，没有这些网的支撑，很难想象这些策划人能够正常开展策划工作。

策划人的社交能力还体现为他们注重通过多种社会渠道树立自己的品牌，从而吸引更多的企业与他们建立合作关系。策划人本身是“做市场”的，因此，他们对自己的发展也常常采用市场化的办法，通过社交、媒介等形式，广泛塑造自己的品牌，以求提高自身的无形资产价值，赢得更多的企业的认可。北京有一位策划人，由于想出了一个自认为绝妙的“主意”，便向全国一百多家拍卖行发出信息，要求以两百多万元的价格拍卖他的“主意”。此事经媒体一公布，引起广泛注意，并有两三家拍卖行对此事产生了兴趣，此事不管结局如何，这位策划人都是“赢家”，因为即使他的“主意”未能真正拍卖，他也会随着这件事的报道而扬名。

策划人的社交能力也体现在他们充满机敏和智慧的语言交流表达上。策划人的职业性质决定了他们必须具备与形形色色的人打交道的能力，而人际交往中，语言交流无疑是最重要的手段之一。策划人需要运用语言交流的技巧表达自己的思想，获取他人有价值的信息。当然，策划人最重要的语言交流场合应该是与客户的交谈和谈判了。尽管策划人可以通过文字的形式向客户介绍自己的工作、提出策划建议和思路、列明合作的要求等等，但是，他们也知道，许多企业决策者往往是在与策划人的交谈中了解到策划人的能力，了解到策划对企业发展的重要意义，从而促成了策划行动的落实，而与客户就项目策划进行谈判，这更是展示策划人才华和风采的时候，一个优秀的策划人往往也是一个谈判桌上的高手，当策划人把应有的智慧、灵活和敏捷恰当地运用到与客户的谈判中并得到客户认可时，可以说这个项目的策划已成功了一半。

还需要指出的一点是，之所以把社交能力看作是策划人应该具备的业务基础之一，也是充分考虑到中国国情和中国策划业的现实需要。中国策划业还很稚嫩，还没有多少人真正了解和信任它，中国的策划人又力量单薄，不得不通过广泛的社交圈子传播策划业和策划人自己的信息，并且从中获得大量的、有助于企业策划的信息。于是，又要搞策划，又要搞社交，整天一副忙忙碌碌、缺少章法的样子，这种情况真实地反映了现阶段许多中国策划人的实际形象。假如中国的市场经济再成熟一点，中国的电视市场再规范一点，也许我们的策划人就会更轻松一点和专业化一点，他们不必花太多的时间进行那些目前看起来属于策划业务所必需的社交活动，而可以把主要精力放在项目策划的中心业务上。那时，策划人可以省却许多烦人的社交应酬，套用一句著名的广告词，他们可以对客户说："你只需把企业的策划要求告诉我，其余由我们来做!"也许你和你的朋友们酝酿已久，现在终于踌躇满志地开办了自己的策划公司，也许你已通过一些渠道联系到几个策划项目，正在与客户洽谈之中。一切似乎都在正常推进，不过，我现在仍然想借用少年先锋队队歌中的一句话问问你："准备好了吗?"

我们先来看策划者定位自己。定位，就是策划人根据对方的一般要求来设定自己在策划工作中的地位和角色。具体地讲，应从以下几点入手为自己定位：

第一，开拓并确定自己最具优势的策划领域。比如，甲策划人擅长于电视频道资源的合理配置、观众受视的调查与调研等宏观广义的策划；乙策划人侧重于栏目结构的优化的策划；丙策划人则重点在于影视广告的创意策划；丁策划人善长于电视文艺节目的策划等等。策划人形成自己的策划优势，才能深入，才能闯出牌子，电视台也会认你这块牌子。相反，假如一个策划人声称自己什么策划都在行，倒很可能是什么策划都做不好甚至做不了，承诺便大打折扣甚至是在开"空头支票"，这样的策划人如何能让企业放心地把策划项目交给他做呢?

第二，以项目策划的可行性为第一因素、策划费为第二因素来确定是否承接策划项目的基本标准。之所以要谈到这一点，是因为有不少策划人在承接策划项目时，常常不自觉地把策划费作为接单的第一决定因素，只要电视台或电视栏目策划费出得多，就想把任务先接下来，而对项目策划的可行性就考虑得少，不成到时再说。其结果，要么因策划方力量有限不能满足客户要求，要么因客户的要求太脱离实际而使策划流产。因此，一个稳健成熟的策划人应该把住项目策划可行性这个定位关口，由于自己诸方面原因难以完成客户要求的项目不要勉强接，因客户要求太偏而难以策划的项目也不能接。在策划费的诱惑和不可行的策划项目可能带来的一系列不良后果之间，策划人应该保持一份理智和清醒。

第三，始终保持策划人相对独立的职业地位。通常情况下，总有些电视台或栏目对策划人会提出比策划工作本身更多的要求，例如，要求策划人在策划方案通过后，继续负责方案的实施，甚至提出策划人以参股形式加盟电视活动。我认为策划人在接受电视台或栏目策划委托前就应有明确的自身定位，你要为企业公正、开创性地服务，就最好保持你的独立策划人的地位。因为这样做，你可能不会受企业决策人的约束，而继续保持你独特的、灵活的策划思路。一个能操纵自己的思想、为电视台拿出杰出的策划方案的策划人，他未必能成功地主持实施自己的方案，这就好比一个杰出的作家未必能成为一个职业文学评论家一样。

再来看看策划人策划推销自己。现代电视节目市场的一个重要特征就是买方市场的存在，于是，卖方的推销也就大量存在。策划人希望为电视台和电视栏目服务，他也要向电视台和电视栏目推销自己。怎么推销才能让对方心服口服地把策划项目交给他，这是策划人首先需要策划的。策划人或策划公司在刚刚起步阶段，一般都是依靠比较熟的朋友之间引荐而接到策划单的，正因为策划人与客户间存在“友荐”的纽带，因此这种合作不是完整意义的商业性合作。策划人因“友情”保驾，可能都无需在推销自己方面搞什么策划。当策划人真正为企业提供了一些好的策划方案后，客户口碑就开始形成了。这种情况下，策划人实际上是对自己进行了实力推销的策划。口碑的传送，很可能为策划人带来新的策划业务。这种实力推销固然货真价实，但它仍然不是策划人对自己的自觉性策划。当今策划业的发展，要求策划人主动出击，采取各种办法向电视台推销自己。例如，策划人为电视台讲课、参加栏目点评、节目评奖、协助记者采访和专题报道、撰写有关文章宣传、媒体广告、在各类社交场合宣传推介等等。

策划人通过这一系列的推销渠道逐步在社会上和电视台宣传了自己的策划的理念和能力，树立了自己的策划人的品牌，为更多的电视台和更多的栏目了解策划、认识策划人进而把项目交给策划人创造了良好的前提。准确的自我定位和得力的推销，这是策划人首先策划自己时的关键两步棋，走好这两步棋，你会发现，下一步的策划会轻松得多！

第四章　广义的电视节目策划

第一节　广义的电视节目策划概述

现在我们一般讲的电视策划是泛指电视台所有的电视活动包括频道、栏目、大型电视晚会和节目内容的策划，所以这种理解上的电视策划的内容大可以大到整个电视频道，大可以大到涉及数十、数百万人的重大的电视节目，如亚特兰大的奥运会开幕式晚会、香港回归报道活动，小也可以小到具体栏目与具体节目的策划，甚至还可小到每一期节目的选题的选择、主题的正确把握、节目内容的具体安排和主持人形象的策划。为了便于研究和讨论，从策划的规律上把这些电视活动人为的划分为两类：一类是关于宏观的、全局性的、相对无范例的电视活动，我们把这一类称为广义的电视节目策划；另一类是关于微观的、局部性的、有规范的电视活动，我们称为狭义的电视节目策划即电视栏目与节目的策划。

所谓的广义的电视节目策划指的是在一个广阔的范围内，在没有发生范例的情况下从无到有的思维活动过程。它主要指电视活动有价值命题的提出，频道和栏目研究规划，新栏目策划与老栏目的关、停、拼、改，以及电视观众收视趋向的引导。所以，广义的电视节目策划不是孤立的电视活动和电视运筹过程，它与整个社会的政治制度、社会体制、宣传的方针政策、观众的收视理念都有着密切的关系。在一定的程度上讲，它能改变频道，改变电视节目，改变电视观众。一言以蔽之，电视广义的节目策划能改变电视媒体资源配置结构、电视栏目的走向、社会及文化电视审美情趣的活动。

所谓狭义的电视节目策划的范畴主要指固定栏目与节目的策划。

从另一角度讲，在电视活动和电视栏目及电视节目产生的过程中，根据活动、根据栏目及节目的命题与宗旨产生的时间和来源，区分为广义的电视节目策划和狭义的电视节目策划。

目前，在电视台的操作中，通常把广义的电视节目策划与狭义的电视节目策划统称为电视节目策划。对此，我们这些搞策划的同志，接到电视台打来的电话："某某，请你某日来台里帮助我们策划一下电视节目。"一到台里开会，有的是关于频道改版的策划专题会，有的是关于栏目的策划会，有的是关于具体栏目、具体节目如何制作的策划会，也有的把频道的改版、栏目的设计合在一起讨论的策划会。应该看到，虽然统称为电视节目策划会，其实它们的策划与研究对象是不同的。对于那些频道问题的策划活动和具体栏目与节目如何制作的策划活动，它们的策划理念、策划者的知识要求、策划规律、策划的程序、策划的对象等都是不同的，一定程度上有着明显的区别。对于策划者本人往往也有其善长的区别，有的策划者比较善于研究和策划频道资源配置这一类宏观性的全局问题，有的策划者比较善于研究和策划具体节目与栏目如何制作这一类微观性的节目问题。所以，从电视活动的策划研究和具体的栏目与节目的操作上，有必要把电视节目策划活动因对象与规律的不同区分为广义的电视节目策划与狭义的电视节目策划。

从这样的区分我们可以看出：

广义的电视节目策划的范畴主要指宏观的频道资源的配置、频道形象的策划与包装、新栏目的策划、大型电视活动和电视晚会。

对于广义的电视节目策划来说，它的策划程序和内容包含了电视活动在内的所属的一切活动的筹划思考过程，具体地讲，一般包括解读项目与调研、战略分析、综合决策、策划方案的提出和方案的编制、收集观众反馈信息、评估策划方案这六个阶段。它经过了从解读项目、调研、构思、分解、归纳、判断，一直到拟定策略、实施方案、事后追踪与评估的过程。广义的电视节目策划一般周期比较长，一年一次，定下来以后有一个相对的稳定期。

所以广义的电视节目策划，和我们现在一般在讲的电视策划和狭义的电视节目策划（主要是指电视栏目与节目的策划）是有区别的，我们现在一般在讲的狭义的电视节目策划，是以某一个确定了定位和宗旨的节目或栏目为产品，以提高本栏目和节目的收视率为目的，进而获得更好的社会效益和更大的经济效益，其最终目的是更好地为整个频道服务，从而服务于观众。应该承认现在一般在讲的电视策划一败涂地，是指狭义的电视节目策划，它是我们经常性的策划活动。

广义的电视节目策划的主体既可以是整体策划机构——策划领导小组、栏目策划小组、策划公司、策划专家团，也可以是个体的策划者。策划机构，例如社会科学院各研究所；策划公司，如国外的信息咨询公司美国的兰德公司、日本三菱综合研究所、英国艾特金斯咨询公司等；个体策划者，如洪民生、邹友开、孙玉胜、赵安、王力、余明阳、秦全跃等。

广义电视节目策划的客体即受策划者，是指策划活动所指向的对象——电视台的领导部门和全台节目的管理部门。

广义电视节目策划的内容与对象是指电视频道开发和频道整

体形象的包装、频道资源（时长、时段、政策、人员、设备、经费等）和栏目资源的优化组合、特大型的电视综合活动的驾驭方案。

广义电视节目策划的环境又叫做电视策划的外部条件，是电视策划运行的必备的土壤和前提。广义电视节目策划环境主要是群体活动空间中观众的社会文化环境和收视趋向以及个体活动空间的文化氛围和收视动态。这也是策划者为策划对象——电视台的领导部门和全台节目的管理部门策划的依据。策划要想得以实施，必须充分了解环境。离开了策划的环境，策划活动的实现就非常困难，只有对策划环境越了解，策划方案就越有利于策划活动的运行和实施，策划环境是一种客观性。

对此，在广义的电视节目策划中，策划者应该了解观众，把握观众的收视规律，收集收视反馈的信息进行整理分析并预测收视趋向。策划者应该了解与把握电视频道的属性和特征。策划者还应该了解“领导层”的意图和想法。同时，策划者还应考虑理论与前瞻性项目的研究和开发。

第二节　广义节目策划的程序与内容

广义节目策划的程序与内容是指电视台或电视频道进行的电视活动，是宏观的，带有全局性的，在策划的过程中要按一定的程序、一定的步骤有计划地进行。广义节目策划程序一般包括解读项目与调研、战略分析、综合决策、策划方案的提出和方案的编制、收集观众反馈信息、评估策划方案这六个阶段。

一、解读项目与调研

调研是宣传策划的前提与基础。策划调研为频道与栏目宣传策划准备客观的资料。另一方面，策划调研要根据宣传策划的要求来进行。调研的成果要为频道与栏目决策分析所用，它是策划的准备阶段。

确定主题是指电视台在进行电视频道与栏目整体形象策划调查之前，首先要确定调查的类型和宗旨。

电视节目调查可分为一般性电视节目调查和特殊性电视节目调查，一般性调查以制定形象策划在一定时期（如一年，一季）内的工作计划，目的在于发展电视台自身。特殊性调查是形象策划事件调查，其前提条件是电视节目发生了对公众有影响的事件，电视节目策划人员要就这一事件进行调查，以了解情况，掌握资料，制定形象策划时的工作计划，目的在于解决存在的问题。一般性电视节目调查，是电视台正常的生产经营运作中所进行的调查，宗旨在于掌握电视台各方面的情况，了解公众对电视台的评价，其主题可确定为电视台日常形象策划活动的全部或局部及电视台形象状态等。

特殊性的电视节目调查，是在电视台非正常的生产经营运作中所进行的调查，宗旨在于掌握电视台某一问题或事件的全面情况，了解事件对公众对电视台的影响程度，其调查主题可围绕着问题或事件的内涵来确定，这里主要搞清楚促成问题或事件出现的原因，这些原因在以后的工作中是否还会出现，未来社会的政治、经济、文化环境会发生哪些变化，变化了的环境将对电视台面临的问题或事件产生何种影响等等。

1. 确定范围

电视的观众处于不断变化中，不同的调查主题应该确定不同的调查对象和调查范围。确定所要调查的公众范围应该掌握度的限制。在一般性的整体形象调查中，电视的策划者或组织应根据调查主题的需要和力所能及的条件来确定调查的公众范围，并保证确定的公众对象有一定的代表性。在特殊性形象调查中，策划以问题发生的范围作为依据，不能对超越问题发生范围的公众进行调查，否则会造成不必要的浪费，并形成不好的影响，超越问题发生的范围，这样了解到的情况也会很不全面、不具体、不客观。

在确定调查范围时，应该对有关公众对象的情况有所了解，以保证确定的调查范围更合理，更具有代表性。

(1) 观众对象的背景资料。指被调查者的自然情况，如年龄、性别、籍贯、住址、文化程度、职业、收入水平、家庭情况等。

(2) 观众对象的知晓度资料。指被调查者对企业的一些情况，包括问题、经营状况、市场情况、开展的主要活动是否知道，知道的程度。

(3) 观众对象的态度资料。指被调查者对企业的方针、政策、各项工作及发生的问题与事件所持的态度。

公众态度从其表现形式上划分，可分为赞成、不赞成、反对和敌意等四种态度；从其持续时间上划分，可分为延续性的态度和即时性的态度两种。企业所希望的是持赞成态度的公众，最好使其态度延续的时间越长越好；持不赞成、反对乃至敌意态度的公众，最好其态度是即时性的，但这一切都要靠企业的努力。

2. 调查方法

频道与栏目形象的调查方法，按频道与栏目的形象调查人员是否与公众直接接触，分为直接调查法和间接调查法。

(1) 直接调查法

直接调查法是指形象策划人员与观众面对面地沟通，直接了解情况，掌握信息。其中包括个人接触法、深度访问法和公众座谈会。

①个人接触法。策划人员与社会观众直接接触，是准确的把握信息的最佳途径。形象策划人员直接和员工进行沟通，可以了解观众的收视活动情况，掌握他们对电视频道各项方针、政策的

反应，倾听他们提出的对于频道和栏目的各种意见和建议；形象策划人员直接和观众接触，可以了解观众对频道的全面的信息和对栏目与节目具体的第一手资料，掌握他们对整个频道及各个栏目与节目的要求。对一个形象策划人员来说，直接接触观众的机会很多，如电视台参加的节目展销、频道与栏目公益活动、日常工作和其他任何能聚集起那些素不相识的目标观众的场合，这都为形象策划人员提供了接触和了解观众并与其进行沟通的机会。形象策划人员应善于捕捉时机，养成自觉利用一切可利用机会的习惯，随时随地掌握对其有用的信息。

②深度访问法。有时为了了解观众做出某一反应的深层心理原因和情感原因，策划人员可以有目的地选择一些有代表性的观众对象进行深度访问。其要求是：第一，访问者受过专门的训练，如果有记者的工作经验更好；第二，访问者应熟悉有关材料，了解有关事情的原委；第三，要求被访者诚实，值得信赖。深度访问一般是以提问开始的。其问题的类型有“开放性”问题和“封闭性”问题。开放性问题是指答案有多种选择的问题；封闭性问题是指答案非此即彼的问题。一般来说，其提问顺序应该是先提开放性问题，使被访者有较大的回旋余地，后提封闭性问题，让被访者对问题表态，以便在分析资料时容易归类。

③公众座谈会。有时频道与栏目根据发生的事件或要解决的问题，选择有代表性的公众到频道与栏目来进行座谈。召开公众座谈会，首先，要确定座谈主题，主题要明确，重点要突出；其次，要注意代表的选择，应尽量选择那些有代表性的人参加，其代表的结构要合理；第三，要注意座谈开始时的议题表述，尽量自然、简短、能激发人的兴趣，留出较多的时间让公众充分发表意见；第四，要做好记录、录音或录像工作，以便掌握更多的可靠资料。

直接调查法具有直接性、双向性、及时性和准确性等特点。

采取这些方法可以增加对被访者的控制，把握调查的主要脉络。但采取这些方法要增加调查成本，同时调查的范围也有一定的局限性。

(2) 间接调查法

间接调查法是指形象策划人员不直接和公众接触，而是通过某些中间环节达到调查目的。其主要方法有媒介研究、民意测验和抽样调查等。

①媒介研究。这是企业形象策划人员，通过确定和分析媒介中所报道的具体内容，并对其进行整理和分析，以掌握对企业有价值资料的一项活动。企业可利用的媒介有报刊、杂志、广播、电视、电影、书籍等。

媒介研究的基本步骤是：

A. 搜集资料。即通过各种媒介搜集有关资料。如通过报纸剪裁，搜集有关本企业的情况、竞争对手情况、市场情况、科技进步情况、国际市场的动向等。

B. 分类检索。这一步骤可以通过建立分类检索系统来完成，即按照一定的规则把各种资料归类。

C. 资料保存。包括剪贴、登记、编目、装订、归档等工序。在一些现代化的大企业中，已经采用了电脑管理与贮存资料，这无疑扩大了企业信息量，提高了工作效率。

D. 资料分析。即对检索后的资料进行全面分析。其分析方法有两种，一种是纵向分析法，另一种是横向分析法。

纵向分析法是从问题产生的原因入手，按照其发展的方向推进；横向分析法是把同一问题的不同观点铺开进行分析。

有些重大的问题还要广泛听取专家意见。

②民意测验。是通过了解民情民意的方法来掌握信息。其基本程序是：

A. 确定调查目标。即通过此次民意测验要实现什么样的目标。目标要具体，具有现实意义，能解决存在的问题。

B. 确定调查范围。这要根据目标来确定，范围要适度、可行。

C. 确定问卷形式。即确定提问方式、问卷结构，并能进行小范围测试。

D. 确定调查方式。这要根据频道的条件和调查的范围而定，可采取当面访问和通讯访问两种形式当中的一种。

E. 整理调查资料。调查结束后，策划人员要对大量的资料进行归类、整理、登录和统计，以便得出有价值的数据资料，作为策划决策的依据。

③抽样调查。这是在调查总体中抽取一定数量的样本进行调查，并以此推断总体特征的一种方式。抽样调查分单级抽样调查和多级抽样调查两大类。

A. 单级抽样调查。指在调查总体中只进行一次抽样之后，即以所抽的样本为单位，对其进行观察分析。采用单级抽样调查可进行随机抽样，机械抽样，还可进行整群抽样。

B. 多级抽样调查。也叫多阶段抽样调查。它是指利用现有的行政区划，组织系统层层抽选，先从整体中抽出一些大的群体，然后在已抽出的群体中进一步抽样，或是直接抽取一些单位来调查，或是再抽出一些小的群体进行第三次抽样。多级抽样除去最后一级外，前几级抽样每一级都是一次整群抽样。所以多级抽样也可以说是一种特殊的整群抽样。

二、策划的外部环境的调查和把握

策划的外部环境主要是两大方面：

一是对策划频道上级领导意图的把握。在对频道定位与频道策划及频道栏目设计之前，必须了解上级主管和台长办频道的意图，电视频道作为党、政府和人民的“喉舌”，电视对社会的影响越来越大，坚持正确的舆论导向，把握领导的想法和意图，是策划能否成功实施并赋予实际操作的关键所在。策划能否进行实际操作的另一个关键问题就是对受众是否全方位立体的掌握。

二是对策划频道所能覆盖受众的了解。在中国的电视观众是世界上数量最大、层次丰富、类型复杂的观众群体。在中国，电视是人们接触最为频繁的大众传媒，是人们获胜信息的主渠道。观众的收视动机、喜好、兴趣以及对电视功能、作用的评价和态度，对认识电视观众收看的内在动力提供了帮助。自觉遵从广大观众的收视行为、心理规律，实现广大观众的收视行为、心理规律与传播的高度统一，是电视节目策划的目的和追求的理想。观众在中国电视传播中占有十分重要的地位，观众是“上帝”，是电视人的“衣食父母”，了解、把握、密切关注观众的收视行为、心理规律和审美趋向是电视策划宏观层面上的观众理念。

在中国，截止到本世纪末 1997 年 12 月，我国电视观众总数为 10.94 亿人，到 2000 年底，估计观众人数达 12 亿左右。城市观众平均能收看 15 ~ 20 个电视频道的节目，农村平均达到 8 套节目。电视机的普及，为我国电视观众的持续增长奠定了基础。电视节目的策划有了一片驰骋的沃土，有了一方展露才华的天地。

然而，也应该看到这“一方天地”是纷繁复杂的，由于环境、闲暇时间、节目形式与节目内容等因素的影响，电视观众的收视行为和心理形成了许多特征，这些特征对电视频道、电视节目的策划及电视节目的传播效果影响极大。

1. 观众的结构和基本特征：众多、差异（众说纷纭、众口难调）、分散、流动、喜新厌旧。

中国电视观众的结构层次丰富，类型复杂，每一层次或类型又具有明显的特征，与此同时，各地区的电视观众的层次和类型在不同程度上也存在类似的共性和一定的范围内的个性。电视节目策划者了解、研究和把握电视观众的结构的特征是策划电视频道、时段和节目的基础，也是根据不同的观众群体实施各具特色的宣传与传播策略的根本保证。

电视观众社会结构、价值取向和审美观念等方面的差异，造成了观众结构的多层次性，从而又决定了电视节目的多层次性。了解、研究和把握观众的结构层次与类型，在策划中为频道的栏目设置、定位提供了基本的依据。带有相同社会特征的人们不仅喜欢收看类型相近的节目，而且对这些节目的态度也较接近。这是因为，同一层次或同一类型的观众在生活经验、情趣、爱好和习惯等方面有着很多相似点，抓住了这些共性，就可以化繁为简，把“众口难调”的难度减小到最底限度。

2. 观众基本特征的分析

(1) 层次丰富的众多的电视观众。中国是世界上拥有最多电视收视观众的国家，截止到1997年底，我国电视观众总数为10.94亿人；1987~1992年，我国电视观众总数增加2.16亿；1992~1997年，我国电视观众总数又增加了2.88亿，是世界上数量最大的收视群体。电视观众的增加原因是多方面的：

第一，电视机的普及，为我国电视观众的持续增长奠定了坚定的物质基础。根据国家统计局调查数据显示，80年代以来，我国电视人口覆盖率、电视机社会拥有量提高很快，到1997年我国拥有3亿多台电视，家庭普及率为85%。

第二，电视观众的增多，在很大程度上得益于天上的三颗“星”（对外还有三颗星）及有线电视的迅速发展。到现在我国已基本建成了以有线和无线相结合、天上卫星与地下网络相结合、城市与农村相结合、对内与对外宣传相结合的现代化传输覆盖网。截止到1997年底，我国已有34.5%的家庭加入有线电视网，在这些家庭中，1985年以前入网的占0.1%，这可以视为我国有线电视发展的萌芽阶段；1986~1990年加入有线电视网的占

3.7%，这可以视为我国有线电视发展的起步阶段；1991～1995年加入有线电视网的占62.7%，这可以视为我国有线电视发展的鼎盛阶段；1996～1997年底占领区34.5%，可视为我国有线电视发展进入了一个持续发展的阶段。我国有线电视发展的前景看好，因为还有较大的开发余地。随着西部大开发战略的实施，经济欠发达的中、西部在未来的5年内将成为有线电视发展的热点地区。

第三，电视直观、快捷、形象、丰富、生动使电视成为人们接触最为频繁的大众传媒，是当今社会观众获得信息、了解事实、娱乐消遣、增加知识的主渠道。报纸、广播和电视是三大主要的大众传播媒介，而电视是人们接触最为频繁、影响最大的大众传媒，在人们的闲暇时间里，花费时间最多的是电视。观众对报纸的接触在10年间走过了一个下降而后反弹的过程，广播走过了一个在前几年保持平稳而后出现下降的过程，而电视则一直处在高位稳走的态势。生理学和心理学的知识告诉我们，眼与耳是人类感知外界事物的两大主要器官，而电视正是兼顾到了人类感知外部世界的两大最主要的支柱，给人以更直观、更具体、更生动的心理感受，因此，电视与其他传媒相比，更符合人类感知事物的特点和规律。

第四，电视能获得众多的观众得益于电视收视方式与习惯的方便、随意，电视能满足观众获得休闲、消遣、娱乐的功能，成为观众最廉价的、最随意、最快捷和方便，但精神财富回报最丰富的产品。“人创造环境，同样环境也创造人”，观众的收视行为和收视的习惯在很大程度上取决于家庭收视这一特点。

根据中央电视台1987年第一次全国电视观众抽样调查结果显示，观众在家中收看电视的占多数，随着时间的推移这一比例呈逐年增长趋势。1987年、1992年两次全国调查的数据表明，观众在自己家中看电视的比例分别是83.5%和88%，到1997年，这一比例达到了96.6%，比1987年增长了13.1%，比1992年增长了8.6%。而且在经济发展水平差距各异的地区之间进行多方面比较，都一再证明在家中看电视是绝大多数观众收看电视的特点。观众收看电视的地点主要在家中，因此就形成了一些与“家”的环境和氛围相适应的收视习惯。调查中发现，人们平时在收看电视的时候，经常有一些伴随性的行为，比如一边看电视，一边做功课，或者一边看报、看杂志、看书、做家务、吃饭、聊天、健身等等，这些收视伴随行为就可视为一类收视习惯。

在每一个家庭成员中，因其性别、年龄、文化程度、职业以及在家庭中各自角色不同，他们收视习惯也不尽相同。比如在1992年调查中了解到：观众的文化程度与聊天习惯成反比，不识字和初识字的观众中经常聊天的最多。在1997年调查中又了解到：女性观众看电视时最经常的习惯是做家务等等。正是因为在自己的家里，决定了观众收视的灵活、自由度大的特点。遇到自己比较喜欢的节目，注意力可以集中一点；对于自己不太喜欢的节目，可以一边收看电视一边干其他的事情。对此不得不承认这样一些事实：收看电视十分方便，不但可以随意选择自己想要看的节目，而且还不会耽误吃饭、聊天，看电视不像在电影院里，看电影必须熄灯，在看电视的同时可以与浏览报纸、杂志、书籍等文字读物的活动同时交叉进行，心境随意轻松。从观众的整体情况看，具有“只看电视”专注收视习惯的频率最高，这说明大多数观众观看电视的注意力是比较集中的。

以上引证调查资料很好地说明了电视观众收看电视的共性原因，这些也正是电视的优势所在，是电视频道和电视节目存在的基础，在广义的策划包括电视频道策划的过程中，不但要兼顾这些共性的优势，同时，更要考虑众多观众层次和类型的差异性。

电视观众存在不同层次和不同类型，根据中央电视台近年的调查，电视观众的文化程度和收视时间呈正比，不/初识字的观众收视的时间最短（94 分钟/每日），小学 123 分钟/每日，初中 130 分钟/每日，高中/中专 147 分钟/每日，大专以上 151 分钟/每日。少数民族观众比汉族观众看电视的时间要长，汉族观众人均每天收看 130 分钟，而少数民族地区的观众为 66 分钟，多 36 分钟；各类职业中，收视时间最长的是离退休人员（192 分钟），其次是待业/无业人员（173 分钟），工人和公司职员的收视时间为 160 分钟（比农民多 40 分钟），国家机关工作人员、企业管理干部和军人/警察的收视时间比较相近（分别为 156 分钟、151 分钟、150 分钟），商业服务业人员和个体劳动者的收视时间相同（140 分钟），科教文卫人员的收视时间为 140 分钟，在校学生的收视时间最短（120 分钟）。

电视观众存在不同层次和不同类型，他们对于电视节目也有着不同的收视喜好。总的来讲，城市观众在收看新闻、综艺类节目方面的积极性高于农村观众，农村观众则在收看影视剧方面的积极性高于城市观众。与经济发达地区观众比较，经济不发达地区观众对农村和农业节目、影视剧和法制节目有所偏爱。整体比较，并没有因为经济发展水平的高低而显露出太大的差异，这说明电视观众的收视喜好不大受经济发展水平的限制，即使在经济落后地区，人们收看电视的热情也没有减弱。

根据 1997 年全国电视观众抽样调查分析报告的统计得出：不同类型的观众对新闻的关注也依然存在明显的差异。成人观众对新闻的收视动机强于年轻观众，东部地区观众对新闻的收视动机强于中西部地区观众，男性观众对新闻的收视动机强于女性观众，城市观众对新闻的收视动机强于农村观众，文化程度较高的观众对新闻的收视动机强于文化程度较低的观众，经济状态较好的观众对新闻的收视动机强于低收入观众。在娱乐消遣节目上，不同类型观众存在不同的取向，年轻观众对娱乐消遣节目的收视动机强于成年观众，华南地区的观众对娱乐消遣节目的收视动机强于其他地区的观众，女性观众对娱乐消遣节目的收视动机强于男性，农村观众对娱乐消遣节目的收视动机强于城市观众，文化程度较低的观众对娱乐消遣节目的收视动机强于文化程度较高的观众，收入较低的观众对娱乐消遣节目的收视动机强于收入较高的观众。

在调查中列查了 6 大种类 20 小类的节目，基本上可以了解和把握不同层次与类型观众的收视喜好和取向。

对于影视类节目，各类观众的收视程度都比较高。这与观众对影视类节目所抱的较强的收视动机成正比，相比之下而言，在各类观众中，19～30 岁的青年观众收视兴趣相对要高一些，女性观众收视兴趣相对要高于男性，农村观众收视兴趣相对要高于城市观众，中低文化程度观众收视兴趣相对要高于高文化层次观众。

对于综合文艺类节目，观众的收视兴趣基本随年龄的增长而降低。相比之下而言，年轻观众收视兴趣浓于成年观众，女性观众的收视兴趣高于男性观众，城市观众的收视兴趣高于农村观众，文化程度较高的观众收视兴趣高于文化程度较低的观众。

对于新闻及新闻评论类节目，不同类型观众在这两类节目上的收视规律基本一致，其兴趣基本上随年龄的增大而增长。男性观众的收视兴趣高于女性，城市观众的收视兴趣高于农村观众，收入较高的观众收视好于收入水平较低的观众，并且随文化程度的增高观众收视兴趣也越来越浓厚。

对于经济类节目，成人观众的收视兴趣高于青少年观众。男性观众的收视兴趣高于女性，城市观众的收视兴趣高于农村观众，收入较高的观众收视好于收入水平较低的观众，并且随文化程度的增高观众收视兴趣也越来越浓厚。

对于体育类节目，收视兴趣基本上随年龄的增长而递减，青年观众的收视兴趣较高。一般而言，男性观众的收视兴趣高于女性，城市观众的收视兴趣高于农村观众，收入较高的观众收视好于收入水平较低的观众，并且随文化程度的增高观众收视兴趣也渐渐浓厚。

对于戏曲类节目，收视兴趣基本上随年龄的增长而增长，老年观众的收视兴趣较高。在老年观众中，城市观众的收视兴趣高于农村观众，收入较高的观众收视好于收入水平较低的观众，北方地区观众的收视兴趣高于南方地区观众。

对于动画及少儿类节目，它的对象性较强，主要的兴趣观众是6~15岁（动画片）和13~18岁青少年观众。而在这些观众中，女性观众的收视兴趣明显高于男性，城市观众的收视兴趣高于农村观众。

综上所述，能够看到观众由于性别、年龄、文化程度和地区的差异，他们存在着不同的收视兴趣和爱好，由于工作和经济状况的不同，存在着不同的收视取向。因而，在整个频道、各类栏目的宏观调节策划于编播制作过程中，尤其是在频道、栏目的先期策划和定位中，加强对象观众的特性分析研究将会有助于我们的节目赢得更多的较为稳定的观众。

（2）观众收视的第二个特征是电视的收视群是个流动和分散的收视群体。

收看电视的观众是流动的，这种收视群的流动是绝对的，而收视群的固定则是一个相对的概念。收视群的流动不是指收视群体空间的变异，而是指观众手中遥控器的变化与流动。这种收视群流动的快速和方便是火车、飞机甚至火箭都有过之而不及的，它一下子把正在北京收看北京电视台《欢乐总动员》的收视观众按一键带到了浙江电视台的《真心接触》，过一会儿，再按一键又把收视的观众带到了天府之国的四川电视台，欣赏起幽默诙谐的电视剧《傻子司令》，等到笑逐颜开之后按键一变北京的观众又回到了北京电视台的《晚间新闻》。同样，身处江南水乡的浙江观众在收看完《浙江新闻联播》，遥控器按键按一下又到了北京收看起中央电视台的《新闻联播》。与此同时，一段时间之后，浙江的观众饶有兴趣地看起了湘妹们的《玫瑰之约》，遥控器的按键一按又收看起《欢乐总动员》。因此，应该看到，现在的电视观众在收视电视节目的过程中，很少会一个晚上只停泊在一个固定的地方（固定的电视台），观众不时地会从北京流动到浙江，从浙江流动到四川，再从四川流回北京，观众这种频繁的流动真可为是夜行数万里，遥看天下事。同时，也应该看到，在观众不时地离开某一节目的时候，只要节目较好，又会有观众不时地加入进来，每一天众多的收视群体都在川流不息的从一个“地方”到另一“地方”地流动着。

众多的收视群体是流动的，同时也是分散的。电视观众收视群体的分散不仅是指时间分布上的分散，而且还是空间地域上的分散。这种分散是电视收视家庭化的直接的结果，它不像电影那样一旦一个好的影片和一个好的节目上市，人们纷涌云集到电影院。电视收视以一个一个分散的家庭为收视单位，每一家庭收视口味不尽相同，真可谓是千态百味，即便是一个家庭也众口难调。况且，目前中国幅员辽阔、“家庭分散”、电视频道之多、信息之广、节目之丰富多彩，已很难将所有的电视观众和所有的家庭都汇集在一个地方、一个电视台和一个节目上，所以，电视观众的集中是相对的，分散是绝对的，也是必然的。

（3）喜新厌旧的收视群体。喜新厌旧的收视群体一方面是人审美情趣发展要求的必然结果，也是人类人性的自然属性的必然反映；另一方面是人类社会过程中推动事物包括电视媒体不断丰富发展推陈出新的原动力。

（4）观众收视的三大目的：了解事实、娱乐消遣、增加知识。

观众收视的目的即他们的收视动机，是观众收看电视的内动力。动机决定了观众个体从事特定活动的内在动力，动机越强烈，个体从事活动的内动力越强，活动的指向性越明确，它的持续性和稳定性也越高。

在调查中，以收视目的作为观众收视动机的表述指标，综合以前的调查和研究，在列出的11项可能的收视目的中，请观众选出一项最主要目的、其次目的和再次目的，根据所有有效的调查选择结果，对最主要目的的被选项赋值“3”，对其次目的的被选项赋值“2”，对再次目的的被选项赋值“1”，最后综合得出11项收视目的的加权平均值即动机强度。综合分析各项收视动机和观众评定收视强度的百分率，可以明显地看出两大收视变化和收视的三大目的与动机。两大收视变化表现在：

第一，观众对于收视的目的和动机其指向性更加明确、更加具体。在调查综合分析中，我们看到观众对于那些有明确收视目的和具体指向的抱以较强的认同，如“了解国际国内形势和时事”、“了解党和国家的各项方针政策”、“学习各种知识”、“娱乐消遣”、“了解商品信息”等等，而对于那些收视指向性并不是很明确或很具体的动机与目的，如“消磨时间”、“消除孤独”、“寻找精神寄托”、“追求精神、艺术和感情享受”等，观众一般也不予认同，其观众的收视率也比较低，大部分观众（87.3%）将有具体指向的收视目的作为自己收看电视的最主要目的。

第二，观众的收视动机具有可变性。比较1992年和1997年调查的各项收视动机强度的排序结果，我们可以看到，时隔5年，随着我国改革开放的深入和电视事业的发展，电视观众的收视动机发生了明显的变化，其收视的三大目的性也越来越突出：

①了解事实、获得信息已成为电视观众收看电视的首要动机。在1992年的全国电视观众抽样调查中，“娱乐消遣”是当时观众收看电视的首要动机。而时隔几年，电视在观众心目中的作

用和定位发生了明显的变化。“了解事实、掌握国内外时事与各方面信息”已超过电视“娱乐消遣”、“增加见闻”，而成为当今观众收看电视的首要目的。“了解党和国家的各方面方针政策”也从1992年的第4位跃进为第2位。更为有意义的是，在本次调查中，所列的11项动机，排名前6位的绝大部分是与了解事实、获取信息相关联的收视动机。从而可以看出媒体的本质属性越来越被观众所认识和重视，观众对于电视的首选需求已不在仅仅满足于娱乐和消遣，而从娱乐性转向信息量的追求上发展。

观众的收视动机和首选需求在短短的几年之间之所以发生如此大的变化，主要有两方面原因，一方面与社会大环境的变化密切相关，当社会即将步入知识信息时代，“信息爆炸”从一个抽象的概念变成一种具体的、身边的社会现实时；当社会从计划经济向市场经济转型，信息在人们的工作生活中发挥着日益重要的作用时；当信息转化为一个庞大的市场，一个庞大的产业，创造出微软、英特尔等商业奇迹时，人们对信息的渴求与依赖也越来越明显。我们在调查分析中发现，“了解事实、掌握国内外时事信息与动态”在不同年龄、不同性别、不同文化、不同职业、不同地域以及城乡的观众中均占有重要地位，新闻类节目已成为全民一致的收视热点。

因此增强新闻报道的可视性，增大报道的信息含量，改进新闻报道，应是各级电视台强化自身竞争优势的有效手段。另一方面与我国各级电视台的频道定位与自身努力密不可分。早在1993年起，中央电视台就强化了新闻节目的地位，他们把中央1套节目定位为以新闻为主的综合性频道，并进行了连续5年的新闻改革。从同年3月1日开始，新闻播出由每天4次增至每天13次，实现了重要新闻滚动播出，全天播出总量由65分钟增加到165分钟。5月1日，大型电视新闻杂志《东方时空》与观众见面；1994年4月1日推出了《焦点访谈》，完成了19：00第一黄金时段的栏目建构，在此之后，《世界报道》、《晚间新闻》、《体育新闻》的改版和组合播出，形成了又一收视高峰；1995 年 4 月 3 日推出了《新闻 30 分》，电视新闻的板块式播出正式与观众见面，这种以内容和新闻价值为标准混合编排的结果，使节目的收视率大大提高；1996 年 1 月 1 日，改版后的《新闻联播》以直播形式与观众见面，时效性进一步增强。同年 5 月，国内最长的深度报道的新闻栏目《新闻调查》开播，并成为晚间 21：00 收视的强档节目；1997 年 5 月 5 日，每天早晨 6：00 增加一次 15 分钟的《早间新闻》，与此同时，《晚间新闻报道》播出时间也增加到 45 分钟，使之成为央视 1 套跨时最长、报道量最大、报道面最宽、最具特色的一个新闻节目。

面对观众的现况，在中央电视台积极进行节目改革的同时，各个地方电视台也进行着电视节目的大胆尝试，并在这方面付出了很大的努力，取得了长足的发展。各地方台在时事新闻与信息不占优势的情况下，在黄金时段强化各自的地方新闻节目，并且加大了体育新闻和体育赛事直播方面的投入。这些都是促成观众收视动机、收视目的发生变化的最直接的动因。

②娱乐消遣依然如故是观众收看电视的重要目的。娱乐功能是电视的重要功能之一。尽管娱乐消遣已不再是观众收看电视的首要动机与目的，但依旧是影响观众收看行为的极为重要因素，也就是说，除了了解事实、获取信息功能外，电视的娱乐消遣功能仍然是观众收看电视的重要目的，同时，这种文化的娱乐消遣的功能随着电视文艺娱乐节目的发展还将进一步的增强。

电视娱乐消遣类节目的长期生命力决不仅仅是单纯的电视自身发展原因，而是有着终极的经济原因和人之需要的本质的驱动。我国进入改革开放的历史新时期，中国社会生产力的巨大发展和综合国力的迅速增强，人民群众的物质文化生活水平得到了进一步的提高，与此相适应的精神生活和娱乐文化生活的需求也变得越来越多元化和丰富多彩，人们的精神生活、娱乐文化生活已十分自然地和物质文化生活联系在一起，成为社会和人的生活不可缺少的一部分。从一定意义上讲，当今电视娱乐消遣节目在整个社会的精神生活、娱乐文化生活中，已占据了不可缺少的、十分重要的地位和作用。有这样一个生活故事：今天，在我们社会的每一个房产开发商或即便是最不规范的房产交易场所，在介绍房屋时都会强调“双气共用”（煤气、暖气、共用天线）、“一气一表一线”（煤气、独立电户、有线电视），这说明看电视已经和人们的吃、住放在了一起，成为人们生活的必需品之一，而且“看”的功能几乎与吃、住一样不可轻视。

1997年5月1日，我国政府规定实行日工作8小时、周工作40小时的新工时制度，中国的老百姓娱乐休闲的时间从法律上给予了规定和保证，从而使得中国的老百姓在工作之余具有了更多娱乐、休闲、消遣的时间，为此，丰富他们的业余文化生活，满足他们日益增长的精神需求，提高他们的文化素质和审美情操，是电视文艺和电视娱乐节目不可推卸的责无旁贷的责任。与此同时，也充分表明了电视娱乐功能有着巨大的永无休止的社会需求和它本身无限的发展空间与前景。

电视文艺与娱乐节目是电视文化的四大支柱之一，通过收看电视文艺娱乐节目获得娱乐和休息消遣，这是人民群众非常普遍的一种生活方式，因此，电视艺术成为今天最有群众性的一种艺术。电视给人们带来娱乐的这种广泛性，决定了电视文艺娱乐节目必须满足观众多层次、多方面的要求，努力做到电视文艺娱乐节目丰富多彩，雅俗共赏。

电视文艺娱乐节目带给人们愉悦、丰富人们精神生活、满足人们情感需求的功能和在电视事业中的地位是不容置疑的。诚然，电视文艺娱乐节目中存在种种不尽如人意的地方，在一定程度上，影响了观众对文艺节目的评价和收视。但是，只要我们的电视文艺工作者把握时代主流和时代精神，努力创作出思想精深、艺术精湛、制作精良和具有强烈吸引力、感染力的优美作品，电视文艺娱乐节目一定会再创辉煌，成为电视观众的首选节目。

③学习和增加各种知识是观众收看电视节目的又一重要目的。

从调查中看到，学习知识是广大电视观众收看电视节目的心理需求之一。尤其对处在 13～18 岁年龄段的青少年观众，从他们收视目的与动机的排序中，可以明显地看出："学习各种知识"的动机得分仅次于"了解国内外时事"，位居第 2 位，而与其他年龄段观众相比较，青少年在"学习各种知识"上的收视动机得分明显高于其他年龄段的观众，青少年从众多的知识性节目中吸取知识。而目前各个电视台涉及知识性的节目很多，如中央 1 套的《走进科学》、《科技博览》、《今日说法》、《环球》、《第二起跑线》、《亚洲大专辩论赛》等，中央 3 套的《电视散文》、《音乐知多少》、《国乐飘香》等，中央 7 套的《军事百科》、《农业基础知识》等，浙江卫视的《文学工作室》、《健康版》、《戏曲知多少》、《少儿电视》，浙江有线的《探索奥秘》、《证券 ABC》，北京 1 套的《星星擂台》、《知识百叶窗》等节目，以及许多集知识与各方面信息为一体的专题性节目和综艺娱乐性节目，如中央 1 套、2 套的《正大综艺》、《读书时间》、《生活》、《经济半小时》、《幸运 52》，还有融新闻性、知识性、科学性为一体的新闻节目，1997 年 3 月 9 日中央电视台现场直播的"日全食"，在新闻直播的过程中，穿插了许多介绍有关天文、气象等方面的科技知识，把新闻性、知识性、科学性有机的融合在一起，节目时间虽长，但观众看起来并不感到乏味。他们在这些节目中拓宽视野、学习知识。随着电视知识性功能的强化，电视台还会越来越多地推出许多知识性的栏目和节目，我们的青少年观众可了解的知识一定会更多。可以这么讲，这一代的青少年中越来越多的人是伴随电视成长起来的，电视已占据青少年生活、学习、成长很大的一部分，电视节目已是青少年获取知识、掌握知识的重要渠道。

与此同时，通过电视节目收看学习知识、掌握知识，不仅仅是青少年收视的动机和目的，而且也是其他电视观众收看电视节目带有共性的目的。

三、战略分析与竞争状况调查

哪里有市场，哪里就有竞争，竞争同市场一样古老。必须对市场上的竞争状况进行调查，与竞争对手作比较，就可以分析出在市场竞争中是处于有利地位，还是处于不利地位。

对竞争状况的调查应着眼于五个方面，即竞争对手是谁？他们的策略是什么？他们的目标是什么？他们的经营优劣势如何？他们的反应模式是什么？搞清这些问题，就可以制定出有针对性的计划，可以做到有的放矢，以提高策划活动的效果。

1. 定频道与节目的竞争对手。一个频道往往有许多眼前的和潜在的竞争对手。眼前的竞争对手容易识别，而潜在的却防不胜防，难以观察。常用以下 4 个标准识别竞争对手。

(1) 凡是相似相同的频道的媒体都是竞争对手。

(2) 凡是相同或同类的栏目与节目、频道与栏目都是竞争对手。

(3) 凡是在同一时段播出的相同的栏目与节目都是竞争对手。

(4) 凡是与进入同一题材范围与时段的栏目与节目都是竞争对手。

2. 识别与了解竞争对手的策略。

评价竞争对手的优势与劣势。要评价竞争者的优、劣势，策划者必须首先收集有关竞争者过去几年的重要资料。这些资料包括历年的预算、效果、媒体使用情况、市场占有率、市场扩大率、创意与制作水平等。根据收集到的资料，对竞争者的优、劣势进行排序。在排序时，也应当将本电视台的频道排列进去，进行横向比较。

电视台名称	栏目与节目	栏目收视率	栏目的市场收入	栏目与节目	制作
A电视台	E	E	P	P	G
B电视台	G	G	E	G	E
C电视台	F	P	G	F	F

宣传策划者根据上述调查内容，就可以对各个竞争电视台的优、劣势进行比较分析，以制定切实可行的宣传计划，确保预期效果的实现。

四、确定策划方案和目标

策划方案和目标是一项创意的思维活动，创意本身是一项艰苦的智力劳动，最忌一味的模仿。成功的创意一般都具有以下几个属性：

1. 新奇。创意要给人一种新颖的感觉，使媒体受众在一见之下就觉得非常有个性，有一种扑面而来的新鲜感。

2. 有理。创意中的有理是指表现的内容在意料之外，又在情理之中，不是怪诞不经，而是合情合理。

3. 切中。即创意的内容要充分体现栏目的主题，突出主题的某一方面的特征。一个节目只能有一个主题，创意必须围绕这个主题展开，通过一定的情节、画面、色彩形式将中心思想表现出来，以调动媒体受众的欣赏欲望。

五、编制策划文案

策划文案的完成，只是明确了决策，如果要具体实施决策，还必须编制策划文案。策划方案是策划的具体安排，它体现了策划者进行宣传活动的计划性，是栏目与节目的组成部分。

文案规定了策划活动整体过程的先后顺序，它是确保策划有效地展开的基础。策划文案要体现宣传策划的具体内容，它是宣传策划的书面安排。

策划文案的编写并没有绝对的标准，策划者根据策划对象和策划属性的不同有所侧重点。如频道有频道的策划重点和说明，新开设的栏目和已存在的栏目在策划文案方面的要求又不一样，节目又有节目策划的重点。本书在最后的附页中列举了部分本人参与和收集到的策划台本供参考。

第五章　狭义的电视节目策划

第一节　狭义的电视节目策划概述

狭义的电视节目策划，是指在栏目或节目宗旨明确规定的情况下，以把握导向、服务观众为出发点，从题材的选择、主题的确定、结构的形式、声画内容融合的筛选到最后确定实施拍摄方案的最优化的思考活动过程。在一定程度上讲，狭义的电视节目策划是栏目和节目宗旨的大方向已经明确规定的情况下，在栏目或节目的结构基本框定的条件里选择题材、思考确定主题和画面编辑结构及内容的过程，通过策划的思考活动过程达到最优化的制作效果和播出效果。

狭义的电视节目策划的主体一般地说是个体的策划者。这些策划的个体既可以是兼职的电视领导，他们往往是栏目与节目的直接领导人，也可以是社会上在某一方面有权威的学者。个体策划者，既有离退休的资深的老电视工作者，也有目前在台和部门的领导以及有电视经验的各门类学者，如洪民生、邹友开、孙玉胜、赵安、王力、余明阳、秦全跃等。

狭义电视节目策划的客体即受策划者，是指策划活动所指向的对象——电视台或频道下的具体的栏目制片人和栏目编导。策划者在狭义电视节目过程中，是在栏目的制片人和栏目的编导的直接领导下，帮助制片人和编导一起从事节目的创作活动，因此，电视节目创作的主体不是策划者，而是栏目的制片人和栏目编导，策划意见、策划思路、策划拍摄方案采纳与否、采用多少是编导尤其是制片人决策的问题，也是他的权力。所以，对于节目的策划者来讲，只管积极开动脑筋，尽可能多的提出思路和想法，是否采纳编导会根据栏目的特点权衡利弊，也许你的想法会引出更好的拍摄方案来，策划者要充分的相信制片人和编导的决策判断能力。在现实的栏目的策划中，有的策划者以为策划思路和方案一旦提出，栏目的编导就应按照策划思路和方案去实施，不按你策划的思路实施拍摄方案，就觉得失面子、不尊重，这种想法是错误的。策划者是策划机制中的主体，但不是节目的主体，负责节目创作的是编导，编导对节目负有重任，策划者千万不要越俎代庖，好像自己是节目创作的主体，策划者仅仅是节目创作中协助导演的参谋和帮手。

狭义电视节目策划的内容与对象，是指明确定位和宗旨下的栏目节目的构思、包装资源的优化组合的驾驭方案。它主要包括解读栏目和节目的宗旨、解读栏目的结构或策划栏目的结构、寻访栏目和节目的选题、确定其主题、找准其切入口、研究构思节目、形成栏目的拍摄制作的策划方案等几个环节。节目策划活动中的这几个环节既是思维的过程同时又是节目操作的策划步骤，前一环节是下一环节的基础，下一环节又是上一环节的延续和发展。

第二节　狭义的电视节目策划

很显然狭义的电视节目策划是栏目和节目宗旨的大方向已经明确规定的情况下，即在栏目或节目的定位、宗旨及栏目结构基本框定和明确的条件下，对选择题材、节目主题和画面编辑结构、内容拍摄过程及实施方案编制的策划活动。这一思维活动的策划的最终目的是为了达到创作出来的电视节目能有最优化的制作效果和播出效果，能得到广大收视观众的喜爱和欢迎。在进行狭义的电视节目策划过程中，策划者首先应该了解并吃透所要策划的栏目或节目的宗旨，这类似于广义节目策划里讲的项目的解读，在狭义的节目策划中，这个“项目”就是这个特定的栏目，在这里“项目”的制向性很明确。在了解并吃透所要策划的栏目或节目的宗旨的基础上，再进行栏目原有结构和形式的解读，再接下去就根据原栏目的结构与形式制定出收视较强的节目内容，协助编导实施策划的方案。

从狭义的电视节目策划的界定，可以看出这种策划是在明确规定命题、栏目或节目定位、宗旨、结构的情况下所进行的策划活动。明确地讲是在已固定栏目和节目的条件下，从事指定的栏目和节目的每一期或多期（系列化节目）的策划过程。对此，对于这一明确指向的策划过程一般有五大步骤：

第一步是理解和吃透栏目或节目的定位与宗旨，正确理解和把握栏目和节目的定位与宗旨是策划进展下去的基础；理解和掌握栏目或节目的定位与宗旨越深入，对它的把握就越准确，策划成功的可能性也越大，栏目和节目的质量越有保证；

第二步是认真解读栏目和节目宗旨下的选题，解读栏目和节目的宗旨下的选题是策划成功的保证；

第三步是解读栏目的结构或策划栏目的结构，是栏目和节目策划的具体化工作，也是下一步策划工作的前提；

第四步是寻访栏目和节目的选题、确定其主题、找准切其入口，是狭义的电视节目策划关键性的一步；

第五步是选择表现和反映主题的内容，考虑能实施的可能，形成创作拍摄方案，估计和了解播出后观众的反应，是狭义电视节目策划过程的终结。

1. 狭义的电视节目策划的第一步是理解和吃透栏目或节目的定位与宗旨。狭义的电视节目策划是在栏目或节目宗旨明确的范围内进行的策划活动或过程。在这一类的策划的过程中，首先明白我们的策划是在一定的范围内和一定的条件下进行的，也就是说是在规定的栏目与节目定位和栏目与节目的宗旨下进行策划，对此，第一件必须做的事是理解和吃透栏目或节目的定位与宗旨，因为，我们现在从事的制作和播出的电视栏目与节目都是有着规范节目内容和范围，起着内容识别选择功能，是一栏目与节目区别其他类栏目与节目的实质。从而使栏目与节目在电视工作者采编的过程中和播出后的观众收视过程中更加系统化、更加条理化、更加综合化。

在栏目或节目策划找题材之前，先看看我们要搞的栏目或节目是如何定位的？它的宗旨是什么？我们讲电视节目和人的脸一样千人千面孔，就拿中央电视台 1~8 个频道来讲，它共有固定的栏目和节目 200 个，每一个栏目与节目都有各自不同的宗旨。

下面列举中央电视台 1 套、3 套部分栏目与节目的定位与宗旨：

《实话实说》是 1996 年 3 月 16 日试播、4 月 16 日正式开播的电视谈话节目（国外称这类节目为“脱口秀”，即 Talk Show），其宗旨是用群体现场交谈，通过主持人、嘉宾、观众的共同参与和直接对话，经过叙述、讨论或辩论，达到各抒己见、增进参与者交流和理解的目的。

《读书时间》是 1996 年 5 月 12 日开播的文化性栏目，其宗旨就明确规定为：倡导观众多读书、读好书，提高读书兴趣，使栏目与节目成为加强社会主义精神文明建设、提倡高雅文化的窗口。

《社会经纬》是中央电视台 1996 年 5 月 16 日开播的法律栏目，其宗旨是向观众普及法律知识，增强防范意识，提高人民群众以法律为武器维护自身利益的能力，注重知识性、思想性和服务性。

《万家灯火》是中央电视台1996年5月9日开播的社会及家庭生活栏目，其宗旨是表现生活、反映社会、指导人生、服务家庭。

《文化视点》是1996年5月7日开播的文艺专题栏目（在一定意义讲是节目），其宗旨是在坚持正确舆论导向的前提下，为文艺界提供一个文艺评论、文艺批评的空间。1997年5月7日进行了改版，在主持人、内容、风格上均有了调整，在定位上作了调整，成为一个文化专题性节目。调整后的节目仍采用主持人访谈的形式，邀请文化界名人与热心观众参加，对文艺、影视等文化现象开展讨论，旨在传播文化知识，引导文化消费，提高文化品位等方面有新的探索。

《半边天》是1994年开播的妇女栏目，其宗旨是展示女性风采，监测女性社会形象，传播女性科学、女性生活知识，促进男女两性在社会生活中和谐发展。1997年5月1日改版，改版后在保持原定位和宗旨的情况下，撤消了原有的小栏目，改成节目的形式。

《精品赏析》是1997年1月30日开办的揭示影视精品创作规律的学术性谈话节目。其宗旨是对中央电视台近期播出、在国内外有一定影响，或在国内外获得相关奖项的精品节目、栏目及优秀影视作品进行赏析。旨在用电视的手法，展示创作经验，揭示艺术规律，从而达到宣传精品、增强编导精品意识、提高观众欣赏和审美品位、推动精品战略的实施与发展的目的。栏目风格寓学术性于趣味，寓高品味于平实。

《音乐大舞台》是1996年7月1日开办的高雅音乐节目，现已改为《国乐飘香》和《交响世界》的音乐栏目（确切地讲应该说是节目），其宗旨是向广大电视观众介绍和推广高雅音乐，使电视观众能够更多地欣赏到更多更好的音乐作品，让交响乐和民乐的工作者们有一个展示才能的天地。

《九州戏苑》是中央1套最早的一个全面反映中国戏曲艺术的戏曲欣赏性栏目。它的宗旨是全方位的展现中国博大精深的戏曲艺术，提供一个欣赏和弘扬中国京剧、昆剧、梆子评剧、越剧、黄梅及徽剧等三百多种戏曲艺术的窗口，介绍中国众多的戏曲艺术团体丰富、优秀的传统和现代的剧目，反映广大戏迷继承、弘扬、热爱戏曲艺术的活动与事迹，引导全国更多的观众了解和热爱祖国的优秀传统文化艺术。1998年初在保持栏目定位和宗旨的前提下，取消了原栏目下面的5个小板块，改版成为一个有主题的戏曲文艺专题节目，在保存戏曲艺术本体美即欣赏性的同时，大大增加了节目的思想性和文化性。

《戏曲采风》是1996年7月3日开播的戏曲知识性栏目（定位应该是戏曲专题栏目），其宗旨是展示中华戏曲艺术的历史渊源，反映戏曲艺术工作者为戏曲的形成和发展所付出的努力及取得的辉煌业绩，让更多的人了解和热爱祖国的优秀传统文化艺术。

《荧屏歌声》是1996年7月1日开播的编辑性的音乐栏目，原宗旨是面向广大电视观众介绍中外影视歌曲佳作，起到“以歌言志”、“以歌传情”的目的。1997年5月7日改版，确立了“听歌里的故事，看故事里的歌”为其栏目的宗旨。

2. 在理解了栏目和节目宗旨的基础上，我们策划之前还要认真解读栏目和节目宗旨下的选题，解读宗旨下的选题是策划的第二步。在一定程度上讲，策划者对栏目与节目的选题解读的越透彻，把握宗旨就越到位，选题面就越广，节目形式就越丰富，编导从事节目拍摄就越容易。

比如，《读书时间》的宗旨是简单的12个字：多读书、读好书、提高读书兴趣。

要“多读书”就要在《读书时间》这个提倡高雅“书”文化的窗口，介绍新书、介绍有意义的书、介绍有时代特征的书、介绍有学术价值的书、介绍当今社会畅销的书、介绍当今社会有争辩的书、介绍编导认为值得一提的书。

“多读书”不仅要自己读也要大家读，大家读就是强调交流，交流的形式很多，有观众与观众的交流、书的作家与观众的交流、书的编辑与观众的交流、嘉宾与观众的交流；

“读好书”不仅泛指值得一读的书，而且更多的说明为什么说是好书、好在什么地方，这就引发和展开了读好书的交流，交流读书思想，畅谈创作特色，分析艺术风格，辨析社会价值，分享“好书”的收获；同时，“好书”在一定意义上都有两个故事，书里面的故事和书外的故事，即读书里的故事，引发书外的故事。这样一来又给予策划创造和开辟了节目选题的空间与领域。通过对《读书时间》宗旨的简单的12个字“多读书、读好书、提高读书兴趣”的解读，节目选题的思路就打开了。

《社会经纬》栏目名称一听含有某种哲理，同时也有启示力。它的栏目宗旨是普及法律知识，增强防范意识，提高人民群众以法律为武器，维护自身利益的能力。

要普及法律知识，就必须先说法，要说法生动，要说法形象，就必须举案说服；说法只是知法，在知法的基础上还必须懂法，以法明断事事非非，明白什么是合法权益、什么是违法，用法来规范自己的行为；知法、懂法的落脚点和最终目的是守法。法既是规范自己行为的准则，同时也是维护自身利益的武器，在我们的身边时时处处都和法与规范发生着联系，随着社会法治的规范化，法与人的联系会越来越密切，可以说法就在我们身边。

《万家灯火》栏目的宗旨下的选题是一个比较宽广的范围，它旨在表现生活、反映社会、指导人生、服务家庭。面对生活、社会、人生和家庭，可以说栏目内容面对的是一个完整的世界，这样的宗旨读解起来的确是十分困难的。策划必须顺着栏目的定位——社会及家庭、栏目的宗旨——表现生活、反映社会、指导人生、服务家庭的思路去进一步丰富宗旨的内涵和勾画栏目的框架。把宗旨的16个字：表现生活、反映社会、指导人生、服务家庭引发为：力求以现代的视角去观察生活，以正确的人生去诠释社会，以真实的情感去沟通人与人的心灵，以科学的生活知识去充实家庭。对此，就题材可以看出，《万家灯火》栏目的选题范围是“人”、“家”、“社会”和“生活”，这个栏目宗旨下的选题是极广泛的。

《荧屏歌声》在改版之后撤除了原单一编辑性节目的定位，把原宗旨是面向广大电视观众介绍中外影视歌曲佳作，起到“以歌言志”、“以歌传情”的目的，改版为“听歌里的故事，看故事里的歌”为其栏目的新宗旨。解读这一节目定位与宗旨的改动，可以发现一系列变化：从节目走向栏目；从单一编辑性走向综合专题；从单一性主题走向多元主题；从惟一的言志传情走向叙述歌里歌外的故事；从纵深、狭窄取“材”空间走向取之不尽用之不竭的广阔的天地。

3．解读栏目的结构或策划栏目的结构是狭义的电视节目策划的第三步。通过对栏目的宗旨的解读，进一步明白了栏目宗旨下所要反映的题材内容是什么，有哪些，如何取材。为了能有序编辑这些内容，为了使这些内容充分有效地反映栏目的宗旨和指导思想，为了使栏目的编制多信息、多角度和便于操作，一般会以题材内容的属性相同或相似有机地集合于各个小栏目中，从而若干个小栏目构成了一个整体的结构和框架，这个整体性的结构和框架揭示栏目的结构。

下面简要的分析一下上面列举解读的五个栏目的情况，通过解读我们明确了某一栏目的定位和宗旨，大体上给策划栏目实施栏目的编导框定了一个相对明亮化的题材范围，为解决如此众多的题材内容所要反映的主与次、重点与次重点及非重点，必须去解读栏目的结构或策划栏目的结构，以便系统地、有机地组织与安排。

首先让我们来解读《读书时间》的栏目宗旨：多读书、读好书，提高读书兴趣。

“多读书”就要在读书时间的窗口中，介绍新书、介绍有意义的书、介绍有时代特征的书、介绍有学术价值的书、介绍当今社会畅销的书、介绍当今社会有争辩的书、介绍编导认为值得一提的书、介绍国外引进的书。看到这些我们很快会想出要设立一个专门介绍书的版块——可以取名为“新书消息”或称“书讯快递”，也可以叫“新书传递”，对此第一个小栏目就诞生了。

“多读书”不仅要自己读也要大家读，大家读就是强调交流，通过交流还能读更多书，于是便有了观众与观众的交流、书的作家与观众的交流、书的编辑与观众的交流、嘉宾与观众的交流；看到多读书需要交流，交流又会使人多读书，我们从而联想到另一个小栏目——“读书沙龙”或称“聊书吧”。

“读好书”不仅要读值得一读的书，而且也要知晓为什么说是好书、好在什么地方（创作特色、艺术风格、社会价值），这一切我们可以到“沙龙”里去交流，去聊出书的“真谛”；这一切我们也可以从编辑、嘉宾、观众的交流中请他们来“读书点题”，从而又带出了“读书点题”这一小栏目。

“好书”，一本好书不会是孤立的，它必定是社会的、是联系的、是历史的、是时代的。一本好书都会有两个故事，一个是书里的故事，另一个是从书里延伸到书外的故事，人在读了一本好书以后，往往会“读书里的故事，想书外的故事”——“书里书外”。从书里到书外这是读书的收获，这是读书的升华。

通过对《读书时间》栏目宗旨的读解，一个比较清楚明了的、由四个小栏目组成的《读书时间》的栏目框架就勾画了出来——“新书消息”、“读书沙龙”、“书里书外”和“读书点题”四个小栏目。这一框架把栏目的知识性、思想性、学术性、欣赏性及服务性都融合在一起，具有浓郁的、时代的、社会的、高雅的氛围。

《社会经纬》的宗旨是普及法律知识，增强防范意识，提高人民群众以法律为武器维护自身利益的能力。“提高人民群众以法律为武器维护自身利益的能力”，这本身是一个严肃的宗旨、规范化的知识内容，要充分生动的形象的体现宗旨，必须以轻松的形式、喜闻乐见的节目内容来介绍法律常识，发布法制信息、动态，进行法律帮助等。

普及法律知识，增强防范意识，帮助观众排忧解难，在现身说法的氛围中普及法律知识，提高人民群众以法律为武器维护自身利益的能力。要普法就必须先说法，要说法就必须生动和形象，要达到生动和形象就必须举案说服，这样一来一个生动和形象的小栏目就出来了——“举案说法”。

仅仅知法——“举案说法”还不够，还必须使更多的观众懂法，能用法来明断事事非非，强化观众什么是违法和什么是守法的理性的认识，进一步地增强用法来判断事事非非的能力，提高守法意识，在“举案说法”的基础上延伸出另一个小栏目——“是非公断”。

知法、懂法的落脚点和最终目的是守法。法既是规范自己行为的准则，同时也是维护自身利益的武器，在我们的身边时时处处都和法与规范发生着联系，随着社会法治的规范化，法与人的联系会越来越密切，可以说法就在我们身边——“法在身边”。

在进行普及法律知识，帮助观众排忧解难，实施法律帮助的过程中，会涉及发布法制信息、动态与反馈——“经纬专递”。

通过《社会经纬》的栏目宗旨的分析与解读，一个层次分明的、经纬交错的栏目结构明朗化了，设有“举案说法”、“法在身边”、“是非公断”和“经纬专递”四个小栏目，它是一个风格多样、喜闻乐见的节目，内容是介绍法律常识，发布法制信息、动态，帮助观众排忧解难。

《万家灯火》栏目的宗旨下的选题是一个比较宽广的范围，它旨在表现生活、反映社会、指导人生、服务家庭。面对生活、社会、人生和家庭，可以说栏目内容面对的是一个完整的世界，这样的宗旨读解起来的确是十分困难的。

策划必须顺着栏目的定位——社会及家庭、栏目的宗旨——表现生活、反映社会、指导人生、服务家庭的思路去进一步丰富宗旨的内涵和勾画栏目的框架。对此，把宗旨的16个字：表现生活、反映社会、指导人生、服务家庭引发为：力求以现代的视角去观察生活，以正确的人生去诠释社会，以真实的情感去沟通人与人的心灵，以科学的生活知识去充实家庭。本着体察“人生与家庭的千姿百态”，着力于“人”与“家”的往事情怀，记录“人”与“家庭”的点点滴滴，倡导现代人“生活”与“家庭”的理念。通过对宗旨的扩展式的解读，《万家灯火》栏目的框架也就勾画了出来：它可以由“体验”、“往事”、“家”、“点点滴滴”和“生活现代时”五个小栏目组成。

《半边天》的宗旨是展示女性风采，监测女性社会形象，传播女性科学、女性生活知识，促进男女两性在社会生活中和谐发展。改版后在保持原定位和宗旨的情况下，撤消了原有的小栏目，改成节目的形式。这样一来栏目的结构调整，原来的小栏目版块被全部取消，由原来的小栏目版块改成两大版块的结构，为了使节目更加注重思想性、时代性、可视性、实用指导性的结合，重新解读《半边天》原栏目的宗旨，发现改版是极其正确的，摒弃了呆板、陈腐的结构，摒弃了漂浮于女性表层的现象，尽可能地从女性本质的方面去揭示妇女与历史、妇女与家庭、妇女与社会、妇女与时代的关系，同时还必须赋予栏目宗旨新的内涵，尤其应赋予当今的文化思潮、商业经济、高科技信息化与女性的关系，赋予社会转型期、社会变革期与女性的关系，揭示出在社会转型期、社会变革期妇女群体面临的新情况、新知识、新问题，使节目反映的女性是时代的女性，倡导一大批与时代共呼吸的女性社会形象。

《荧屏歌声》在改版之后撤除了原单一编辑性节目的定位，把原宗旨是面向广大电视观众介绍中外影视歌曲佳作，起到“以歌言志”、“以歌传情”的目的。改版宗旨为“听歌里的故事，看故事里的歌”为其栏目的新宗旨。解读这一节目定位与宗旨的改动，可以发现一系列变化：从节目走向栏目；从单一编辑性走向综合专题；从单一性主题走向多元主题；从惟一的言志传情走向叙述歌里歌外的故事；从纵深、狭窄取“材”空间走向取之不尽用之不竭的广阔的天地。

策划后向观众展示影视佳作——可以设置“经典”这一小版块；介绍与影视音乐相关的名人趣事——可以设置“影视乐谈”小版块；传播影视音乐文化——可以设置“音乐蒙太奇”小版块；回顾世纪中外影视历史，访谈当今影视乐坛新人或新作——可以设置“时代之歌”小版块。对此，一个多视角、多信息、多容量的影视音乐栏目的蓝图就勾画了出来，它有机地集合了“时代之歌”、“经典”、“影视乐谈”、“音乐蒙太奇”这四个小栏目，同时还把知识与欣赏、历史与时代、人与社会融合于栏目之中。

4. 寻访选题、确定主题、找准切入口是狭义的电视节目策划的第四步。

在正确地、全面地理解和把握了栏目或节目定位、宗旨、结构的前提下，我们就可以进行寻访选题、确定主题、找准切入口的策划工作了。

在狭义的电视节目策划中，寻访选题是指定的栏目和节目下的一期或多期（系列化节目）的策划选题过程，它的选题范围是有着明确的界定和限制，一般地说是不能跨越栏目和节目所规定的题材范围的。即便是一定要表现和反映栏目和节目宗旨规定的题材范围外的内容，也必须把超出题材范围外的内容与栏目选题的内容有思想、有主题的有机联系起来，并成为栏目选题的内容的铺垫、补充和陪衬，为选题的内容所要表现的主题而服务。严格地讲，这种做法是不允许的，同时也是非常难处理的。

寻访选题一般说来是与确定主题联系在一起考虑的，寻访选题和确定主题有时是在寻访选题内容的思考与寻访过程中产生、确定主题；有时是在确定了主题后再去寻访选题内容来进一步丰满主题；有时是在一边寻访选题内容，一边在确定思考主题的过程中产生的。从策划的角度讲，前两种产生选题与主题的过程是栏目和节目策划所要讨论的内容，后一种选题和主题的产生理应不归属于策划的范畴。

寻访选题内容的思考与寻访过程中产生、确定主题，以及确定了主题后再去寻访选题内容来丰满主题，这些都是极富有策划成效和意义的。这也是一个栏目或节目能够长时间地吸引观众，保持栏目和节目内容丰满、充实、生动、形象，主题鲜明、正确、深邃的根本所在。寻访选题与产生确定主题是节目成功与否的决定性的关键一步，这一步工作做的越细、思考的越周密，节目成功的把握就越大，在实施具体拍片的过程中，就越快、越好、越轻松。

策划需要长期存在的另一根本所在是策划活动不是单指文艺这一类栏目或节目，专题栏目和节目同样也存在进行选题、主题与拍摄计划的策划；新闻栏目和节目的新闻事件虽然不能对其新闻事件本身进行策划，但是新闻背景的介绍、报道的调度、时间的安排、评述的有理有据、有板有眼、有条不紊等都需要策划。至于电视栏目和节目的样式、风格、内容的多样性与电视节目的信息量，就更需要策划的远见卓识，更需要策划的整体化、个性化和艺术化。

1998年春节，震惊全国的“山西假酒事件”一直是全国各新闻媒体竞相报道的热点。中央电视台以行动最快、报道最早、角度新颖、体裁多样等特点，充分显示出了电视新闻报道的优势。分析这组报道的成功，策划的找准切入口的“求新思维”对于新闻主题和角度的把握，起到了非常关键的作用，“求异思维”使这组新闻在报道形式上又有所突破。

（1）正确把握新闻主题，巧选新闻切入口

这是一则刊登于农历三十前夕山西某小报的新闻——山西灵丘饮用假酒导致人死亡的消息。中央电视台新闻评论部策划组的同志一看到这条消息，马上意识到这则新闻题材的价值，连夜派记者到事发地开始进行采访，并对如何报道进行策划。

一则消息如何寻找一个引人注目、发人深省的开头，造成一种先声夺人的气势，是新闻报道能否成功的重要因素之一。山西假酒中毒事件的报道，没有像以往的事件报道那样，先报道结果，再说明情况，然后报道处理结果，而是注重了事件报道的自身特点。

2月3日，记者连夜赶赴山西假酒中毒事件最严重的地区——灵丘县。一路上尽管夜色深沉，但道路两旁农家村舍几乎都挂着大红灯笼，夜空中不时升腾起一串串耀眼的彩花。这与记者得知山西灵丘县老百姓深受假酒毒害的沉痛心情形成强烈的对比。采访中记者了解到，除夕之夜，灵丘县中断了电视节目，一直在播放县里的紧急通知。这使记者联想到路上的感触：道路两旁农家村舍几乎都挂着大红灯笼，热闹的春节联欢晚会，突然被一条紧急通知代替，那欢欢喜喜的歌声、笑声变成了播音员沉甸甸的语调，而这一切恰恰是对事件突发性的最好描述。

记者敏锐地抓住了这种强烈对比对人心灵造成的冲击力，第一条新闻《山西发生特大假酒中毒事件》开篇由此产生：“今年

1 月 27 日是农历除夕，山西省灵丘县突然中断当晚电视上正在播放的春节联欢晚会节目，所有的频道都显示出一条紧急通知：朔州市有 17 人因饮用文水、清徐两地生产的散装白酒造成死亡。据调查，假酒已卖到灵丘，请全县人民立即禁用这种散装酒，并相互通知其他人。”

随着播音员深沉的声音，电视画面在先是夜晚农家门前两个亮堂堂的大红灯笼；然后是农家家里的电视正在播放的春节联欢晚会节目；紧接着是电视屏幕上出现的紧急通知。这一组对比鲜明的画面和解说词，对人们的心理产生了强烈的冲击，一下子抓住了观众的注意力，揪住了人们的心。

《山西发生特大假酒中毒事件》这则新闻，不仅在开篇上运用了强烈的对比，而且在整个片子中始终贯彻了这一思路。从热闹的街市、大红的灯笼，切入医院的抢救，再转到受害者的家里那一张张全家福照片，贴在门上的大红对联、盛开的杏花，再转切到中毒群众痛苦的神情。通过这一组画面的组接和多次运用，随着解说词的展开，把“几家欢乐几家愁”的思绪，渐进地推向了一种对造假者深恶痛绝的高潮。

(2) 挖掘独特的视角

60 年代《为了六十一个阶级弟兄》这则著名的报道，一直是新闻报道突发事件的典范，以后几乎所有关于天灾人祸的事件的报道都是循着救死扶伤、领导关怀和涌现出英雄人物的报道模式，而事件本身反而显得不那么重要了。90 年代以来，报道开始注重对事件的描述，但救死扶伤、领导关怀仍然是事件报道的主要内容。这组对山西发生特大假酒中毒事件的报道，更多的则是立足于一种寻根溯源的思考，从观众关心的角度提出“为什么”的问题，并用新闻的事实作了回答。

假酒中毒事件，从 1992 年黑龙江一案开始见诸报纸至今，因假酒中毒身亡的人数已经达近百人。一年前，国家技术监督局、工商局等七部委联合发布《关于加强甲醇及非食用酒精产品管理的通知》，对甲醇的管理和使用进行了严格的规定。如果有关部门和群众严格按规定要求办，这个悲剧原本是可以避免的。那么为什么还是发生了？循着这条思路，记者在采访中进行了大量的调查，发现甲醇的管理在那里根本不存在，而造假酒的人对甲醇的了解更是愚昧无知到了极点，只要能赚黑钱，假酒就通行无阻。在这种局面下，悲剧的发生就在所难免。

从悲剧本来可以避免到悲剧必然发生，再到悲剧不容重演，由此形成了几组连续报道的主题思想。根据这一思想，在第一条新闻《山西发生特大假酒中毒事件》（2月5日新闻联播）播出的当晚又在晚间新闻制作了一条新闻背景报道：《甲醇流失是假酒中毒事件频频发生的重要原因》。

对突发性事件的报道应该以事件的发生、发展为主线，那种把天灾人祸的报道变成一曲英雄救死扶伤的凯歌，或是把突发事件的主题换成当地领导深入基层访贫问苦的颂歌，都是不可取的。那样的事件报道固然也会感人，但它游离了事件报道的主题，不用为好。与此相关，记者在采访中了解到的又一人物，又一次成了重要的素材，一位叫岳颂乐的当地工人，在假酒中毒发生后的第三天，他一边看着电视里不断播放的紧急通知，一边不以为然地喝着手中的假酒。他认为自己喝了那么多年酒都没事，就这次会出问题？然而，问题就出在这杯酒上。他喝酒后的第二天便中毒身亡，丢下了年轻的妻子和幼小的孩子，还有已盖了一半的新房。这一悲剧促使人们对假酒事件更深入的思索。

这组报道先后运用了消息、新闻背景报道、新闻评论，对事件进行了全方位、多视觉的剖析。从新闻报道《山西发生特大假酒中毒事件》发展到综合新闻报道《山西不法分子制售假酒导致27人中毒死亡》，再到加入新闻背景报道《甲醇流失是假酒中毒事件频频发生的重要原因》，再升为新闻评论《山西假酒事件的启示》，最后到新闻特写《总书记牵挂山西中毒群众》和《党中央、国务院关心山西假酒中毒群众》。

如何才能以独特的视角和别具一格的创作手法拍摄出成功的作品？关键在于有一个顺应发展的主题，并能在策划创作中牢记把握主题。

在研究节目内容时，还必须不断自问“这种构思是否适合电视和适合自己的制作条件”这一个问题。电视是一种形象的工具，需要有趣味和感人的画面，只有这样才能得到最好的效果。在屏幕上只是讲话的人头和相对固定的场景是不太会有最好的效果的。

当模模糊糊的构思主题和内容时，就应该考虑节目主题是否太多，多主题往往会既搞乱创作者又搞乱观众，题材的内容也是如此，一个节目的内容包括的面太广就会导致肤浅和不完善，面宽的节目题材策划者一要驾驭周密二要主题鲜明；而题材内容太窄或太单时，策划者就要把握好主题的深刻内容的个性化，不然也可能转向单调无味。

比如中央电视台《地方台 30 分钟》，在 1998 年年初推出 30 集大型系列节目《中国家庭》，这是一个面很广的题材内容，《中国家庭》中的每一个内容与情节均是各省各地各不相同的家庭组成的节目，面虽大但主题很鲜明，它通过一个个具体的家庭，来真实生动地反映出我国社会发生的巨大变化和时代的精神风貌，形象地折射出全国人民在党的改革开放政策指引下，日子一天比一天红火的喜人情景。在广播电影电视部中国广播电视学会组织的《中国家庭》评奖活动中，评委们一致认为此片的策划是最成功的，联手制作是明智的举措。

《中国家庭》的策划成功不仅表现在《中国家庭》策划总命题——中国家庭，与它的总主题——健康的家庭和家庭的健康的成功上，而且也反映在每一集的节目之中。

家庭是社会的细胞，是时代的缩影。著名作家李准说过："中国人对家庭比任何民族都重视，了解家庭是了解东方的一把钥匙，不了解家庭就不能了解中国。"这话是很有见地的。有关家庭题材的电视专题片已拍过不少，但出色的并不多。分析其原因就是策划不到位，策划者对主题及内容的把握上出了问题，不是"原生态"地记录生活，就是不加选择地拍摄一些家庭生活琐事。《中国家庭》的成功的原因很重要的一条就在于：把握主题，深入挖掘题材。

《中国家庭》这部片子在强调反映生活真实的前提下，通过运用自然、朴实的方法，再现了我国城乡普通家庭的生活和精神的风貌，如实地报道了其中蕴涵的人文景象，从而使节目的主题——"健康的家庭和家庭的健康"得到了准确体现。

《中国家庭》这部片子从众多的家庭入手，虽然它们都分布在我国的四面八方，并有着各自不同的情况，但却有着一个共同的地方，这个地方就是每个家庭中都充满深情、挚爱和温馨。这也是中华民族的优良传统，它是产生巨大向心力和凝集力、推动社会不断前进的源泉。

在准确把握节目主题的切入口方面，扬州电视台拍摄的《归宿》是一个很好的例子，这个节目讲述的是一个犯人刑满释放回家后，在家人的真情挚爱的感化下，脱胎换骨重新做人的故事。这是一个比较难于拍摄和驾驭的题材，只有对题材和主题有着深刻的理解，才能把握住。

为了体现主题，在精心策划的基础上，剧组的同志通过深入实际，捕捉到许多让人为之动容的情节，经过对这些情节的精心编织，使节目产生了很好的效果。比如，节目的切入口在主人公释放返回家中时，通过其凝视期盼着他的妻子和等待着父爱的女儿等细节的描述展开故事的叙述，表明家庭的亲情使主人公的内心受到了强烈震撼，帮助他消除了积存在心头将诱惑使他准备重新犯罪的旧怨，下决心痛改前非。又如，通过对主人公与家人揉面、蒸馒头、卖馒头等日常生活情节的细腻描述，形象地告诉人们：在人生的道路上，主人公已迈出了崭新的一步。主人公在吃年夜饭时有感触地向妻子说了一句话："喝孔府家酒，叫人想家。这句广告词真好。"这句话迅速地捕捉住可促动人心弦的细节，充分地体现了编导在把握主题方面描述切口选择所下的工夫。

把握主题，不仅关系节目的成败，同时也为编导深入实际，开掘题材内容，原汁原味地反映客观事实指明了方向。策划在新闻节目、专题节目中对节目成败的作用是如此之重要，电视文艺更是如此。

《综艺大观》第 151 期的命题是这样的：全国妇联在全国范围内评出 100 户"五好文明家庭"，在经过报刊、广播和电视新闻宣传之后，欲在收视较高的文艺栏目——《综艺大观》中举办以此题材为内容的文艺晚会，并要求 10 户最佳"五好文明家庭标兵户"参加演播的文艺晚会，以扩大影响。

电视综艺晚会创作按照以往的思路：以宣传"五好文明家庭"作为晚会的主题，以主持人与标兵户代表谈话构成串联内容，展示其事迹，陈述其理想，从"标兵户"中选取事迹最感人的家庭，构成晚会动情点，并创作颂扬其精神的歌曲，配以伴舞。开场歌舞重在热烈，小品、相声等语言节目只要与家庭沾边就行。

这样策划晚会主题和具体节目的编排无疑是没什么大问题的，但是这样的把握，主题极易泛而空，节目之间看似相关，实质上没有必然的逻辑联系。因而晚会自觉不自觉地滑入以往的创作轨迹，很难带来晚会整体面貌上的改观。

若想突破晚会的现有格局，应从调整策划思维方式上入手，把握重复率很高的常见题材，改变常规节目的切入方式，运用逆反策划思维、另辟捷径，使晚会面貌变化一新。对此，在策划这台晚会主题时，没有沿用一般的老套路，而是调整视角，将这些“五好家庭”放到社会整个家庭生活之中进行考察，概括出这些家庭和社会幸福家庭的共同点——和睦美满的家庭都充满着爱心、关怀、宽容和理解，并以此作为晚会的主题思想。这样的主题具有人性的普遍意义，同时也比较好地贴近每一个家庭，能使不同的家庭都产生不同感慨的联想。

在节目编排的策划上，为表达和反映主题，一般往往会从正面入手，全面展示素材的内容，纳素材于艺术表演之中，走上思想与内容、内容与情感的面合神不合的局面。对此，在节目策划的一开始，也运用逆向思维，从主题的反面来寻找节目的内容。有人在家庭问题上曾说过这样一句话：“世界上幸福的家庭都是相同的，不幸的家庭各有不同。”在节目中策划不是从这些“五好标兵家庭”和社会幸福家庭的共同点——和睦美满的家庭都充满着爱心、关怀、宽容和理解去把握，而是从家庭不和睦等这类普遍存在的现象作为节目的切入口。从处理家庭不和睦这一类普遍存在的现象入手既是反映“五好标兵家庭”“好”之所在的主题，同时也是广大观众最想了解“五好标兵家庭”的内容，更是晚会主办者想宣传倡导的根本所在。

在这样的节目策划理念下，策划者把握从“五好标兵家庭”生活的矛盾现象中找出症结，用“五好标兵家庭”是如何对症下药、解决问题的点评的方式介入节目，展示“五好标兵家庭”的思想方法、道德修养及人格情操。

从生活矛盾的分析中发现，种种家庭矛盾都是发生在鸡毛蒜皮的小事上，其核心是“我”字当头，不能设身处地为对方想，在要求与希望没有满足的时候，引发矛盾的情绪对抗。于是策划者就选择了一些有特色的家庭的生活场景——结婚纪念日、生日，选举了最细小的生活动作——接电话，演绎了一对小夫妻之间矛盾的发生、发展、解决的全过程。而这个全过程又是在“五好标兵家庭”代表的评点下完成。为了对比和突出一般家庭和“五好标兵家庭”对待生活矛盾的不同态度，节目又策划设置了男女两位观众代表发表看法参加讨论，使观众随节目进程分析矛盾，对照生活，从“五好标兵家庭”的生活态度中感悟出生活的真谛。强调观众参与，改变我演你看，观众置于局外的状况，一方面可以把观众融合到节目之中，调动他们“人身”参与节目，感悟和理解节目内容与思想，从而喜爱节目。另一方面也可以通过密切联系的、上下呼应的节目把观众的“人心”融入到剧情的矛盾发展之中。在这次节目的策划中，策划者就较好地把二者相结合运用，策划了三个既独立成章、又互为依存的小品：《结婚纪念日》、《生日》、《换个位置》，前一个小品是后一个小品内容的戏剧铺垫，后一个小品是前一个小品矛盾的发展。三个小品反映的是一个家庭中发生的事情，在小品之间，演员把现场观众当做邻居，参与现场观众的讨论，并把结果带入一个小品的情境之中。

5．选择表现和反映主题的内容，考虑能实施的可能，形成创作拍摄方案，估计和了解播出后观众的反应，是狭义电视节目策划的第五步。

选择表现和反映主题的内容，考虑能实施的可能性。在节目的策划中，策划是没有固定的思维定势的。拍摄之前，必须策划好选择表现和反映主题的内容，考虑能实施的可能。就上面《综艺大观》第151期的命题来讲，它的主题和表现内容的选择是采用了逆向思维的方法，这种方法在《综艺大观》第151期是取得了成功，但这种方法也不是万能的，策划还是应遵循具体内容具体分析的创新原则，寻找出表现和反映主题的内容，适合节目审美取向和要求的立足点与切入口。

选择表现和反映主题的内容，考虑能实施的可能性，在很大程度上取决于策划者对反映主题的内容的认识和选择及艺术表现的功力上。所以说，策划如果对要表现主题的内容一知半解或对表现的内容理解简单化和表面化，也是不可能捕捉到生活的现象，不可能艺术地概括出主题的本质和生活的本质。

选择表现和反映主题的内容，考虑能实施的可能性，还必须兼顾到播出后观众的反映。在节目的策划中，以选择表现和反映主题的内容与考虑能实施的可能性为主，尽可能地兼容观众的情结和动情点。诚然，在节目之中，有思想、有品味、有启迪、有思考、有艺术的内容，即真、善、美的东西，是肯定会受观众欢迎的。但是，真正要切入人心灵的还是“情”。所以，在节目策划中，要充分地关注节目对象情感需要的设计。

浙江杭州《2000西湖博览会开幕式文艺晚会》就很好地把握和处理了这个问题。晚会以历代志士仁人及文人骚客吟咏西湖诗词佳句作为文化的底蕴，把杭州人为之骄傲的西湖作为主线，将“住在杭州、游在杭州、生活在杭州、创业在杭州”作为主题，有机地融合了“忆江南，最忆是杭州”，“日出江花红胜火，春来江水绿如蓝”，“水光潋滟晴方好，山色空濛雨亦奇。欲把西湖比西子，淡妆浓抹总相宜”的一种江南情结和西湖情结。它把“忆江南，最忆是杭州”的情结充分调动了起来，使没有来过杭州西湖的人向往杭州，使来过杭州的人梦恋杭州，使生活在杭州的人更加引以为豪。

第六章　电视新闻节目的策划

第一节　电视新闻节目概述

一、什么是电视新闻

1990年7月，由中国广播电视学会电视学研究委员会和中央电视台研究室牵头，组织电视新闻理论工作者和实践工作者，根据当时的电视新闻实践的发展，对电视新闻作了一个界定，并对电视新闻作了定义规范："电视新闻是以现代电子技术为传播手段，以声音、画面为传播符号对新近或正在发生、发现的事实的报道。""以现代电子技术为传播手段，以声音、画面为传播符号"，界定了电视新闻与广播、报纸、杂志新闻的不同，"以现代电子技术为传播手段"区别了电视新闻与印刷媒体报纸、杂志新闻的不同，"以声音、画面为传播符号"区别电视新闻与同属于电子传播的广播的不同，前面这两句对电视新闻的界定无疑是既简明扼要又概括到位。

"新近发生或正在发生、发现的事实的报道"是对电视新闻作为新闻共性的界定。陆定一在延安时期说"新闻的定义，就是新近发生的事实的报道"，这一定义与美国新闻学者约斯特的界定"新闻是已经发生或正在发生的事情报道"，都是强调事实是新闻的本源，它指出新闻是报道，作为意识、观念形态领域是第二性的，事实是第一性的。我国著名新闻记者范长江在这一定义基础上，又从接受者角度作了补充："新闻是广大群众欲知、应知而未知的事实的报道。"强调了不是所有最近发生的事实都能构成新闻，只有其中为群众所关心、所想知道的事实才是新闻。

"新闻是对引起人们兴趣的某一事件、事实或观点的描述。"

"新闻是对发生或发现的事情或观点及其他任何影响读者或使读者感兴趣的事情的准确、及时的报道。"

"新闻就是适时的、使一部分人感兴趣的事情，最好的新闻就是最大数量的人们最感兴趣的事情。"

从上述的新闻或电视新闻的定义出发，尚不能解释现在丰富多彩的电视新闻报道的形式和报道所引发的深刻的意义。特别是1993年5月1日《东方时空》、1994年4月1日《焦点访谈》，分别以新闻杂志性栏目和新闻评论性栏目的方式推出，彻底改变了新闻报道的形式和新闻的某些观念，它们的出现是新闻史和电视新闻史上的一大变革，直接动摇了电视新闻的定义乃至新闻史上新闻的定义。难怪一些电视新闻权威人士，如原中央电视台副台长李冬生撰文提出"铸造现代电视新闻理念"（该文发表于《中国广播电视学刊》1999年第9期）。从某种程度上讲，1990年7月，由中国广播电视学会电视学研究委员会和中央电视台研究室牵头，组织电视新闻理论工作者和实践工作者，根据当时的电视新闻实践的发展，对电视新闻作了一个界定，电视新闻的定义无疑是正确的。但已过去了十年，现在的电视新闻发展变化很大，按照当时给予的电视新闻定义，只能解释目前比较共认的三大类新闻节目：消息类新闻节目、专题类新闻节目和言谈类新闻节目中的一类，哪一类呢？即解释消息类新闻节目。例如，《新闻联播》、《现在播报》、《晚间新闻》、《时事纵横》、《新闻30分》等一批消息类新闻节目。而面对专题类新闻节目、言谈评论类新闻节目，例如《东方时空》、《焦点访谈》、《世界报道》、《新闻调查》（1996年5月推出的大型新闻评论性栏目），用上述的电视新闻定义解释起来就显得底气不足，因为从《东方时空》、《焦点访谈》、《世界报道》、《新闻调查》这类电视新闻中，可以清楚地看到新闻报道的重点已经不是消息类新闻节目所报道的重点，即“何时”、“何地”、“何人”、“何事”，而转向“为何”发生及还将要发生什么事实的报道上。例如，在《焦点访谈》中曾播出过一个题为《让菜价有个谱》的新闻节目。有一个阶段菜价涨幅过高，很多居民不明真相，认为政府对群众的生活不问不管而有看法。菜价问题是城市居民极为关注的新闻热点问题，也是市民最关心的衣食住行等与生活密切相关的问题之一。改革开放以来，市政府尽最大的努力解决这些课题，恰恰也在这些方面群众意见最大、牢骚最多。表面上看这是一对矛盾，如何理解、认识这一矛盾，问题症结在哪里？记者通过深入采访，采访了该市的物价部门、菜农、市民、菜市场的摊主，分析了菜价上涨的原因，在掌握大量材料基础上思考，对问题有了深层次认识。以正确的宏观把握，高屋建瓴地精选材料，通过生动典型、有说服力的事实，报道了政府为压制物价所采取的种种措施。把这种思考认识传达给观众，让观众也能认同，从而起到政府与群众的沟通作用。

所以这篇电视新闻报道的重点已经不是菜价“何时”、“何地”、“何人”、“何事”上涨，而是“为何”上涨，分析了存在的复杂原因，政府已做了工作，还将继续做。

这样的例子还很多，专题类新闻节目、言谈评论类新闻节目的大部分节目是交待新闻背景，告诉受众新闻事件的起因、意义与影响的新闻节目。

新闻要素的五个“W”，即“何时”、“何地”、“何人”、“何事”及“为何”五个要素也告诉我们，电视新闻要解决两类不同性质的问题，一类是“何时”、“何地”、“何人”、“何事”，即是什么的问题；而另一类是“为何”，即为什么的问题。“电视新闻是以现代电子技术为传播手段，以声音、画面为传播符号，对新近或正在发生、发现的事实的报道”的定义只能解决是什么，只解释了像《新闻联播》、《现在播报》、《晚间新闻》、《时事纵横》、《新闻 30 分》等一批消息类新闻节目，而另一类着重回答“为何”，即这一新闻事件为何会发生的新闻节目时，如《东方时空》、《焦点访谈》、《世界报道》、《新闻调查》等节目，因为这类新闻节目在报道“何时”、“何地”、“何人”、“何事”的同时重点已在于着重回答“为何”，即这一新闻事件为何会发生，在他们的新闻报道中交待新闻背景，告诉受众新闻事件的起因、意义与影响和还将发生的事实，面对这一类电视新闻报道的节目，上述的定义就显的不是那么理直气壮了。

随着时代步伐的发展和加快，特别是现代技术手段的发展，今天的观众已不只是想满足知道和了解世界新近或正在发生、发现的事实，他们还要知道和了解客观存在的但尚未被人们认识的事实的报道即“为何”发生和还将要发生什么事实的报道。对此，电视新闻已远非人们原来习以为常的电视新闻，观众强烈的参与意识迫使电视人必须重新审视什么是电视新闻和重新选择报道的方式，电视新闻的实践已经大跨步的向前发展了，而电视新闻界定还落在实践的后面。对此，有必要铸造现代的电视新闻理念，延伸和丰富发展以前给电视新闻的定义，赋予电视新闻时代的烙印。

所以，电视新闻的定义是：电视新闻是以现代电子技术为传播手段，以声音、画面为传播符号，对新近或正在发生、发现的事实进行的传播和阐述的报道。

二、电视新闻节目分类

电视新闻节目按照《中国应用电视学》的划分，被分为三大类：消息类新闻、专题类新闻和言论类新闻。同时还指出电视新闻节目有狭义的电视新闻节目和广义的电视新闻节目之分。狭义的电视新闻节目通常是指中央电视台《新闻联播》等消息新闻报道；广义的电视新闻节目则是荧屏上所有以传递新闻信息为任务的各种新闻节目的总称，它既包含消息类新闻，也包括专题类、言论类新闻。

消息类新闻节目指的是迅速、广泛、简要地报道国内外最新发生的事态的新闻报道的节目形式，消息类新闻节目是电视新闻实现国内外要闻总汇的主要渠道，是观众了解国内外大事的主要窗口。《新闻联播》是消息类电视新闻的代表，它天天和观众见面，传播面广、影响大，它是我国电视节目收视率最高、影响最大的节目。各省、市电视台也有类似的消息类新闻节目，它们是本省、本地区的骨干、核心节目。

消息类电视新闻节目不仅能够迅速、简要、客观、广泛地传播，它还充分体现了电视新闻的时效性、真空性的特点。

专题类新闻节目则是对新闻事实作详尽的有深度的报道。节目时间长，内容丰富、深刻，信息量大。选题往往是反映社会上人们关注的、议论纷纷的热点、难点、焦点问题。要求记者能在事实的基础上，对事实、对问题作出分析，以自己精辟的分析，独特的见解引起观众深层的思考。

言论类新闻节目主要是通过对新闻事实的分析发表议论，阐述道理，鲜明地提出电视台或评论者对当前具有普遍意义的事实的看法，从而宣传党的路线、方针、政策，它是电视新闻的旗帜、灵魂。专题类、言论类电视新闻节目是电视作为舆论中心在节目中的具体体现，同时也对电视记者提出更高、更全面的要求。从电视新闻发展趋势看，专题类、言论类新闻节目是开掘电视新闻思想深度的主渠道，具有广阔的发展前景。

这样的分类从对新闻节目的理论研究和对问题的阐述上是科

学和合理的，但是，实际上这样的分类概念是存在一定的交叉。电视新闻节目的分类应该按照《中国应用电视学》指出的电视新闻节目存在狭义新闻节目和广义新闻节目的思路发展。

从新闻的最基本的五要素出发，即“何时”、“何地”、“何人”、“何事”及“为何”出发，可以把电视新闻节目分为两类：

一类是以重点报道“何时”、“何地”、“何人”、“何事”为主的新闻事件性的新闻报道，这类新闻报道的重点是以传播事实或信息为主体的新闻事件的新闻资讯类报道节目，像中央电视台《新闻联播》、《现在播报》、《晚间新闻》、《时事纵横》、《新闻30分》、《体育新闻》等一批消息类新闻节目。

另一类是以重点报道“为何”为主的新闻意义性的新闻报道，这类新闻报道的重点是以传播事实或信息意义性为主体的新闻报道节目，像中央电视台的《东方时空》、《焦点访谈》、《新闻调查》等一些新闻专题类、新闻评论类新闻言谈类的新闻节目。新闻专题类、新闻评论类新闻言谈类的新闻节目的报道重点都不是以报道“何时”、“何地”、“何人”、“何事”为主，也就是说，这两类新闻报道的重点都不是以传播事实或信息为主体的新闻资讯报道，反而比较偏重于以传播意义性为主体。

电视新闻节目发展到今天，在新闻的具体实践中，如从新闻选题上看也是如此，一类是解决“何时”、“何地”、“何人”、“何事”的新闻问题，如《新闻联播》、《时事纵横》（国际和国内时事：政治、经济、文化、体育）与《现在播报》、《新闻30分》、《体育新闻》（国内时事：政治、经济、文化、体育）为主，以传播事实性、信息为主体的新闻节目。另一类是解决“为何”的新闻问题，如《东方时空》、《焦点访谈》、《新闻调查》，它们是以解决“为何”为主，以传播新闻意义性为主体的新闻节目，许多的专题类节目和新闻言谈类节目（包括新闻评论）都在此类中。

所以，电视新闻节目从电视新闻节目的定义和新闻的五要素研究和分析出发，可以得出：电视新闻节目就是两类，一类是以传播事实或信息为主体的新闻资讯类报道节目，像中央电视台《新闻联播》、《现在播报》、《晚间新闻》、《时事纵横》、《新闻30分》、《体育新闻》等一批消息类新闻节目；另一类是以传播事实或信息意义性为主体的阐述类新闻报道节目，像中央电视台的《东方时空》、《焦点访谈》等一些新闻专题类、新闻评论类新闻言谈类的新闻节目。

第二节 电视新闻节目的策划

《中国广播电视学刊》1998年第1期发表河北大学新闻系李广增和复旦大学新闻系谢金文的两篇文章，对“新闻策划”提出异议。李文说：“新闻不需要策划，一件事情发生了，你觉得它有新闻价值，写成新闻，报道出来就行了，何用策划?”新闻写作虽然有主观的参与，但事实绝不是任人打扮的大姑娘，新闻毕竟是客观的，它需要的是“清水出芙蓉，天然去雕饰”。需要策划的是宣传，宣传是向受众传播一定的观念，必然带有较强的主观性，同时不要求那么强的时效性，因此给策划留出广阔的天地。譬如党的十五大，它的召开日期、开幕式、选举情况、闭幕式等等，这是新闻报道的范畴。电视新闻节目是否存在策划?

电视新闻节目是以客观存在的新闻事件为依据，以电视图像和现场同期声为形象反映，以新闻解说为客观事实的声画的补充说明和阐述的电视节目形式。一般来讲，电视新闻节目不论是消息类新闻节目、访谈类新闻节目、纪实类新闻节目还是新闻评论类的节目，它们的新闻事实是不存在策划这一问题的，因为新闻事件的是非曲直、事实真相应该如实地进行拍摄记录，所以，从这一点上讲新闻是不存在策划的。正如李文所说：“新闻不需要策划，一件事情发生了，你觉得它有新闻价值，写成新闻，报道出来就行了，何用策划？”还有的新闻工作者也反对新闻节目有策划这一问题，在这些同志看来新闻节目一旦进行了人为的策划就背离了新闻的基本原则，进过策划的新闻节目就一定会偏离新闻的客观性，电视节目要进行策划，这是电视文艺节目和电视剧的“专利”，言下之意新闻节目不存在也不能进行节目的策划，要策划也只能是电视文艺节目。那么，电视新闻节目是否也存在策划的问题呢？

在开始阐述之前先引用一段休伊特在美国公共关系和教育学会发表演讲时所说的话：“我愿意相信，如果广播电视的奠基人——CBS的比尔·帕里、美国全国广播公司的戴维·萨诺夫和美国广播公司的里奥纳德·高尔登森仍活在世上的话，他们将会维护自己一贯的信条：新闻就是新闻，娱乐节目就是娱乐节目。模糊两者之间的界线通常都是不诚实的行为，那样的东西一定不会是好节目。今天的人们早已无数次地越过这个界线，没有人会因此大惊小怪。在多如牛毛的所谓‘新闻’杂志和千篇一律的‘脱口秀’（谈话节目）中，几个不甘于流俗的‘异种’显得是那样的孤单。美国三大电视网曾经依赖品位卓尔不群、重大事件优先的新闻法则才得以成为新闻业的巨人，但绝大部分的这种法则今天已经不复存在，而且似乎没有人在乎这一点了。”

也许休伊特的话有一点过“火”，但是“人家”至少已看到电视新闻已经在发生大的变化。

电视新闻的实践推动着人们去重新认识和完善电视新闻的定义和它的理论，电视新闻节目的实践已经涌现了许多新的“东西”，仅从电视新闻的报道形式上讲，从原来资讯报道的“影像新闻”、“口播新闻”、“图片新闻”、“字幕新闻”发展到现在“现场报道”、“新闻直播”、“新闻直播节目”（这既是形式也是节目样式，可归属于第二大类的以传播新闻意义为主的节目）、“新闻系列报道”、“新闻连续报道”、“深度报道”等，相信随着科技和电视新闻实践的发展还会有更好的电视新闻报道形式的出现。

改革、开放推动社会的进步，社会生活也出现一系列新问题、新变化，群众在观察与思考着，也要求新闻媒介能深刻反映和揭示这一社会进程，能担负起对社会问题、社会现象的认识、思辨功能。电视新闻报道不仅报道国内外发生的新闻，同时也要对事物作分析、解释和归纳。记者面对多因果的复杂的事物、现象，通过对事物相关政策、方针的了解，通过对大量事实材料的深刻分析，从全局、整体上对事物有宏观认识和把握，才能对事物作出正确的评价。从宏观认识的基础上去选择、驾驭具体材料，才能使报道不仅抓住本质的真实还具思想深度。如果我们一味就新闻事实"就事论事"，而排斥对大量事实材料的深刻分析、解释、归纳，这也是违背电视新闻的原则的，这样的新闻是没有多少宣传教育作用的，充其量是新闻信息。

所以，为了适应时代、适应观众，更好地有效地完成党交给电视新闻工作者和理论工作者的使命，必须重新建构现代电视新闻的理念。

那么，电视新闻节目到底能否进行策划呢？

回答是："电视新闻节目既不能简单断言不能策划，因为在电视新闻节目中有许多策划'东西'，同时也不能简单回答能策划，因为在电视新闻节目中有一块'基石'——新闻事实，除了这一点，构成电视新闻节目的其他如报道的形式、报道的选题、主题的挖掘、切入点、编排等等都是可以策划的，并且也需要策划。"

1. 许多的新闻名牌栏目是精心策划而得，同时其栏目的定位、宗旨也是策划的结果。以《东方时空》为例，《东方时空》栏目策划的由来是这样的：1990 年原中央电视台台长杨伟光在《正确处理新闻理论与实践的十个关系》一文中明确指出："电视是重要的新闻媒介，这是其本身性质所决定的。作为党、政府和人民的喉舌，主要是通过新闻来体现的。因为它政治性最强，报道党的政策最迅速，反映人民的呼声最广泛，对群众思想影响最深刻。”丁关根同志主管中央宣传工作以后，也多次提出新闻界要抓热点问题的报道，在此，中央电视台新闻中还没有一个每天与观众见面报道政府重视群众关心的社会热点问题的新闻栏目。

在中央领导重视、观众需要、电视事业发展又需要的前提下，中央电视台新闻中心决定并筹划创办第一个早间新闻杂志性栏目《东方时空》。于是在1992年12月，中央电视台新闻中心临时抽调了三人组成了《东方时空》策划组，两个星期后，策划组增加到七人，策划组经过策划讨论，确定了栏目的基本定位。

又如，《焦点访谈》是继《东方时空》中的一个子栏目“焦点时刻”策划成功后的又一次栏目策划的范例，《焦点访谈》是1994年4月1日开播的新闻评论性栏目。它策划的报道宗旨是以“事实说话”，跟踪重大新闻事件，展示广阔的社会背景，倡导舆论监督。

2．新闻栏目及栏目结构形式是策划出来的。

在栏目基本定位后，策划组设计了栏目的大体的结构和版块框架。《东方时空》最早的提交的策划方案结构和版块框架是《气象动态》、《交通信息》、《时尚之地》、《美食家》、《东南西北》、《今日嘉宾》、《荧屏指南》、《大众话题》、《人物专访》、《生活百科》、《历史上的今天》、《点歌送歌》，送到新闻中心和台领导那里，认为这样的设计既传统又杂乱无章。推翻后策划组又进行重新的策划设计，重新定位、重新归类、重新组合内容，最后变成了四个子栏目，这四个子栏目就是我们观众今天所见到的《东方之子》、《生活空间》、《时空报道》、《面对面》。与此同时，策划组还分别设计了四个子栏目的定位和其宗旨。

《东方之子》主要是名人和政要的专访，它的定位是“浓缩人生精华”。它将更多的镜头对准那些为国家和民族做出突出贡献、在人生道路上展露非凡的人格力量、对社会对人生有独特理解与追求的优秀人士，通过屏幕再现其特有的人格魅力，并以其人生经验与人生感悟传递给观众。

《生活空间》主要是以纪实的手法表现平民百姓生活，它的定位是“讲述老百姓自己的故事”。

《时空报道》(原名《焦点时刻》）主要是反映社会热点问题，尤其是对一些重大的国内外事件作出快速的反应，它的定位是“关注社会热点，延伸社会新闻，捕捉社会热点，反映人民呼声”。

小栏目《面对面》是一个主持人评述性的专栏，它突出言论的迅速、尖锐和高信息量。

《焦点访谈》栏目的推出是在《东方时空》中“焦点时刻”这一子栏目策划成功的基础上又一次策划成功的范例，《焦点访谈》是1994年4月1日开播的新闻评论性栏目。它策划的报道宗旨是以“事实说话”，主要是对国内外时事的纵深报道和评述。它的定位是：时事追踪报道，新闻背景分析，社会热点透视和话题评说。节目风格以现场纪实报道为主，真实、生动。

3．电视新闻的选题特别是以传播电视新闻意义性为主的新闻报道（或称专题类新闻和言谈类新闻包括新闻评论性节目）的选题及话题设计是存在策划问题的。

新闻节目贵在于新，不仅时间上新，题材上新，也要求内容的新——报道角度要新，立意思想要新，表现手法要新。有新意的新闻，不仅能给人以新鲜感，有吸引力，也能激发人们的思索。新闻是否“新”，是判断新闻价值的重要依据之一。

这一切“新”就必须要有较强的理性思辨，理性思辨色彩是电视新闻意义性为主的新闻报道（或称专题类新闻和言谈类新闻）的显著特征。

新闻评论性节目的选题很多，选题的原则是领导重视、群众关心、普遍存在。选题的来源是（1）记者采集和捕捉。记者以新闻职业的敏感去采集和捕捉。（2）来自其他媒体的报告。（3）观众采集和捕捉提供。（4）来自上级部门的宣传精神。也就是业内讲的任务片，对于来自上级的任务片要积极的动脑筋，任务片不一定没有观众，关键是能否策划制作出好的节目，使片子既有新视角又有新形式。

选题范围如此之广，话题的设计更是变化多端，这一切都需要记者精心的策划。选择什么？拍摄什么？谈些什么？如何谈？这一切难道不需要节目制作者去思考、去策划吗？

90年代国家经济处于治理整顿阶段，市场疲软情况下，引来商业战线的激烈竞争，浙江电视台策划推出系列报道《湖畔争夺战》，多侧面地反映西子湖畔商界的这场竞争，以令人信服的事实和生动的细节勾画出企业在困境中崛起的生动情景，反映经济战线令人振奋的精神风貌，从而引发出治理整顿的深层意义，给人以希望、以干劲。

1998年为了向全世界介绍中国改革开放20年来取得的辉煌成就，中央电视台对外宣传的栏目《中国新闻》，策划推出了100集系列专题新闻报道节目《20年巨变》，这个报道在海内外反响很大，有的境外媒体来电索要稿件，要求连续选登。

这个系列报道围绕同一新闻主题从不同侧面选材，从不同角度作多次、连续的报道，各条报道之间没有外在的时态连续，却有内在的必然联系。多个独立报道集合在同一主题思想下，多侧面、多角度、立体化地报道，多层次地分析，它不是简单地报道事实结果，简单地传达某种结论，而是着重于过程和原因的分析，要再现生活的多彩，包括矛盾的方方面面。因为生活的错综复杂决定了社会事物之间关系不是简单的因果而是多因果的。过程和原因的分析就是要阐明产生矛盾的原因及解决矛盾的方法和其中的困难。这样层层剥笋般地多侧面、多层次反映解剖事物，使报道有理有据，做到入情入理入心，这种对新闻事实作比较系统、全面、有一定深度的报道，难道不需要拍摄前认真负责的策划吗？

在新闻言谈性节目中也是如此。如果做节目前不做充分的策划准备，虽说你要访谈的新闻事实主题很明确，事实的新闻性也很强很有价值，但你访谈的话题较好并富有逻辑推理，在摄像机镜头前，通过面对面地诉说和交流，真戏真做地得到了完全的消融和化解，使广大观众深受感动。现在，作为父亲的王东成撰文，深情地表达了自己的内心感受。

它的话题策划得好。《父女之间》展示的是围绕着琳琳的学习和成长，作为父亲的我与她的矛盾与冲突，以及这种矛盾与冲突带给琳琳、我和我们全家的烦恼与痛苦。这是一个“个案”，但确非一个“个例”。实际上，类似我和琳琳的矛盾与冲突，类似我们一家的烦恼与痛苦，都不同程度地存在着。并且，这个“个案”所蕴含的思想、观念、道德、伦理等精神文化信息十分丰富。因此，它一经在媒体上被展示，便立即引发了许许多多的人对自己生活经历的体味，就一下子激发起全社会的兴奋。因为它触及了全社会普遍存在、普遍关注，而实际上又往往为有关方面长期忽视的问题。

这个好话题的确定和被搬上荧屏，应该归功于《实话实说》的策划者和编创者，归功于他们的眼力与执著。

在此期间，由于琳琳的一些情况，我们便不想参与制作这期节目了。我们把自己的想法告知了执行策划的孙侃小姐。孙侃一听就急了，她多次给尚在昆明的我打电话商量，并且亲自登门找我妻子和琳琳商量，跟琳琳谈心、聊天，带琳琳去玩、吃饭。现在想来，如果没有孙侃小姐的执著，这个节目就流产了。每每想到这点，孙侃小姐那焦急而诚恳的声音就响起在我的耳畔，她那朴实而优雅的形象就浮现在我的眼前。我钦佩她那“如犬守户，如鸡司晨”的敬业精神，喜欢她那令人亲和与尊敬的气质和作风。一个新闻工作者，最难得的就是这种眼力和这份执著。这种眼力和这份执著，就是一个人从事新闻工作的资格与资本。

好的电视节目，尤其是谈话节目，应当以思想见长，应当使观众从中看出些扎实的思考与睿智的见解，应当像火种落入干柴一样，在观众心中燃起思索之火，使观众在思索的火花中瞭望幽深的世事、人生，在精神思想上获得某种程度的升华和超越。

《焦点访谈》有一期专访前联合国秘书长加利，在一般的情况下，对于高层的人物，事前准备好一堆问题，记者问，被采访人物答。经过策划想出了一个主意，改变视点，把采访的话筒主要交给孩子，交给普通的观众，让他们用自己的视点向加利提问：“联合国有多大？联合国秘书长的权力到底有多大？”面对孩子们既天真又深刻的问题，一向严肃的加利秘书长变得轻松幽默，妙语连珠，中国观众与加利秘书长的距离一下子拉近了。就是这样一个好的策划，一个新的视角，使这个节目获得了中国新闻一等奖。

4．新闻报道的形式可以策划。

在确立了选题和主题的情况下，采取何种方式进行新闻报道，应该讲形式是多样化的。是用系列报道的形式还是连续报道或是深度报道，这里报道形式的选择就有一个策划和思考的过程，因为新闻报道形式选择是否得当是优秀新闻报道成功的基本保证之一。与此同时，在运用系列报道、连续报道、深度报道形式的过程中，其形式本身也有较强的理性思辨色彩，也需要策划。

就以新闻性较强的“电视新闻直播节目”来讲，电视新闻直播节目也需要增加策划的成分。这种新闻报道不是简单的电视信号的同步传输，而是把直播制作成一个完整的“节目”来播出。1997 年 3 月 9 日的“漠河日全食”、“香港回归”、“黄河小浪底截流”、“三峡大江截流”以及今年的“元旦升旗”，这些节目相对于“电视新闻直播”来说，增加了节目编排的导演、策划工作，设置了演播室主持人，有记者的现场报道，有背景专题，并且通过周密的编排，使之融为一个有机的整体，内容丰富、形式活泼，在时间、空间上都得到了扩展。比如黄河小浪底的直播，涉及到了五千年的黄河文明史、五十年人民治黄史以及黄河小浪底工程的初期建设情况。这中间穿插了大量的历史背景资料。这样的传播是根本实现不了的。试想，如果直播节目中缺少了必要的背景介绍，该节目会变得很枯燥。

又比如，1997 年《人民日报》元旦社论指出了这一年我国人民政治生活有两件大事：一件是香港回归，另一件是将召开党的第 15 次代表大会。根据 1997 年《人民日报》元旦社论的精神，中央电视台和各省市电视台在年初甚至更早就开始抓了这两件大事的宣传报道和节目的选题安排。以香港回归的宣传报道为例，早在香港回归以前，中央电视台对香港回归的报道和宣传作了周密细致的安排。1997 年 5 月 25 日，广电部副部长兼中央电视台台长杨伟光在中央电视台召开的国内各大新闻单位通气会上，将九七香港回归的策划安排向与会者作了透露：届时，中央电视台将派出由 289 人组成的报道组，同时将有 50 人赴海外进行报道。整个报道以北京为中心，以香港为重点，形成以全国 8 个城市和世界 7 个城市为报道点的全方位、立体式报道网。报道计划分两大部分：(1) 同步报道回归庆典。重要庆典、庆视活动都要进行现场直播，有 6 月 30 日 22 点北京天安门广场欢庆活动；6 月 30 日午夜，中英两国政府在香港会展中心举行的香港政权交接仪式；中国人民解放军驻港部队进驻情况、香港特区政府首任行政长官宣誓就职仪式等。7 月 1 日上午 10 时，香港特别行政区政府成立庆祝大会；下午 4 时，香港特别行政区政府举行庆祝酒会；下午 4 时 30 分，国务院在人民大会堂举行盛大招待酒会；晚8时，首都各界庆祝香港回归祖国大会。7月2日，香港群众举行花车庆祝游行；晚上，北京人民大会堂举行庆祝香港回归文艺晚会以及港督府降旗、英国政要离港等都要进行现场直播。(2) 全面反映普天同庆盛况。中央电视台不仅报道北京、香港的活动，还要及时报道全国部分城市，包括上海、天津、重庆、南京、广州、深圳、东莞等地的有关活动，并派出记者赴华盛顿、纽约、洛杉矶、多伦多、悉尼、曼谷、新加坡、马尼拉、东京、伦敦、里斯本、澳门等13个国家和地区的15个城市，反映各国华人华侨欢庆活动和外国朋友的反应。后来，中央电视台有关香港回归的报道，的确将这些计划全部如期落实。事实证明中央电视台有关香港回归报道的整体策划是经过深思熟虑周密安排的十分成功的范例。中央电视台香港回归的报道，反映了中央电视台各级业务主管部门节目策划的可行性研究的能力和组织能力。

再如在香港特区行政长官选举的这一场现场直播中，除了要了解现场投票的过程，了解在此之前都已有过什么样的选举工作，了解谁当选之外，同时还要了解董建华、吴光正、杨铁梁的背景，公众和各媒介对候选人的基本评价，等等。这些背景资料，是现场之外的信息，而提供这些信息对于完成这场直播是相当重要的，提供这些相关背景材料的手法也是恰当的。它是在当投票现场没有太多值得人们关注的信息时，适时把信号切回演播室，由主持人的访谈和专题节目实现背景资料的介绍。这样做避免了镜头呆板、简单地一直盯着现场而给观众以乏味的感觉，从而使新闻节日既有事件新闻性又大大增加了知识信息，也增大了电视观众的可视性。

对此，可以看出电视新闻节目中的许多新闻背景材料把新闻事态放在具体的环境、条件之中，以事物的历史变化，以事物之间的联系等，作纵向、横向的分析、比较，从而说明事件的前因后果、发展情况、影响程度等，尽可能提供新闻发生、发展中涉及到的事情、有关的信息、资料，是节目全方面、立体化的效果，使节目的报道大大加深。这一切都需要电视新闻工作者事先的策划和准备，在这类节目中，一旦离开了策划，节目就会变得一团糟。

5．消息类电视新闻的编排也存在策划。

新闻的排列次序是消息类新闻节目编排的重要内容，它也包涵了策划的理念和策划的手段。

一档长约 30 分钟的消息类新闻节目要播出二十多条新闻，其中必然包括精彩的、一般的和较差的三部分，不可能都是精彩的。根据上面的结论，在排序时绝对不要将 3 条一般的和较差的新闻衔接在一起，最多不超过两条，不然就有观众转移注意力的危险。

福建电视台的同志曾经作了一次有趣的试验。他们请 20 名高中文科班学生按年龄、性别、智力水平相等的条件分成两组，分别观看按不同方法编排的相同的新闻，看完后请他们立即复述刚刚看过的新闻内容。

第一组 8 条新闻按先重后轻法排序：

(1) 杨尚昆关于军队整编的讲话

(2) 首都航空界纪念抗战 40 周年

(3) 某机械厂厂长自学成才

(4) 某市开展商品卫生宣传

(5)（口播）10 号强台风消息

(6) 西安国际武术邀请赛

(7) 英国送我国 20 只麋鹿

(8) 英国一架波音客机坠毁

第二组改变排序：

(1) 英国一架波音客机坠毁

(2) 西安国际武术邀请赛
(3) 杨尚昆关于军队整编的讲话
(4) 某机械厂厂长自学成才
(5) 英国送我国 20 只麋鹿
(6) (口播) 10 号强台风消息
(7) 首都航空界纪念抗战 40 周年
(8) 某市开展商品卫生宣传

试验的结果是很有趣的。第一组看过新闻节目后，平均每人回忆出 5.5 条新闻，约占 69%，第二组每人平均回忆出 7.5 条，约占 94%。在第一组中能回忆起“首都航空界纪念抗战 40 周年”的只有 5 人，能回忆起“某市商品卫生宣传”的只有 2 人，但在第二组中，能回忆起“首都航空界纪念抗战 40 周年”的却有 10 人，达 100%，回忆起“某市商品卫生宣传”的也有 8 人，达 80%。新闻是受众欲知应知的事实的报道，新闻的重要性与普遍性可能一致也可能不一致。一些有关人们切身利益的重大新闻，由于种种原因观众一时未能认识到，所以它仍是非常重要的新闻，属观众应知的范畴。而观众普遍感兴趣的新闻却不一定和人们的命运有那么深的联系，所以，电视消息类新闻节目在编排时，就应将那种与群众利害相关的重要新闻，安排在新闻节目的头一二条的次序上播出。如不久前我国一架波音 737 客机在深圳失事的新闻，不妨用作“吊胃口”的诱饵，放在节目的后部分播出，让它发挥吸引观众收看整个节目的作用。因此，在这种情况下“先重后轻”也有着某种合理性。

在电视新闻节目中还有许多方面需要策划的工作，像电视新闻报道的主持人的形象策划等，可以这样讲，如果没有孙玉胜、李铤、时间对《东方时空》、《焦点访谈》等栏目主持人的策划，会有今天一批“智慧型主持人”的出现吗？所以简单化的否定电视新闻不能策划是既没有根据也没有道理的。

第七章　电视文艺节目策划

第一节　电视文艺节目概述

电视文艺是电视节目的一个重要的节目门类，是继音乐、舞蹈、美术、戏剧、戏曲、曲艺、电影等艺术之后，在艺术之大花园中的一支艳丽的“奇葩”，一支“奇葩”吸取并融合了姐妹艺术的营养，伴随着电子科学的技术的发展异军突起成为新的艺术门类，在众多的艺术门类中，电视它博取众长，使得自己卓然而立，顾盼生辉。

所谓电视文艺节目，目前有两种理解。

一是指广义的“电视文艺节目”。查《辞海》，它指的是对“文艺”这一词汇的诠释“文学与艺术的统称”。由此来看，电视文艺节目从泛意上是指“电视文学与电视艺术的统称”，它涵概了电视屏幕上的一切电视文学艺术样式。它主要是指人们运用艺术的审美思维，把握和表现客观世界，通过塑造鲜明的电视屏幕形象，达到以情感人的目的，并给观众以艺术的审美享受的屏幕艺术形态。这其中包括电视剧（电视短剧、电视单本剧、电视连续剧、电视系列剧等）、电视戏剧（电视小品、电视相声、电视戏曲、电视曲艺等）、电视艺术片（电视风光艺术片、电视风情艺术片、电视民俗艺术片、电视音乐艺术片、电视歌舞艺术片、电视文献艺术片等）以及各类电视文艺节目。

其二是指狭义的“电视文艺节目”。它主要是特指那些运用先进的电子技术手段，对舞台上和演播室演出的各种文艺节目以及各类文艺活动进行二度创作，使得通过电视二度创作的艺术作品，既保留原有艺术形式的审美价值，同时又充分发挥电视特殊的艺术功能，成为有别于舞台上和演播室演出的各种艺术以及各类文艺活动的一种新的艺术品种。诸如，文艺会演——电视文艺晚会、歌唱——音乐电视、散文与诗歌——电视诗歌散文、文艺活动、文艺人物、文艺现象、文艺动态和文艺热点——电视文艺专题等。所谓电视文艺节目，主要是指那些运用先进的电子技术手段，对各种文艺样式进行电视艺术的二度创作，既保留原有文艺的艺术价值，又充分发挥电视的特殊艺术功能，给电视观众以新的文化娱乐和审美情趣享受的电视屏幕形态单元。

目前，在电视屏幕上电视文艺节目样式很多。

诸如，电视剧（电视短剧、电视系列短剧、电视连续剧、电视系列剧、电视戏曲连续剧等）；

电视晚会（春节联欢晚会、节目庆典晚会、各行各业纪念晚会、大型活动晚会、艺术节晚会、心连心晚会等等）；

电视综艺节目（快乐大本营、欢乐总动员、真心接触、快乐直通车、综艺大观、江南人家等等）；

电视文艺专题（东西南北中、地方文艺、九州戏苑、音乐电视城、荧屏歌声、文化时空、音乐桥、旋转舞台、影视同期声、电视你我他、精彩十分等等）；

电视音乐节目（请您欣赏、外国音乐、交响世界、国乐飘香、中国名曲欣赏等等）；

电视舞蹈节目、电视戏曲节目、电视曲艺杂技节目、电视文艺竞技节目、音乐电视、电视诗歌散文等，这诸多的电视文艺样式，给电视屏幕产生了多功能的审美效果，满足了广大电视观众不同的审美要求。在电视文艺节目样式异彩纷呈的同时，电视文艺节目创作也空前繁荣，音乐电视、电视散文、电视综艺娱乐、电视竞技节目等一朵朵奇葩，在电视文艺节目的百花园中越来越夺目鲜艳，电视文艺节目的影响力也越来越大。这一切是我国广大电视文艺工作者坚持“文艺为人民服务、为社会主义服务”的方向和“百花齐放、百家争鸣”的方针培育出的硕果。

一、电视文艺节目的简要掌故

电视文艺节目是伴随着电视事业的发展而发展起来的。电视文艺是电视节目门类中的老大哥，它是最早的电视节目，可以说它和世界电视事业的诞生同步。人们不会忘记 1936 年 11 月 2 日，英国广播公司（BBC）在伦敦郊外的亚历山大宫举行了一场规模盛大的歌舞，开始了电视的正式播出，这一天被认为是世界电视的诞生日，从一定意义上讲也是电视文艺节目的诞生日，电视文艺节目是伴随着电视的诞生而产生的，并随着电视事业和电视技术的发展走向成熟和辉煌。文艺节目从它开始的那一时代起，电视节目的始祖节目就是新闻与文艺。在以后日子里，电视文艺节目在各个电视台、各个电视频道中均占据了很多很长的播出时段，是各个电视台和电视频道最主要的节目，它与电视新闻节目各自平分电视台和电视频道的半边“疆域”。这种状况一直持续了数十年，直到今天电视文艺节目依然是电视频道四大柱石节目之一。

在中国电视文艺也是和中国电视的诞生同步，在有电视之日起，便有了电视文艺，最初出现在屏幕上的是演播室里直播的歌舞戏剧等文艺表演节目，稍后，又有了在演播室里电视剧搭景直播的电视剧，电视剧是一类新型电视文艺节目，是在新电子技术发展的优势下，融合了文学、戏剧、电影、音乐、美术、表演等多种艺术的综合艺术。电视剧将文学、电影、音乐、美术等多种艺术元素融入自己的体系，在自己的体系中再加工、再改造，创造出全新的“自我”，形成了新的艺术品种——电视剧。

我国第一部电视剧《一口菜饼子》在中央电视台的前身——北京电视台播出后，吉林和黑龙江两地的电视台也合作播出了电视剧《三月雪》。我国最早期的直播电视剧在艺术规律和技术手段方面和国外的电视剧并无本质区别。那时候摄像机一般都很笨重，录像技术设备又未充分利用在电视节目制作上，所以，世界各国电视剧开始都是直播，可以说早期的电视剧是一种在演播室里为观众演出的戏剧。70 年代末，由于便携式摄像设备和磁带录像技术的引进，给电视文艺插上了飞翔的翅膀，使得电视文艺甩开演播室的局限，走向更为广阔的实景空间。

十一届三中全会以后，电视文艺彻底摆脱了十年浩劫的干扰和极左路线的禁锢，电视文艺中电视剧艺术首先腾飞，1978 年 5 月，中央电视台播出了作为那个阶段先导的第一部电视剧《三亲家》。这部以反映农村勤俭办婚事为主题的电视剧，是我国电视剧发展史上第一次全部在实景里拍摄的彩色电视剧。在这一年里，中央电视台共制作了《窗口》、《教授和他的女儿》等七部电视剧；江苏电视台、浙江电视台分别制作了同名电视剧《约会》；山东电视台制作了电视剧《人民的委托》；福建电视台制作了电视剧《悔恨》。这一批电视剧作品的涌现，开始了我国电视剧的全面复苏。

1980 年是我国电视剧飞跃发展的一年，中央电视台在这一年的国庆期间举办了以电视剧为主的全国电视节目的大展播，共展播了新创作的电视剧 47 部，给全国电视界以极大的鼓舞和推动。1981 年开始设立电视剧“飞天奖”，“飞天奖”的建立在一定程度上推动了电视剧有序的蓬勃发展。此后，每一年电视剧的产量以一种几何级差在快速增加，同时，电视剧的生产上也出现了两个明显的变化。其一，电视剧制作由直播演出变为录像生产的播出。直播电视剧由于表演连贯性强，故画面的场景更换困难，场景变化较少，镜头也变换较慢，其形态也与舞台剧相近。录像生产播出的电视剧与直播电视剧是两种截然不同的创作方法。录像制作不需要直播那样按剧本顺序按部就班地进行拍摄，也不像直播那样受时间和空间的种种限制，使它能在一个广阔的空间和较大的时间跨度里自由地纵横驰骋，同时剧情也可以更自由地采用复杂的多线结构和电影蒙太奇手法，其形态更接近于电影。电视剧的录像制作与生产使电视剧在艺术表现形式上产生了本质的飞跃，从而使电视剧有可能把反映社会生活的艺术触角延伸到社会与人的各个方方面面和各个角落。其二，电视剧品种由单一走向多样化。电视剧的品种在早期是很单一的，它基本上是单本剧。自从1981年我国播出的第一部国产电视连续剧《敌营十八年》以后，我国电视剧开始改变清一色品种的面貌，电视剧呈现了百花齐放、姹紫嫣红的多样化局面，从单本剧单一的体裁样式到短剧、连续剧、系列剧、戏剧集，在题材方面，现代剧、历史剧、古装剧、传记剧、侦探剧、儿童剧、音乐剧等等样式相继出现，作为那个时代的代表作品有：单本剧——《新岸》、《女记者的画外音》、《新闻启示录》、《有一个青年》、《凡人小事》、《周总理的一天》、《走向远方》等；连续剧——《蹉跎岁月》、《高山下的花环》、《今夜有暴风雪》、《上海屋檐下》、《鲁迅》、《华罗庚》、《生命的故事》、《少帅传奇》、《夜幕下的哈尔滨》、《西游记》等；报道剧——《火热的心》、《萤火虫》、《特殊的园丁》等；短剧——《司机王宝》、《老梅外传》、《小巷通大街》等；儿童剧——《好好叔叔》、《小不点儿》、《小佳佳游园》等。从那一时期起电视剧开始兴盛，并在以后不长的几年中，全国的电视剧以几十倍的数字增加，电视剧以它自己特有的艺术魅力，屹立于电视屏幕，受到了社会各界观众的特别青睐。像《情满珠江》、《英雄无悔》、《孔繁森》、《西部警察》、《梦醒五颗柳》、《趟过男人河的女人》等一大批优秀的电视剧作品涌现了出来，极大地丰富了电视屏幕。与此同时，电视剧以外的电视文艺节目在这十几年中，特别是近六七年里，电视文艺节目也在迅速地进步和发展。在全国有自办节目能力的电视台播出的节目序列表中，非电视剧的各类电视文艺节目形式，不仅在播出的数量上占有很大的比例，就是在节目的内容和收视率上也是名副其实的频道支柱。而且在这种基础上，各地电视台都已经形成了自己的一大批通过观众考验、颇受观众欢迎的电视文艺名牌栏目和节目。从1987年5月开始的电视文艺“星光奖”，为繁荣电视文艺节目起到了直接的推动作用。“星光奖”的建立，一年一度的评选、总结、交流和研讨，无疑推动了电视文艺节目的创作、发展和质量的提高，对引起社会各界的重视起到了很好的作用。它无疑是对全国电视文艺节目创作成就的一次大检阅。像第一届获得一等奖《歌声的启示》、《西部畅想曲》（新疆电视台）、《刻刀下的黑与白》（贵州电视台），无论是题材的选择，主题的开掘，还是形式的创新，技巧的运用，都显示了相当的艺术功力。从此以后的每一届“星光奖”获奖作品中，人们都能看到许多耳目一新、如见珍奇的佳作，不少作品的完美程度，充分体现和标志着电视文艺节目已经成熟。更重要的是不少的电视台对电视文艺节目的属性认识在不断的深化。从中央电视台到各个地方电视台正在改变“我做节目给你看”、“我播什么，你就看什么”这种单一取向的状况，有意识地唤起观众的参与感，增强现场感、亲切感，提高节目的品位，多角度地满足各界观众的欣赏要求，变单向运动为双项运动，尽可能地吸引社会各界参与电视文艺的创作。从根本上改变电视文艺的单一美学层次为多层次的阶梯形结构的美学，电视文艺呈现了五彩缤纷、百花齐放的繁荣景象。例如，在舆论界惊呼“戏曲危机”的时候，京剧青年演员电视大奖赛和戏曲历届优秀演员“梅花奖”颁奖晚会的现场直播，却是当晚各频道收视比率最高的节目。至于每年除夕的“春节联欢晚会”，则更创立了举国同看一台“戏”的热烈场面。对于那些为数不少的电视文艺专题节目，其文学性、观赏性和高格调的美学品位，特别是从作品中呈现出来的鲜明的电视艺术特色，是其他艺术门类所无法取代的。

电视文艺是电视节目中重要的组成部分，直接关系到老百姓的精神生活，多姿多彩的电视文艺节目极大地丰富了广大群众的文艺生活，是国家稳定团结因素的组成部分。每逢节假日，新节目的推出，电视节目就成了老百姓的热门话题，如春节联欢晚会、《综艺大观》、《正大综艺》、《曲苑杂坛》、《东西南北中》、《地方文艺》以及《九州戏苑》等等，电视文艺有力地推动了各类文艺的发展。电视屏幕是流动的大书、艺术的大舞台，作品的吞吐量大，吸引着众多艺术家的参与，如社会上艺术圈里的小品热、通俗歌曲热、音乐电视热、现代舞热、高雅艺术热等都和电视有关，经过电视的加工处理，又促进高雅品种的多样化和繁荣，促进了文艺大面积的普及和提高。

电视文艺在把握宣传导向，大力弘扬民族优秀文化上也做出了显著成绩，如百部爱国主义电影、抗洪颂、民族交响乐、连续三年的梅兰芳金奖大赛、两年一次的青年歌手大奖赛、中国艺术节、民歌节、“心连心”慰问演出以及节日晚会《五彩路》、《拥抱太阳》、《光明赞》、《我爱你，中国》、《东方神韵》等都作了重点推出，使节目既有格调品味，又有艺术感染力。从中央电视台到各省、市电视台文艺节目异彩纷呈。同时各种文艺专题纷纷创办，如中央电视台联合地方电视台开办的《东西南北中》、《地方文艺》和地方台自办的文艺专题频传于荧屏之中。电视文艺的新品种不断开拓新的时空，电视音乐、电视曲艺、电视戏曲、电视散文的出现大大丰富了电视文艺的表现形式，使艺术节目找到了更丰富的展现的时空。这是文艺节目进一步电视化的新契机，也是电视文艺走向辉煌的源泉。

二、电视文艺节目的现况

中国的电视文艺令世界刮目，令国人惊奇。根据原中央电视台文艺中心主任邹友开的总结，概括起来主要体现在以下五个方面：

1．电视文艺节目形式和内容的空间大大拓展。

电视文艺在1993年以前已基本形成繁花似锦的格局。这主要体现在电视晚会的产生和发展，电视剧的繁荣，以及电视文艺节目与栏目的遍地开花。从电视文艺的内容上看，歌舞、戏剧、戏曲、曲艺、相声、杂技、文化生活以及舞台演出，电视的综艺节目开始推出并不断出现创新，电视晚会越来越引人注目，电视晚会的声势也越来越大，出现了许多大型和特大型的晚会节目，与此同时，电视晚会的艺术审美也越来越从舞台演出演变成融合电视导演创作思想和电视手法的电视文艺作品，电视晚会成为电视文艺中与电视剧并驾齐驱的“两辆马车”。从演播形式上看，有演播室节目和剧场演出的节目，即以室内为主。从文艺节目的形态上看，主要是电视剧、电视晚会和文艺栏目。

然而，1993年以后，电视文艺节目又一次得到了更蓬勃、更快速的发展，文艺节目的内容、形式和电视的手段进一步的创新与拓宽。主要表现在以下几个方面：

(1) 电视文艺节目的综合艺术水平提高。近几年来，在电视台演播室内制作的电视文艺节目，不论是大型的节目，还是小型的文艺栏目，节目的质量均比前几年有很大的提高。

特别是随着现代电子技术的进步，舞美、灯光、音响技术的充分调动等使电视艺术的表达效果大大提高，电视文艺节目的艺术表现力大大增强。例如，在电视晚会中“面包墙”取代电视墙的使用，大大增加了节目的清晰度和画面的表现力度。高亮度背投式大屏幕首次在我国电视节目中应用是中央电视台《1993年春节联欢晚会》。在那次电视文艺晚会上高亮度背投式大屏幕与它的“前辈”——电视墙同时露面使用。在那一次晚会上高亮度背投式大屏幕可谓是“不用则已，一用惊人”，在同一个晚会中，两套不同的电视技术设备的画面效果对比，一优一劣，极为明显。对此，在以后的各类节目中，高亮度背投式大屏幕完全取代了电视墙，在节目的画面表现中发挥着越来越大的作用。电视墙实际上是由一个一个的显像管组合而成，不但亮度低，分辨率差，而且信号输入也只有一种，即复合视频信号输入，它的显像管的曲率也直接影响观看的视角范围（比高亮度背投式大屏幕小一倍），电视墙的每一块荧光屏的边有10~20毫米宽，拼接组成电视墙后的接缝就有20~40毫米，画面的损耗是非常严重的，尤其是出现人物画面的近景时，在电视墙上就看不到人脸部的某一部分，这样一来不但没有起到应有的画面效果，反而破坏了现场和电视导演所想表现的画面。所谓“面包墙”指的是英语的“VIDEO WALL”即“高亮度背投式大屏幕”。高亮度背投式大屏幕，它是由一组（3个）7英寸的红、绿、蓝投影管，一块高增益投影屏及相关的电路板和箱体组成。电视信号输入分为复合视频输入，分量（亮度Y，色度C）视频输入和红、绿、蓝（R、G、B）输入三种。控制调整部分由色温控制开关，白平衡组合开关及系统联机控制开关组成，另外还有一对由外部计算机遥控调整的输入输出接口。因此，由于技术手段的进步，高亮度背投式大屏幕的单屏调整及组合多屏调整就给使用者和操纵者带来了很大的方便，大屏幕的视觉效果也非常显著，这是因为高亮度背投式大屏幕的边宽仅为2.5~4毫米，组合之后也只有5~7毫米，高亮度背投式大屏幕具有的这种高亮度、高分辨率、视角宽广等优势的特点，电视工作者给了它一个美丽的“绰号”——“面包墙”。电视文艺节目随电视技术进步带来电视文艺节目质量的提高的例证实在是太多太多。在电视技术发展的同时，电视文艺工作者特别是电视文艺编导经过前十几年的磨练，对于运用电视手法来二度创作文艺节目的电视样式可以说是相当的自如了，要进一步提高文艺节目的质量，满足观众不断提高的欣赏水平，电视文艺工作者们开始注重文艺节目的前期的策划，也更注重“人脑”的开发，越来越多的文艺编导们也更加注重文艺节目的前期的策划，并把策划作为一种创作的机制运用到文艺节目的生产之中，在节目的创作中不但策划文艺的表现主题内涵与艺术审美，而且还重视策划调动电视观众的参与热情，台上台下、演播室表演与屏幕观众的融合，有的节目还将串联与节目本身有机的连接，显得自然、紧凑，气氛和谐，融为一体。

电视文艺工作者们与此同时也开始更加注重文艺节目的后期制作和节目的包装。文艺节目经过画面多视点、多角度和镜头转换等后期的制作处理，丰富了画面的信息量和层次感，增加了画面的审美意境，使文艺节目的质量有了很大的提高。

(2) 电视文艺节目走出演播大厅和剧场，把演播室设在自然的外景中，并频繁使用现场直播。电视文艺节目走出演播大厅和剧场，把演播室设在自然的外景之中，不是为外景而设置外景，而是外景融合于节目，为节目的主题和节目的内容的需求服务，这种表现在屏幕上往往是场面烘托节目的思想与节目意境，场面壮观，现场感强。例如：1994 年在天安门广场进行的国庆 45 周年焰火晚会直播——获第九届全国电视文艺“星光奖”荣誉奖；在湖南韶山毛主席故居前举办的纪念毛泽东诞辰一百周年《人间正道是沧桑》大型文艺晚会——获第八届全国电视文艺“星光奖”特别奖；在广州天河体育场举办的《黄河魂——星海音乐会》开幕式晚会；在清华大学举办的《1997 恋曲音乐会》；以及 1997 年现场直播的柯受良《飞跃黄河》和在无锡水浒城举办的《相聚水浒城》大型电视演出节目——获第十二届全国电视文艺

“星光奖”一等奖等等大型外景电视文艺节目。这一批节目各个场面真切感人，气氛热烈欢快，给人以耳目一新的感觉。

大型文艺节目走出演播厅是大胆的创新，小型的文艺栏目与节目也同时不断办出新意。这类节目也纷纷跳出演播录制和选送资料编辑的模式，走向外景拍摄和与地域特色电视台合办的路子。就中央电视台文艺部和戏曲·音乐部来讲，最有代表性的是《东西南北中》、《旋转舞台》、《音乐桥》和《九州戏苑》等一批栏目。《东西南北中》原来是为选播各个地方电视台文艺节目的一个编辑性栏目，名为《百花园》，1993 年进行全面改版，开始由中央电视台与地方电视台合办，把舞台设于节目相融合的外景之中，采取多场景的录制办法，打破了时空限制。此外，改版后的《东西南北中》节目还追求快节奏、大信息量。这一些变革较前卫地代表了当时电视文艺节目编导的理念和制作形式及电视表现形式的革新。对此，该节目播出后立即引发了很大的反响，一时间好评如潮。中央电视台 1988 年 5 月开播的《旋转舞台》是一个聚歌、舞、乐为一体的栏目，由于电视文艺节目的迅速发展和观众欣赏品味的不断提高，该栏目进行了改版，1996 年改版后的《旋转舞台》，采用内、外景相结合的方式，在外景中运用多场景的录制方法，取得了很好的收视效果。更可喜的是，《旋转舞台》栏目的编导在表现节目内容上走了系列化的路子，成功地推出了《中外名家名曲系列》、《江河湖海系列》等，进一步融合了思想性、艺术性、欣赏性和知识性为一体，大大拓展了节目的表现视野。

(3) 电视文艺的新形式不断出现。如音乐电视与情节音乐电视，电视文学与电视散文、专题文艺与访谈对话性专题等等，应该讲在这一阶段电视文艺的形式是一个纷呈涌现的时期，电视文艺的新形式在这一时期中最值得一提的是引国人上下注目的“心连心”户外演出活动，“心连心”带有明确慰问性质的把户外的演出加以电视化成为电视节目。“心连心”电视演出活动，是从1996年2月开始的。为了很好的贯彻党的“二为”方针，根据中央领导的有关指示，文艺工作者要深入基层、深入群众、深入生活，送文化下乡、送戏下乡，为广大的工农兵服务，创作出更多反映生活的优秀作品，中央电视台于1996年5月13日正式组建“心连心”艺术团。

“心连心”艺术团的首次慰问演出是1996年的2月11日在革命老区河北省平山西柏坡举行的——《沃野春潮》，观众人数达5万人，节目播出后，引起了强烈的反响。从领导到观众，从文艺工作者到电视专家，来电、来信评价：演出真实、亲切、生动感人，真正体现了电视为人民服务的宗旨。它代表了电视文艺的方向和潮流，起到了正确导向和示范性作用。这次活动为以后的“心连心”活动开了好头，奠定了坚实的基础。接着同年4月30日到国有企业改革中卓有成效的北京第一机床厂进行第二次《五月花正红》的“心连心”慰问演出。5月13日中央电视台正式组建了“心连心”艺术团，以纪念毛泽东同志《在延安文艺座谈会上的讲话》发表54周年为契机，在革命老区井冈山地区的遂川县为乡亲们作首场演出，向当年的老红军、老赤卫队员、军烈属以及所有老区的人民献上了一腔《永远的深情》。至此以后，“心连心”艺术团足迹遍及边远山区、革命老区、部队、学校、工矿油田等，“心连心”的慰问演出已成为一种深得人心的电视文艺的新形式。

(4) 电视文艺出现思想性、文化性、艺术性的多元化的整合，专题化、纪录化的取向越来越多。在电视和电视文艺起步后的一个相当长的时间里，电视文艺节目（除电视剧）主要是对舞台上和演播室演出的各种“原生态”的文艺节目以及各类文艺活动进行电视的二度创作，保留原有艺术形式的审美价值。在那种情况下，专题性文艺节目不是很多的，但是从90年代初，特别是1993年以后，专题性文艺节目（文艺专题节目）得到了较大的发展。这一类文艺专题性节目为了达到某一方面的宣传教育的目的或传递某一方面的文艺信息，从一个（介绍的、欣赏的、赏析的、访谈评说的等）视角突出表现文艺或与文艺相关联的“人”、“事”和“活动”，用统一的主题，运用电视的传播手段，保留文艺的艺术形式，具有鲜明的目的性、宣传性、知识性和艺术观赏性的电视综合艺术形态。

随着人们对电视文艺多样性要求的日益强烈，电视文艺节目出现专题化取向，各个电视台文艺性的专题化栏目不断增加，中央电视台的文艺专题栏目“百花园”、“周末文艺”、“周末大回旋”、“外国文艺”、“九州戏苑”，上海电视台的“大世界”、“大舞台”，北京电视台的“大观园”、“旋转舞台”等等，都是专题文艺节目的特定文艺栏目，它们这类节目力求接近观众，吸引观众参与，充满了新鲜感和吸引力。

专题性文艺节目，越来越受到广大电视观众的欢迎，优秀的专题性文艺节目，具有鲜明的地方特色，浓郁的民族风格，强烈的时代色彩，展现了我国电视文艺创作的繁荣景象，大大丰富了人民群众的精神文化生活，提高了审美的情趣。

(5) 音乐电视的异军突起，越来越显示出电视文艺所具有的强大的生命力。

如果说《黄河魂》、《抗洪精神颂》、《光明赞》等晚会是以气势磅礴和节目取胜的，如果说《蒋兆和的流民图与丹尼亚日记》、《英雄乐章——陈毅诗词专题艺术片》、《芬芳年代》等专题文艺节目是以深邃的蕴涵和审美情趣取胜的，那么音乐电视则以小取胜、以小见大、以精取胜。

音乐电视来源于国外，在国外，音乐制作商为了包装歌星，推出歌星的歌曲，便把盒带上的主打歌曲拍成音乐电视，以便在电视媒体上推广。因此，国外的音乐电视作品多是服从于商业的需要，表现在几乎是流行通俗歌曲，内容上多是以爱情题材为主，视觉上多为“三分钟轰炸”，然而这种形式又为大多数年轻人所喜欢。而我国的音乐电视比“人家”晚了10年，是从90年代起步的。以中央电视台为领头，从1993年开始下决心发展中国特色的音乐电视，对国外的音乐电视内容、形式等进行“改造”，去粗取精，使其为我所用。开办了第一个播出音乐电视的栏目——《东西南北中》，同年3月，推出了第一期音乐电视作品。在音乐电视的演出风格上推出了通俗、民族、美声三种唱法；在内容上不再局限于爱情题材，而是注重表现丰富多彩的人生和现实生活；在视觉上，从主题出发，从观众欣赏心理出发，不搞猎奇，不追求媚俗。

中国的音乐电视是以1993年为起步阶段，1994年是发展阶段，1995年则开始走向成熟，开始制作出大量的精品。音乐电视在短短的三四年时间里，从起步走向成熟，它的异军突起，应该讲是电视文艺空间拓展的重要表现，显示了电视文艺所具有的强大的生命力。记得1993年丁关根同志看完“首届中国音乐电视大赛颁奖晚会”后，给予了充分的肯定。在中央电视台的带动下，各省级电视台也相继开办了这类音乐电视栏目，从而推波助澜促进了中国音乐电视的迅速发展。

另一方面，音乐电视的发展也带动和促进了词曲作家和歌星、歌手等整个音乐娱乐界的发展。如果说音乐电视是为歌星、歌手提供了一个展示和推出的“天地”，那么，音乐电视也为词曲作家和歌唱家提供了显示自己实力的广阔舞台，同时，也很好地表现出音乐电视强大的生命力。从1993年开始，中央电视台下大决心发展中国的音乐电视，并对其进行“改造”，去粗取精，洋为中用，在音乐电视的演唱风格上推广为通俗、民歌、美声三种唱法；在音乐电视的内容上不再局限于爱情题材，而是注重表现丰富多彩的人生和现实生活；在视觉上，从主题出发，不搞猎奇，不追求媚俗。

(6) 电视诗歌散文

在电视屏幕中电视诗歌散文一直是一块被人遗忘的领域和节目样式。然而，中国是一个诗的国度。诗在中国的文化史上散发着经久的芳香。而散文则是诗的延伸，是人类灵魂面对家园、面对人生、面对自然的真情流露。1997 年年底中央电视台戏曲音乐部《地方文艺》栏目试将具有抒情、叙事风格的散文推向电视屏幕。随着《最后一片落叶生日卡》、《圣洁的背影》、《永远的蒲公英》、《妹妹，永远的遗憾》、《穿布鞋的故居》、《落花生》、《残荷》、《遥远的门》等一批优秀电视散文作品的播出，立即引起全国各界电视观众的注意。电视诗歌散文“令人耳目一新，是电视文艺的又一新的艺术品种”。电视观众尤其是文学爱好者由衷地喜欢电视散文，要求中央电视台将电视散文持久的播下去，在此呼声下，中央电视台决定举办《’98全国首届电视诗歌、散文展播》。正月初五，《地方文艺》首期散文展播播出后，受到电视观众的热烈好评。次日，上海《新民晚报》刊登评论《盛宴后的一杯香茗》，文章说：“在中央电视台偶然见到一组散文，清纯、淡雅，心境顿觉一新。人们所见散文大多在报刊上，如果这组散文也仅以文字形式发表，想必不见得会有很多读者，但这些散文一旦与电视结合又在春节这样热闹的时刻出现，在荧屏上就产生了意想不到的效果，有在紧锣密鼓之后品到浅吟低唱的愉悦。”《中国绿色时报》则以《荧屏里的书香与雅音》为题，评论“电视诗歌散文如同一泓清泉映入人的眼帘。诗歌散文与电视媒体联姻，以声画结合的方式达到了意在言外、境在画外的最佳效果，观众身临其境，品味着浸润了浓浓书香雅音的美文，恰似亭台楼榭里的弄弦、春日迟迟中的纵酒、深秋林壑里的独步、隆冬炉火旁的倾谈一样，一种心契神合般的淋漓之感油然而生。可以想象，人们从电视剧这些大餐退席之后，尝点电视诗歌散文这样的小菜，会是怎样神清气爽、甘之如饴啊”。

中央电视台《'99第二届全国电视诗歌散文展播》颁奖在北京举行。来自北京广播学院、北京电影学院、中央戏剧学院、北京师范大学、中国电视艺术委员会、中国电视交流协会的专家、学者、教授和中央电视台的评委对来自全国29个省的98家电视台和影视公司的229部参展作品进行了认真地审看和评议，共评出获奖作品70人，奖项78个，占参展作品的三分之一。其中特别奖10个，二等奖30个，三等奖29个，单项奖8个。第二届展播自1999年2月开始，截止到2000年2月底结束。其一年创作的新作品，几乎相当于1998年之前全国的创作总和。在创作手法和题材选择多样化上有明显的突破。如寓言、格言式的电视随笔适时地补充进来；重大政治题材成为抒情、叙事风格之外的探索领域；对名家经典之作予以现代版的新诠释；对普通人命运的关怀和体恤等，都为电视诗歌散文带来了新的气象、注入了新的活力。从作品内容上看，第二届展播既有抒发对党、对祖国、对三代伟人之深情的《那棵葱郁的高山榕》、《天安门礼赞》、《黄山观瀑楼遐想》，也有揭示战争与和平主题的《无名烈士祭》、《野鸽子》；既有名家名篇改编的《匆匆》、《小桔灯》、《冬日看海人》，也有寓言、格言式的《一千张糖纸》、《快与慢》；既有关注人类心灵深处道德与情感的《朋友》、《飞越仇恨的天空》，也有赞美大自然风光的《人类净土——哈纳斯》、《神往的格拉丹东》、《沙湖》、《天堂之水》，还有一批表现人间亲情的《我爹我娘》、《母亲的照片》、《生日快乐》等。

总之，通过中央电视台《地方文艺》栏目的固定播出和一年一次至今两次的展播评比活动，有力地推动了全国电视诗歌散文的创作与发展，各省、市甚至不少县级电视台也纷纷创作，电视诗歌散文作为一种独立的电视文艺体裁，经过连续三届展播，已形成自己的艺术风格和特色，并以广泛的影响确立了自己在电视文艺中新艺术品种的地位。

受众感受电视散文的清新，品味电视散文的高雅，领悟电视散文表达的哲理和美学意境，让电视散文的魅力永葆青春。

2. 戏曲和高雅音乐大展电视屏幕

1993年以前，电视文艺发展的主要标志是电视晚会和电视剧的蓬勃发展，栏目得到确立，电视歌唱和小品比赛搬上了屏幕。但是，对于戏曲和高雅音乐还没有足够的重视，戏曲和高雅音乐节目束之高阁。从1993年开始，中央电视台在扶植、提倡高雅音乐和民族戏曲方面做了大量的工作。

(1) 举办“梅兰芳金奖大赛”

1992年开始举行旦角组的比赛，1993年是生角组的比赛，1994年是丑角、老旦组的比赛，历时三年，推出了一大批像于魁智、李维康、杨赤、孟广禄、刁丽的优秀演员。同时，还举办了地方戏曲比赛，如粤剧演唱比赛、豫剧演唱比赛、黄梅戏演唱比赛、越剧演唱比赛等等，举办了青年京剧歌手大赛，这些大赛是中央电视台和地方台联合主办并推出的，戏曲大赛系列活动大大推动了地方戏曲的发展。

(2) 举办《京剧名家名段欣赏》演唱系列活动

《京剧名家名段欣赏》演唱系列晚会接连八场，中央领导高度重视，首场开幕式演出，丁关根、李岚清同志都前来观看，影响巨大而深远，演员大放光彩，使京剧艺术的博大精深、魅力无穷电视化和大众化，以致发展到现在，在每个大型的电视晚会中，戏曲节目已经成为必不可少的节目。

(3) 推出了《中国京剧音配像精粹》系列节目

《中国京剧音配像精粹》系列工程是李瑞环同志倡导并亲自抓的。到本世纪末第四批已经完成。每批50部集，共完成200部集。中国京剧音配像主要是以那些已过世的著名的京剧表演艺术家梅兰芳、张君秋、程砚秋、谭富英、马连良、尚小云等原唱录音为基础，由他们的传人或后代来扮演唱段中的角色，并把二者合成起来。例如：《青霜剑》原唱录音主演程砚秋，配像主演李蔷华，节目时长 122 分 13 秒；《哭灵碑白帝城》原唱录音主演奚啸伯，配像主演张建国；《洪洋洞》原唱录音主演谭富英，配像主演谭元寿；《打渔杀家》原唱录音主演梅兰芳、马连良、叶盛章，配像主演董园园、张学津；《鼎盛春秋》原唱录音主演谭富英、裘盛戎，配像主演谭元寿、孟广禄；《杜十娘》原唱录音主演荀慧生，配像主演孙留敏；《将相和》原唱录音主演马连良、袁世海，配像主演冯志孝、吴玉璋；《霸王别姬》张君秋、刘连荣，配像主演杨淑蕊、景荣庆；《金山寺断桥》原唱录音主演尚小云，配像主演孙明珠。

(4) 从 1996 年开始，推出了戏曲艺术的第四项工程——《中国戏曲精品库》，戏曲节目在电视屏幕上异彩纷呈。

中国戏曲源远流长、博大精深，是中华民族文化的瑰宝也是世界文化宝库的珍品。剧种繁多、剧目丰富的中国戏曲艺术，经过历代戏曲艺术家精心创作，涌现了一批艺术水平很高的精典剧目，这些剧目已成为中华文化的宝贵遗产。

《中国戏曲精品库》是为进一步落实江泽民总书记关于弘扬民族艺术，振奋民族精神，向广大群众特别是向青少年进行爱国主义教育的重要批示，整理、保留、弘扬那些经过千锤百炼的中国戏曲经典剧目，有当今健在的著名戏曲艺术家的代表作，用录像形式录下来，有黄梅戏《天仙配》、《女驸马》原唱录音严凤英、王少舫，配像演员马兰（韩再芬、吴亚玲）、黄新德；豫剧《大祭桩》、《白蛇传——断桥》原录音常香玉，配像虎美玲；豫剧《拷红》、《花木兰》原录音常香玉，配像小香玉；河北梆子《钟馗》、《武松》、《夜奔》均由裴艳玲主演；丝弦《宗泽与岳飞》由张贺林主演；赣剧《窦娥冤》、《金钗记》由涂玲慧、陈莉主演。到 1999 年底已录制了近 400 部，这一大批地方戏曲已在中央电视台三套按固定时间播出，极大地满足了广大戏迷朋友的欣赏要求。与此同时，戏曲界专家也一致认为，此项工程功德无量。在许多省级电视台，戏曲节目是电视文艺节目中的重要或是不可缺少的节目。

(5) 高雅音乐已越来越受到重视和欢迎，培养了一大批高雅音乐的观众。

1992年以前，能欣赏高雅音乐的电视观众还不是很多。1992年，随着电视文艺的发展和电视观众欣赏水平的不断提高，特别是中央电视台首次举办了《黑龙江交响音乐作品比赛》和转播了维也纳新年音乐会，尤其是观众对中央电视台转播维也纳新年音乐会已产生了浓厚的兴趣，中央电视台开始感到在观众中普及和提高高雅音乐欣赏水平的必要性和紧迫性，从而在1993年开始实行每年的新年晚会改成每年一台的新年音乐会，随后也开出了播出高雅音乐的固定栏目《音乐桥》、《音乐直播厅》、《音乐大舞台》和1999年改版的《交响乐世界》、《国乐飘香》，为高雅音乐的普及和提高起了积极的推动作用。

3. 精品意识不断强化

加强精品意识，制作精品节目，是观众的需要，是竞争的需要，也由电视文艺发展到今天的必然趋势。多年来，以中央电视台为主，上海、浙江、山东等各省级电视台在电视文艺节目上创作了许多电视精品和优秀的文艺栏目。就以中央电视台为例，1992年有《中秋月正圆》文艺晚会、纪念毛泽东同志《在延安文艺座谈会上的讲话》发表50周年的《丰收大地》文艺晚会、《第一届中日友好歌会》等；1993年有庆祝中央电视台建台35周年的《今宵属于你》大型晚会、《黄河神韵》专题文艺节目、纪念毛主席诞辰100周年的大型晚会《人间正道是沧桑》、《奥林匹克梦》、《梅兰芳金奖大赛》、《'93中国音乐电视大赛颁奖晚会》、《庆五一小品晚会》等；1994年有《'94新年音乐会》、《国庆焰火晚会》、《走过九月——教师节文艺晚会》、《大学生之夜文艺晚会》、《大地深情》文艺晚会、《银河灿烂——长春电影节晚会》等；1995年有《光明赞》、《相聚在北京》、《七月礼赞》、《万家灯火平安夜》、《黄河魂——星海音乐周开幕式音乐会》、《五月放歌——庆祝五一演唱会》、《一切为了你》等；1996年有《星光灿烂》、《京剧名家名段欣赏》演唱系列活动、《星河千帆舞》、六场《“心连心”系列演出活动》等；1997年在工人体育场举办的《祖国颂》、在人民大会堂的《回归颂》、在清华大学的《’97恋曲演唱会》、《飞跃黄河》、《继往开来》大型文艺晚会等。这些大型晚会都堪称精品佳作，至今还让人回味无穷。

从这些优秀节目中，我们不难看出它们的特点：主题鲜明、构思完整、节目精彩、气氛热烈、制作精致、节奏明快、信息量大、创新意识强、综合水平高、整体效果好。总之，体现了思想性和艺术性、观赏性的完美结合，受到了大多数观众的称赞。

此外，不少栏目也播出了许多优秀节目，尤其是《综艺大观》、《曲苑杂谈》、《东西南北中》、《正大综艺》、《旋转舞台》、《同一首歌》等。这些栏目所播出的节目，精品多、格调高、受众面广，思想性、可视性强。

几年来，音乐电视精品令国内外同行刮目相看。来自美国音乐电视台的一位同行应邀参加了第二届中国音乐电视大赛颁奖活动，在观看了部分获奖作品后，深有感触地对杨伟光台长说：“我们美国的音乐电视更看重于商业，你们的音乐电视更注重于艺术，中国特色很浓，水平很高。”正因为如此，中国的音乐电视作品《黄河源头》和《乡风乡韵》在国际比赛中才获得了大奖，为国争了光。也正因为音乐电视精品多，又进一步推动了音乐创作，也推出了新人。应该承认，拍摄制作音乐电视作品，特别是制作精致的音乐电视作品，已经成为乐坛推出新歌的重要手段。

4. 电视文艺从电视台原三大节目支柱中渐趋分解出来，呈现出专业化频道

1995年11月30日，仅仅准备了两个月，中央电视台就推出了文艺频道，初步满足了广大电视观众对文艺节目的需求。其中电视剧、国外引进的《佳艺》系列节目、电视文艺节目是这个频道的主干栏目。1996年1月1日，仅仅经过一个月的准备，又推出了戏曲·音乐频道，大大促进了戏曲艺术和音乐的发展。这些都使电视文艺的内容更加丰富了：既有严肃的高雅音乐，又有通俗的流行音乐；既有中国音乐，也有外国音乐；既有欣赏性的节目，也有知识性和欣赏性相结合的节目；既有京剧、昆曲，也有地方戏曲；既有唱大戏的，也有戏曲名家介绍和戏曲知识的普及。

5. 电视栏目和节目不断创新求变

电视文艺与其他艺术相比，更强调变化，更强调出新。大型节目和栏目每天跟观众见面，如果总是墨守成规，时间一久，观众就会厌烦。在这种情况下，更需要电视文艺工作者有强烈的创新求变的意识，要不断“求新、求变、求精”，这是电视文艺的生命所在。例如中央电视台文艺部策划的《全国青年歌手电视大奖赛》，从1984年的第一届到2000年的第九届，其中经过了两次重大的改革。第一次是1986年的第二届，它改变了第一届单纯的声乐比赛模式，采取现场直播、现场亮分，允许参赛歌手自选曲目，允许现场观众鼓掌，使全国青年歌手电视大奖赛更具有电视特点的比赛。更重要的改革是在全国青年歌手电视大奖赛第一次将参赛歌手分民族、美声、通俗三种唱法区分加以比赛，显得青年歌手电视大奖赛更加科学，更符合当时乐坛的实际。这一届所确定的民族、美声、通俗三种唱法比赛一直被往后各届全国青年歌手电视大奖赛和各地青年歌手电视大奖赛所沿用，由此也确立了我国声乐唱法的总体格局。

全国青年歌手电视大奖赛第二次重大的改革是1998年的第八届，这一届将过去的个人单项演唱比赛改为团体比赛为主，将单一的个人演唱比赛改为“综合素质考核”和“个人演唱比赛”兼而有之、综合平衡考核打分。与此同时在规定曲目上，增加了数量，减少了难度，增加了选择范围，便于歌手发挥水平。在比赛的场次上增加了决赛的场次，使青年歌手电视大奖赛节目直播系列化，大大增强了影响力。此外，在现场评分、公布成绩、设奖项目、比赛时间等方方面面也做了相应改革，大大突出了歌手大赛的整体性，大大强化了歌手大赛的电视特点，大大增强了节目的可视性。

大型的电视节目和电视活动在创新求变，栏目和节目的改革与变化速度则更快。

《综艺大观》创办于1990年3月，这个栏目的宗旨是强调娱乐性、参与性和综艺性，并一直是坚持现场直播，开播至今已办了十年，但它也始终在变化发展。这个长达十年之久的栏目，前后进行了五次大的调整和改版。1994年的调整，增加了热线电话、综艺寻呼和《综艺快车》、《送你一支歌》等小栏目，其目的在于加强观众的参与感，使节目更贴近观众、贴近生活。1995年的调整，加强了节目的包装和片头的宣传，推出了电视喜剧小品比赛，目的在于进一步加强节目的娱乐性和趣味性。1996年的调整，增加了《四面八方》和《周末有约》等小栏目，旨在于加强节目的新闻性和扩大节目的来源。1997年的改版，增加了《综艺传真》、《系列小品》和《新起点》等小栏目，其目的是在于利用先进的卫星传播手段，追求纪实性和艺术性并举，追求系列化，不断推出新人新作。《综艺大观》作为中央电视台文艺部支柱性的名牌栏目，历时十载还依然存在，就是在于始终不断的求新、求变、求精的节目理念和节目实践。

《旋转舞台》是1988年开办的。开始一段时期该栏目颇受电视观众的欢迎，后来由于节目没有变化，观众反映说该节目总是一副“老面孔”，渐渐失去了吸引力。一直到1996年节目进行了改造，在题材策划内容上开始走系列化的路子，先后四大系列：中外名家名作系列、江河湖海系列、民歌系列、百年经典系列，大大增强了艺术品位和电视节目的可视性，再一次重新受到电视观众的青睐。

《正大综艺》从1990年4月开播，其节目内容由正大集团方面提供，中央电视台国际部负责节目后期制作。有关外国的节目部分分别分布在《世界各地》、《外国文艺》、《动物世界》等小栏目中，尤其是在1990年综艺性的节目很少的基础上，可以说是独此一家。当时由于节目内容新颖，制作形式独特，这个栏目一炮打响。然而两年后，正大集团方面提供的节目已经不能满足观众的需要，年收视率从23.2降到18.3，栏目组的编导及时调整，首先在节目形式上加以大的改进，从内容上收集电视台资料库里的可用素材，编辑了许多生动活泼的小单元节目，同时自己也拍摄“中国真奇妙”的版块。1993年后，《正大综艺》栏目又与地方省、市电视台合办《正大综艺》节目，这种合办合作一直保持到现在。《正大综艺》栏目每一次节目内容、形式和主持人的调整，都给栏目注入了“新”味，注入了活力。2000年推出的新栏目《同一首歌》，老歌新形式一炮打响，老少皆喜，唱红了大江南北，深受电视观众的欢迎。

总之，电视文艺节目在电视文艺工作者的不断创新、不断探求、不断进取中得到了蓬勃发展，极大地丰富了中国的电视屏幕，然而，电视文艺其后面的道路还很长很艰巨。

6. 有待改进的方方面面

近十年来，电视文艺节目迅猛发展，成绩是巨大的，但也存在一些问题，有待我们今后逐步解决。

(1) 电视晚会数量多，质量不高

在1992年之前，相对于舞台演出来讲，电视晚会的出现是电视文艺领域的一场革命。由于电视晚会非常具有电视特点，所以一出现就引起了很大轰动，观众反响热烈。到了90年代中期，人们开始感到，电视晚会有泛滥的倾向，如果不加以控制，将直接影响电视文艺晚会原有的美好声誉，成为电视文艺发展新形式涌现的绊脚石。

电视晚会这一形式欢快热闹，现场感强，易于被观众接受。通过晚会宣传自己未尝不可，但若只是一味想到商业效果、宣传效果和明星效应，不注重从节目质量上下工夫，结果只能适得其反。

办电视晚会，一方面要有主题，有构思，另一方面还要符合电视文艺的规律。电视晚会不能办得说教过多，专题性过浓，也不能办得太过舞台化，缺少电视特点。手法陈旧，节奏拖沓，这些正是这几年一些电视晚会逐渐失去观众的原因之一。

(2) 数量和质量失衡

电视文艺基本上占据了电视屏幕的大半片“江山”，文艺节目数量之多，但优秀的佳作与人、财、物的投入，与审美情趣日益增长的观众精神需要还是很不适应的。这几十年尽管精品意识已经深入人心了，但是从数量和质量的比较来看，还是精品晚会和精品的电视文艺节目偏少，优秀节目不足，优秀栏目不够。总的来说，两头小，中间大。两头小，就是精彩的、优秀的栏目少，特别差的也少；中间大，就是一般的平庸之作多。

(3) 理论建设落后于实践

电视文艺的实践，这几年是一步一个脚印地往前走，但理论建设没有跟上，特别是电视晚会，缺乏理论指导，再加上受现在社会商业意识的影响，容易出偏差。如果当初电视晚会的理论跟得上，指导思想比较明确，电视晚会的发展无疑要比现在更快些，编导队伍的成长也会更好些。而音乐电视的发展则在理论与实践相结合上做得好一些。1993年刚开始发展音乐电视和举办音乐电视大赛时，我们就注意到理论建设，举办了音乐电视研讨会，对实践进行总结，并从理论上进行探讨。所以，音乐电视的发展比较健康，指导思想也较明确。

(4) 制作模式上有待进一步改革

这几年来，电视文艺节目大大发展，但电视文艺节目在制作体制上应该走什么样的路子？还有待于进一步解放思想、大胆探讨。现在电视文艺节目的制作数量大大增加了，制作的队伍也大大发展，但是制作队伍的总体素质还不够强。今后的电视文艺节目制作能否朝社会化生产方向发展？有的电视文艺节目可以交给公司操作，有的节目可以让社会上的制作电视节目的单位承担，重大的、有时效的节目和重要的电视活动则由电视台来完成。总之，电视文艺节目的社会化是很有待于进一步摸索的，必须走出一条适合中国电视文艺节目发展的生产道路。

第二节 电视文艺晚会策划

一、电视文艺晚会概述

电视文艺晚会主要是指在重大的节假日期间或在一个特定时间，为配合某一重大的主题内容的宣传，为营造欢乐的节日气氛，丰富广大电视观众的精神娱乐生活，特意组织的电视综合性文艺演出活动。

这种电视综合性文艺演出活动的主要特征是：(1) 充分调动现代电视的技术手段和艺术手段，有策划地、有组织地、又符合电视画面规律地将戏剧、戏曲、音乐、舞蹈、相声、小品等文艺节目有机地组织在一起，经过电视节目主持人的串连，把文艺节目与电视相融合，以电视画面的形式展现出来 。(2) 电视文艺晚会一般都比较长，节目的时长在100分钟~180分钟之间，要在这样长的时间里吸引住观众，其整体策划的节目和艺术风格必须做到生动活泼、幽默风趣、高潮迭起、生活气息浓厚，力求达到“思想精深、艺术精湛、制作精致”的目标。(3) 电视文艺晚会往往需要表现一个融合时代性的主题，生动活泼、幽默风趣的文艺节目围绕着主题并结合审美服务于主题。(4) 电视文艺晚会为发挥时效性优势，多采用现场直播的形式，以强化现场感，增强感染力，具有很强的宣传效果。

电视文艺晚会是电视屏幕上重要的电视文艺节目和文艺样式，也是较受领导部门和广大观众欢迎的电视文艺节目。虽说电视文艺晚会形态经过20年的发展，到今天似乎已有定势的感觉，它相对其他类的电视节目和同类的其他电视文艺节目出现了凝固的势态，亟待有新的突破和创新，但不管人们如何的非议，电视文艺晚会还是成为全国电视观众不可缺少的电视文艺节目和精神娱乐食粮，特别是喜庆与节日不可缺少的“喜宴”。

电视文艺晚会从发展的过程看大体经历了三个大的发展阶段：

在初期，电视文艺晚会是以舞台演出的实况转播为主，其基本形态是边演、边播、边看，三者同时进行。它是将舞台上演出的文艺节目，运用先进的电子技术，完整地、艺术地通过微波和卫星（主要是微波传输）等现代化的传播手段，使不同地域的观众，在同一时间里共同收看观赏到与千里之外或万里之外的表演场地内容和形式完全一样的文艺节目，这样，不仅仅是电视机前的观众具有身临其境的现场气氛，而且也开始培养起电视观众的参与意识。鉴于当时的技术条件和电视编导的实战经验，舞台演出的实况转播，对于电视文艺编导在对节目的整体策划与设计、画面的艺术处理、场地的灯光舞美音响和小节目与小节目之间的转场上均提出了很高的技术要求。这些方面的某一环节稍有疏忽，就会导致整个晚会的失败。电视文艺晚会舞台演出的实况转播形式在中国电视文艺晚会的历史上就有一次混乱的晚会，有一次十分惨痛的教训。1985 年的春节联欢晚会，北京工人体育场，万人涌动，两个篮球场大的舞台上，亭台楼阁、小桥流水，灯光闪烁，云雾缭绕。那年的晚会论演员，阵容不小，光香港演员就有当时大牌的汪明荃、罗文，主持人有台湾的朱宛宜、香港的斑斑，还有留学美国的陈冲，她在电影《小花》中扮演的那个清纯的形象还留在观众的心目中；论音响，是从香港借来的一流设备。随着节目的进行，总导演黄一鹤在导演台上心里一阵阵发慌：舞台灯光不好，画面亮度不够，电视屏幕里黑糊糊的一片，场地太大，各个岗位之间联系很困难。总导演黄一鹤心乱如麻、心如刀割，不行也得演完。晚会结束了，总导演黄一鹤一下子坐在满是演员汗水的地板上，“我头脑发热，把困难低估了”。

80 年代末，电视文艺晚会进入演播室现场直播阶段。随着电视事业的进一步发展，为了节目制作与播出的方便和自由，各电视台都使用自己建立起来的演播室。这样，在演播室里组织文艺演出，将现场的演出实况，直接传播给电视观众（或将现场演出录制下来，经过后期剪辑播出），演播室里的直播要比剧场演变的实况转播方便、快捷和安全。演播室里的现场直播，完全是为电视观众特意安排和设计的电视文艺演出，因而在场景设计、造型处理、灯光布置、舞美置景等方面，更加电视化，大大增加了节目的可视性。

与此同时，正是因为演播室里的直播要比剧场演变的实况转播方便、快捷和安全，使得电视文艺晚会的声势大、影响广、宣传效果好的优势越来越被电视台和社会各界所重视，电视文艺晚会的制作数量也急剧增加，开始膨胀起来。电视文艺晚会已走向成熟，成为独到之处的电视艺术样式。

90 年代中，是电视文艺晚会内外景结合的综合艺术制作阶段。随着电子科学和卫星通信的进一步发展与广泛使用，电视文艺晚会的制作开始使用国际最先进的"MIDI"音乐设备，将大型电视投影屏幕作为舞台的背景景区，以及冷烟火的使用，使得画面与音乐有机结合，整台演出融声、光、画为一体，构成了立体舞台的艺术效果，形成了独特的电视文艺晚会的样式；与此同时电视文艺晚会充分运用卫星通信传输技术，科学的时空画面转换，使舞台表演、演播厅表演与外景实况、新闻纪录等交相辉映，在舞台和演播厅的表演的画面中予以生活实景的穿插，甚至完全将文艺表演置身于生活的实景之中，使观众在欣赏文艺表演的同时，更增加他们的生活实感和对节目内容的纪实感，从而大大增加了电视文艺晚会艺术表现的空间和拓展了电视文艺晚会的思想内涵。电视文艺晚会的发展已到了精品阶段，制作出了许多精品晚会的节目，电视文艺晚会对于各个电视台来讲正是电视播出的黄金时节，也是争取高收视率的极好时刻，为扩大电视台和电视节目的影响，提高电视台自身的形象和威望，力挫群雄创作出代表"本台"的高质量的电视文艺晚会是每一个电视台都十分重视的，一定程度上也是鉴别和衡量一个电视台电视文艺节目、电视设备技术、电视文艺编导以及灯光、舞美、音控等人员水平的"试金石"。

电视文艺晚会节目是培养和诞生名导演、名主持人和名演员的摇篮。这其中有许多"规律"和"锦囊妙计"值得我们总结和思考。1984 年，从台湾来的曾获得"金钟奖"的年轻节目主持人黄益腾，香港电影《三笑》出演主角的陈思思和香港歌手张明敏，当时陈思思和黄益腾在港台、在国内名气都比张明敏大，张明敏在未参加联欢晚会前在香港和国内的知名度是不大的，然而张明敏在晚会上的一曲《我的中国心》，震撼了亿万炎黄子孙，也唱红了大江南北，情况就大不一样，张明敏的人气飙升，从国内一直红到香港，使张明敏在香港的演艺身价倍增。中央电视台的晚会结束后，张明敏在北京机场乘机时，被机场工作人员和群众发现，要他留下歌词，到了天津，北京机场的情景又一次重演，张明敏两次抄下《我的中国心》的歌词，看到观众如此热情，张明敏自己也激动得掉下了眼泪。1987 年邓在军执导的春节联欢晚会又有不少新人脱颖而出，如苏红因一曲《小小的我》而享誉全国。费翔虽然在港台十分走红，但在大陆还知之甚少。广州太平洋音像公司曾推出费翔的录音带《冬天里的一把火》，花了 10 万元做宣传，却仍是销不动。邓在军请费翔参加晚会，结果他的一曲《故乡的云》、《冬天里的一把火》唱沸了观众的心，这两首歌伴随着新年的钟声走进了千家万户，在全国刮起了好几年的“费翔热”。因此，太平洋音像公司在短短的两个月内，就卖出了 100 万盒录音带。在中央电视台 18 年春节晚会的历程上，1983 年至 1986 年均由黄一鹤执导，1987 年和 1988 年由邓在军执导春节联欢晚会，从 1989 年之后，年轻导演勇挑重担，1992 年之后几乎是一届晚会诞生一位名导。1993 年引进招标机制，张子扬扬眉吐气，海内外对传，晚会规模创下新纪录。1994 年郎昆独占鳌头，勇敢地去打碎那只魔瓶。1995 年赵安梅开三度，再领风骚，总书记向全国人民拜年。1997 年张晓海红灯高高挂，京、沪、陕三花并蒂开。1998 年孟欣女中豪杰，高唱一曲《走进新时代》。1999 年、2000 年势均力敌，“你我大家都是总导演”。

这种电视综合性文艺演出晚会集思想、艺术、技术、民俗、财力等为一体，熔策划、编导、表演、录像、制作、播出、反馈为一炉的电视节目形式发展至今，已基本定型。从演出晚会的性质来分，大体分为三类：节庆周年文艺晚会、专题性文艺晚会和行业性文艺晚会。

所谓节庆周年文艺晚会指的是在重大的国家性、民族性、民俗性的节庆期间，为营建欢乐喜庆或纪念的气氛，丰富广大电视观众的精神娱乐生活，特意组织的电视文艺综合晚会。如《春节晚会》、《三八国际妇女节》晚会等等。

所谓专题性文艺晚会指的是在一个阶段为一个宣传中心工作，特意策划安排的电视文艺晚会。它往往有明确的需要表现的统一的主题、统一的思想。如《科学与和平》是为国际科学与和平周而举办的专题文艺晚会；《抉择 2000》暨浙江省党风廉政建设和反腐败电视专题文艺晚会等等。

所谓行业性电视文艺晚会指的是具有鲜明的行业特点和行业目的的电视文艺晚会。它包含比较宽泛的内容，文艺晚会主题和节目内涵往往围绕着行业所要求、所规范的范围来确定主题。如《今夜星光灿烂》暨电视文艺星光奖十周年文艺晚会；《今宵属于你》暨庆祝中央电视台建台 35 周年大型文艺晚会；《为中国喝彩》、《奥林匹克梦》、《爱在人间》等等。

二、电视文艺晚会策划

电视文艺晚会节目是电视艺术中综合性最强的艺术样式，这种艺术样式对策划和编导提出了很高的艺术要求。电视文艺晚会的策划编导，既是文艺晚会的设计者和组织者，同时又是多种电视技术手段的具体实践者。因此，他需要有较高的文学艺术的修养，以及广泛的社会知识。他需要了解歌唱、舞蹈、戏曲、曲艺、杂技等多种艺术门类的艺术特征、艺术规律以及这些艺术门类中优秀演员的基本情况；他必须熟悉电视摄录像设备的功能和使用方法；他必须具备较强的社会活动能力和组织能力，善于兼收并蓄各类艺术的长处，调动各方面的积极因素。只有这样，才能制作出优秀的电视文艺晚会节目，才能使电视文艺晚会达到“思想精深、艺术精湛、制作精致”的日标，做到文学品位、思想品位、艺术品位、格调品位和美学品位的有机统一，才能极大地满足电视观众不断增长的审美要求。

在电视文艺综合性晚会的策划中，晚会千姿百态不计其数，优秀的晚会有不少，平庸之作也很多，这一切问题的症结在哪儿？如何策划设计一台思想性好、艺术品味高、可视性强的动人的晚会作品呢？主要把握好六个方面：①把握好晚会的主题和晚会的结构与形式、风格；②把握策划好要表现晚会主题思想的节目；③把握策划好配合晚会的主题或节目的电视舞美；④把握好配合晚会的主题或节目的内涵的电视灯光；⑤把握好融合于主题思想和节目的音乐声响；⑥把握好合适的主持人。概括性的讲，晚会的策划就是要着力抓住“主题与中心”、“结构与形式”、“节目内容”、“电视舞美”、“电视灯光”等，抓好了这些，基本上就完成了一台晚会的策划要求，为电视晚会的成功奠定了坚实的基础。

三、电视晚会节目与形式的策划

1. 策划电视晚会节目宗旨和中心思想（或称内涵）

晚会的主题，在 80 年代之前，电视文艺界就有过不同的认识与主张，有的主张要有主题，有的认为没有必要，也不可能，经过几年的实践，多数人认识到还是有主题好。原中央电视台副台长洪民生说：“从 1984 年起，春节晚会开始注重制定明确的主题思想，一直沿袭至今，实践证明：凡是能充分体现主题的就成功，凡是跑了题的就失败，表现不充分的就显得平淡，主题就是晚会的基调和灵魂，它的确定不是个人的随意性，而是要经过广泛的听取观众和专家的意见，既要有浓烈的民族传统节日气氛，又要把晚会放在宏观的时代背景上去立意深化。”

著名电视文艺导演邓在军也说过：“一台晚会的主题，直接关系着节目创作、演员选择、风格色彩各个方面。一台大型综合性文艺晚会，如果没有明确的主题，并贯穿于晚会的始终，就会显得东拼西凑、杂乱无章，即使有好的节目也给糟蹋了，或者只有个别节目给人留下了印象，因此，整台晚会主题应作为首要课题，精心地考虑、研究。”对此，作为晚会的策划者和导演，在驾驭晚会的过程中，一般都比较倾向于主张有主题。事实上，从电视文艺晚会开始的初期到现在，晚会的导演们都是在这样操作的。不论是节庆周年文艺晚会还是专题文艺晚会或行业文艺晚会，都存在明显的主题，实际上主题就是目的，就是办电视文艺晚会的目的，如果电视文艺晚会没有主题、没有目的，那么也就没有了办电视晚会的实际意义，因而既浪费钱又浪费人还浪费了时间。电视文艺晚会毕竟有别于舞台文艺演出。

电视的节庆周年文艺晚会，它历来是中国人民最重视和最喜庆的活动。一年一度的春节、一年一度的三八国际妇女节、一年一度的五四青年节、一年一度的七一节、一年一度的八一建军节等等，还有许多个一年一度。这类晚会在主题的策划上有别于其他类的晚会，一般来讲，在策划时要把握好电视的节庆周年文艺晚会要带有双主题的属性，它往往是两个主题内涵，即一个历史的主题内涵（历史主题）和一个时代的主题内涵（现实主题），这类晚会的主题构思与策划是要把两个主题内涵巧妙有机地融为一体，在晚会的主题策划定位中，策划如果忽视了历史的主题内涵就意味着失去了节庆周年晚会的本质，也失去了举办节庆周年晚会的意义和价值；策划如果不强调时代的主题内涵，那么一年一度的节庆周年晚会将会是大同小异千篇一律缺乏生气，这样的晚会必定脱离现实生活，也是没有意义和价值的。

春节是我国传统的民族节日，春节不仅“渗透着中国人民对生活独有的情感、热望和追求，也集中地体现中华民族的向心力、亲合力和凝聚力”（邓在军）。在春节联欢晚会中，主题、中心思想和晚会的基调要适应人们在春节期间“团聚、欢乐、希望”的心理需要。邓在军对春节联欢晚会的主题有更明确的说法：“春节晚会的主题应是欢乐、团结、奋进。如果拿一部交响乐来比喻春节晚会，‘欢乐、团结、奋进’就是贯穿于全曲始终的主旋律。”把春节晚会主题、中心思想定在这个基点上无疑是对的，但还不全面。实际上，把历届的春节晚会的“祥和、欢乐、喜庆”等当做主题来处理，实际上这只能说是一种基调，有人认为这是“无主题变奏”，这话有道理。春节本身渗透着中国人民对生活独有的情感、热望和追求，蕴涵着祥和、欢乐、喜庆，这是千古不变的历史情结，也是晚会主题所有保留和表现的历史内涵，但是春节联欢晚会仅仅表现这个历史内涵还不够，还必须加入主题的时代内涵，历史内涵和时代内涵的融合才是历届春节联欢晚会办下去的根本所在。

一台晚会没有一个明确的主题就像一个人没有灵魂，有了主题没有到位，也直接影响晚会的质量。中央电视台文艺部赵安导演的 1992 年春节联欢晚会，他把晚会的主题定在“爱国主义、民族精神”上，主题很好，尽管他力图通过具体的节目来体现这个主题，后来有些观众还是认为比较“空泛”。1995 年他把晚会的主题定在：三聚上。从三聚派生出三情。三聚，即“家庭的团聚，各民族的凝聚，炎黄子孙的会聚”，并由此派生出三情，即“亲情，友情，乡情”。积极创造“欢乐、轻松、温馨、亲切”的气氛。三聚既有历史内涵，又有时代的特征，既有人情又有感情最后还有真情。用赵安认为一句通俗的说法：“晚会就是给观众找乐。这个乐的品位一定要高，节目的思想性、艺术性和民族性要强，晚会不但要有欢乐喜庆的节日气氛，还要增加节目的喜剧色彩，要让晚会笑声不断。”

春节晚会到 1996 年已经办了十三届，晚会已经形成了特定的规律，观众已经形成了比较固定的欣赏习惯，正如民间过年要吃饺子，围炉守岁一样，晚会成了中国人的新民俗，如果谁要改变晚会的艺术本质，无疑于自讨苦吃，上上下下也不会同意。1996 年春节晚会张晓海导演明白这个道理，晚会的内容，不外乎歌舞、小品、相声、戏曲、杂技、魔术，晚会要出新，关键是从整体氛围中把握主题。经过多方征求意见，他把晚会的总基调定在“祥和、振奋、团聚、欢乐”上，具体概括为“三大”、“四强”和“三追”。用他的话讲：“‘三大’是体现中央电视台是世界级大台，体现民族大团结，体现我国改革开放硕果累累和团结稳定的大局；‘四强’是对作品强化精品意识，对内容形式强化创新意识，对晚会结构方式强化精心设计，对技术强化精心制作；‘三追’是追求综艺晚会的娱乐性，追求除夕晚会的民俗性，追求节日晚会的世界性。”

正是主题的这个基调，剧组运用高科技手段对晚会的形式进行改进，一是除中央电视台设立主会场外，还分别在上海、西安设立两个分会场。这次三地互传不像上次晚会仅仅是将节目传过来，而是设置能在主分会场彼此呼应的联欢节目，形成举国贺岁、神州同乐的狂欢场面，三地互传的节目有相声《一样不一样》、小品《一个钱包》、歌舞《迎春钟声》、歌曲《神州大对歌》。

要把相距遥远的京沪陕三地连成一体实现三向传送，当时在技术上国内尚无先例，国外也十分少见。这三地互传、高技术、大场面的形式都是基于晚会“三大”、“四强”和“三追”展示的主题定位上的。这台晚会给观众留下了一个全新的印象，褒贬不一，说好的有之，非议也不少，总之还算成功。

又如 1998 年 7 月中央电视台戏曲音乐部孟欣等策划，导演王柄森组织编导了《东西南北兵》暨纪念中国人民解放军建军 71 周年大型文艺晚会，这是一个重大的喜庆的节日，是中国共产党领导的南昌起义组建保卫中国胜利的人民军队，由于有了这支战无不胜的人民军队，使我们推翻了压在中国人民头上的三座大山，使五星红旗飘扬在神州大地。正是这支军队在战争年代打天下，在敌人入侵时保家卫国，在人民生命与财产攸关时，舍生忘死保护人民的家园。这支军队对国、对人民功勋卓著，是全国人民所要颂扬的。这是庆祝八一建军节永恒的指导思想，按照惯例在这个颂扬庆祝的主题下策划文艺的各种节目如歌舞、相声、小品或融合一些现代军队的纪实节目也是未尝不可的晚会设计。如果这样实际上也是一个“无主题变奏”的晚会。但是《东西南北兵》暨纪念中国人民解放军建军 71 周年大型文艺晚会剧组没有这样，不满足于这种现存的“无主题变奏”晚会的模式。反复策划最后确定了晚会的宗旨和主题：展现我军光辉历程；颂扬当代军人风采；歌唱军民鱼水情谊；激励部队时代精神。它的时代主题是今天，人民军队在以江泽民同志为核心的中央军委的英明指挥下正以崭新的姿态，昂首迈向国防现代化。晚会策划把主题的基点定在这个时代的至高点上，奠定了晚会的成功。

在策划专题性文艺晚会的过程中，一般地说，它的宗旨和要表现的中心思想相对其他类的晚会的宗旨和中心思想较明确一些，策划的主要问题是定位一个比较鲜明的主题。一定程度上看，专题文艺晚会往往是带着宗旨和中心思想来的，只不过这个带来的宗旨和中心思想范围大一些、宽泛一些和抽象一些。它需要策划和导演把带来的命题即宗旨和中心思想研究探讨的再深一些、再明朗化一些、再具体一些。

例如，浙江电视台文艺部在 2000 年年底，根据浙江省反腐倡廉工作的进程，特别是近 10 年来，各级党委坚持“两手抓，两手都要硬”，一手抓推进改革开放，一手抓惩治腐败。浙江的党风廉政建设和反腐斗争取得明显成效。以电视文艺形式来展示反腐败斗争的成果，弘扬正气，抨击腐败，有利于向全社会旗帜鲜明地传达党与腐败作持久斗争的坚定信心。对此，中共浙江省纪委，浙江省监察厅决定联合浙江电视台共同举办《抉择 2000》电视专题文艺晚会，借助电视媒介宣传反腐倡廉，以加强党性党风党纪教育，把我省党风廉政建设和反腐败斗争进一步引向深入。面对着这个命题和指导思想，应该讲指导思想是明朗的，但也是比较抽象的，要把这个具有一定概念化指导思想的内涵揭示出来，如何来进一步明确晚会的主题？晚会剧组和编导顺着上述的指导思想，认为在中国腐败是一个历史现象，也是一个社会现象。实践证明，共产党是清正廉洁的党，干部队伍主流是好的，反对腐败是坚决的，决不能因为党内一些领导干部存在腐败问题而否定党的领导，同时也不能因为干部队伍主流是好的而放松这方面的斗争。通过策划讨论，一个鲜明的现实主题就勾画出来了：腐败现象已触目惊心，不坚决反对腐败，必将亡党亡国；反腐败更应该弘扬正气，赞颂清风，既要抨击歪风邪气，更须树立优秀共产党员的楷模形象。正是基于这个主题，在晚会节目和纪实版块中安排了相当分量的优秀共产党员的楷模形象。有小品《魂系奥迪》；有纪实专题《廉内助的内心独白和干净干事的好干部》；有评弹说唱《干干净净　堂堂正正（史兴颂）》；有歌曲《伴你一生》和《公仆赞》及尾声的男声独唱《红旗飘飘》。从节目的策划中既深恶痛绝地揭露了一些领导干部经不起物欲的诱惑，堕落罪恶的深渊，看到腐败问题严峻性的同时，使观众看到党中央反腐败的坚定决心，看到党员干部队伍的主流是好的，看到我们队伍中有一大批李高成这样的反腐败勇士，充分体现出了一个共产党人立党为公、不惧邪恶的浩然正气，从而更加坚信党的正确领导，坚定在党的领导下夺取反腐败斗争胜利的信心。

电视文艺晚会的策划过程中，既有着正向的辩证思维，同时也蕴涵着辩证的“反向思维”。比如，有些命题政治色彩较浓的晚会，恰恰需要辩证的“反向思维”，需要加强节目内容的欣赏性和艺术性，而一些娱乐性较强的节目，也同样需要加强相应的思想性，从而给观众以启迪和回味。政治色彩较浓的晚会一味强调主题的严肃性和凝重感，反而会使晚会过于沉重和枯燥乏味，失去广大的观众；而一些娱乐性较强的晚会一味突出纯娱乐性，又难免会使晚会沉没于平庸和肤浅。

当一位策划者和编导，在接受了一个主题严肃、凝重的晚会时，通过分析，确定了晚会的主题之后，在晚会的表现形式上，包括节目、串联和各种手段的运用，切忌再向严肃、凝重、缓慢、刻板、单调的思路上靠拢。因为严肃的主题决不意味着要用凝重的方法去表现和诠释。严肃主题的晚会再用严肃、凝重的表现手法，必然会失去文艺晚会的艺术感染力。在这个时候，就可以运用“反向思维”去挖掘人们喜闻乐见、轻松热烈、丰富多彩的内容，千万不能就事论事，就严肃而严肃，而应该采取“旁敲侧击、殊途同归”的办法。也就是说，主题越严肃，晚会体现方式应越欢快；内涵越凝重，节目则应越轻柔。

中央电视台文艺中心副主任、文艺部主任、著名电视导演赵安在执导纪念世界反法西斯战争暨中国人民抗日战争胜利50周年的大型文艺晚会《光明赞》时，就运用了这种策划思维。人们都知道战争是残酷的，反法西斯战争的胜利是人民用鲜血与生命垒起的成果。在整台晚会中，策划者和编导对于节目的设计没有去体现和再现战争年代的刀光剑影与血雨腥风。在序幕的开始，在人民大会堂的舞台上首次运用通体的背景台，上百只象征着美好与宁静的和平鸽舞，一只巨大的口衔橄榄枝的遥控充气的和平鸽盘旋在观众席与舞台之上，给观众一种向往和平反对战争的意念。第一场开始时，在一个特大钢盔上，一位美丽纯洁可爱的少女在《送别》“长亭外，古道边，芳草碧连天。晚风拂柳笛声残，夕阳山外山”的优美音乐声中，天真烂漫地嬉戏着，时而与鸟共鸣，时而吹着蒲公英。突然间，枪炮声大作，电闪雷鸣，钢盔犬牙交错地裂开，可爱的少女撕心裂肺地呼喊着妈妈，坠落于万丈深渊之中。仅这一策划，就把战争的罪恶与凶残既形象化又生动地展示在世人面前。整个舞台上既没有出现法西斯也没有出现血腥的枪炮，而晚会所要表达的主题思想却很鲜明地展示了出来。三位黄色、棕色、白色肤色的母亲站在舞台的熊熊大火中，共同托起遇难的女孩，象征着全人类反对战争、呼唤和平的共同的心声和信念。当白发苍苍的老人骆玉笙如泣诉地高歌“千里刀光影”时，使晚会达到了一个高潮，台下的观众不少已经热泪盈眶，文艺节目的艺术感染力达到了晚会主题所要达到的目的。整个《光明赞》晚会既没有出现一个法西斯，也没有出现一个刀光剑影、血雨腥风的场面，但是观众从头看下来丝毫也没有减弱晚会给人们的震撼力和战争场面的惊心动魄。在通体的背景台上，上百块拼图组成的法西斯帝国主义大厦在世界正义力量的反击中轰然倒塌，仅仅短短的十几秒钟，既体现了现代舞美的表现力和它的艺术感染力，同时也表现了策划者的艺术构想的形象化的想象力，更象征了法西斯的灭亡和失败，很好地体现和服务了晚会的主题。在这里既没有口号，也没有标语和解说，但要表达的思想和主题却不言而喻，达到了无声胜有声的最高境界。

中国的电视文艺事业从无到有，伴随着改革开放的步伐和历史的进程迅猛地发展壮大，像迎面扑来的春风霎时吹遍祖国大地，送进千家万户。它不仅给亿万观众带来了欢乐，同时在推动改革开放的进程中起到了重要的作用。经过电视文艺工作者的共同努力，电视文艺成为在改革开放以来最活跃、最广泛、最引人瞩目的文化艺术领域，已逐步形成了独立的电视文艺学科，并通过电视文艺的荧屏推出了我国历史上第一代电视明星，创造了像“喜剧小品”这样的被全国亿万观众所喜爱的新的艺术品种，以及多种多样的观众喜闻乐见的综合艺术形式。

电视文艺星光奖十周年文艺晚会《今夜星光灿烂》，是一台关于电视人特别是电视文艺人的晚会，同时也是一台庆贺辉煌、颂扬奉献、展现历程、展望未来的电视行业性晚会。对此，我们不能忘记电视文艺工作者在电视文艺星光奖的推动和鼓舞下辛勤耕耘的十年，也不能忘记全国亿万电视观众对电视文艺十年来所倾注的情感。“展现历程、颂扬奉献、庆贺辉煌、展望未来”就是这台晚会力求达到和体现的主题和目的。

2．策划电视晚会节目的结构和形式

晚会的主题策划好了之后，接下去的问题是如何策划设计晚会的结构和形式。在电视文艺晚会发展的二十多年中，晚会的类型很多，不论是节庆周年综艺晚会、行业性文艺晚会还是专题性文艺晚会，它们的结构粗分无非是两大类，一类是节目一通到底的直线式，另一类就是分篇章的版块式。形式就比较多了，可以说是丰富多彩。

《东西南北兵》暨纪念中国人民解放军建军71周年大型文艺晚会，在确定了晚会的宗旨和主题后，由于晚会的宗旨和主题确定的到位，同时基点定的也好，晚会的结构和形式也随之策划出来，为了表现八一建军节历史的内涵和时代的内涵，把晚会的节目结构分为五个版块，组成五个部分：八一军旗红，东西南北兵，军民鱼水情，军旅交响曲，走进新时代。这五个版块是宗旨和主题的延伸，是宗旨和主题的表现形式的体现，以展现我军的光辉历程，颂扬当代军人风采，歌唱军民鱼水情谊，激励部队时代精神的宗旨和主题呼应。对此在每一个版块中，就可以着力细化其分支的结构。第一部分：八一军旗红。力图从“纵”的角度入手，通过我国不同时期且具代表性的军歌演唱和不同时期且具代表性的军服演示，形象生动地反映人民军队在战斗中成长的光辉历程。第二部分：东西南北兵。力图从“横”的角度入手，围绕东、西、南、北、中不同地域兵的特点，运用音乐剧的表演形式，生动表现解放军官兵无私奉献的精神。第三部分：军民鱼水情。着重表现军民鱼水关系。选用一些地域特色鲜明的民歌和一些少数民族风情浓郁的歌曲及现代京剧片段，讴歌军民之间的血肉联系。第四部分：军旅交响曲。着重表现老战士及当代军人挚爱的情怀和我军在正规化、现代化建设中各军、各兵种的风采。第五部分：走进新时代。着重表现人民军队在党的领导下向国防现代化迈进的坚定步伐和豪迈气概，歌颂人民军队昂首走向新世纪的钢铁意志和威武雄风。

在表现形式上，这台晚会以现场演出与外景实拍相结合；融思想性、艺术性与新闻性于一体；把艺术家舞台演出与部队官兵现场拉歌、共同参与节目相结合。文艺演出与电视手段相结合，巧拍与精编相结合。快节奏、大信息量，突出陆、海、空三军军种特色，展现东西南北兵时代风情。

在串联方式上由电视台与部队主持人采用问答、对答等方式串起整场节目，增加信息量和感染力。

第一部分，八一军旗红，以雄壮、有力、激昂、奋进为该部分的总体情绪。雄伟的井冈山，八一军旗红。开天辟地第一回，人民有了子弟兵……昂扬的歌声伴着铿锵的鼓点和节奏，在战士的队列中激荡。第二部分，东西南北兵，活泼、风趣、热烈、欢快是这一部分的基本格调。第三部分，军民鱼水情义深，一颗枣儿一颗心，人民的恩情比海深，人民与军队心连心。记得当年陈毅元帅感慨地说："我们的胜利是人民用小车推出来的。"人民的子弟兵怎能忘记父老乡亲的鱼水深情。晚会特别为大家请到了几位来自沂蒙山革命老区的拥军模范，他们是……第四部分，军旅交响曲，以激情、豪迈、舒展、浪漫体现气氛，奏响军旅交响曲的时代新声，这时代的新声就是在向国防现代化进军的征途上，全军各部队都涌现出了一批具有时代精神、掌握现代高科技知识和先进军事技能的跨世纪人才。第五部分，走进新时代，以大气磅礴、壮丽辉煌奏响时代的主题，人民的军队在以江泽民同志为核心的中央军委的英明指挥下，正以崭新的姿态，昂首迈向国防现代化。

浙江电视台共同举办《抉择 2000》电视专题文艺晚会，在结构的策划上也是按照篇章版块式进行的。例如，表现主题晚会也是以篇章版块的结构形式来加以展示的。序：清风颂第一章抉择篇 1. 诗朗诵：《东方纪元》2. 美声三重唱：为人民服务 3. 专题①从《生死抉择》说起 4. 访谈之一：张平和他的“反腐文学”。第二章 警示篇 1. 相声：审贼 2. 男声独唱：天地之间有杆秤 3. 专题②《24 位“落水者”》4. 访谈之二：耿永祥的堕落之路 第三章 清风篇 1. 小品：魂系奥迪 2. 专题③廉内助的内心独白 3. 男声独唱：伴你一生第四章 正气篇 1. 小品：《绝招》2. 专题④干净干事的好干部 3. 评弹说唱：《干干净净 堂堂正正（史兴颂）》4. 访谈之四：史兴 姜瑞峰 5. 女生独唱《公仆赞》。尾声：男声独唱《红旗飘飘》和电视专题之一。在晚会的形式和风格的表现上，运用纪实的手法，把纪实专题有机地融合到晚会之中，成为一个节目，一个亮点。从电视手段上与晚会的风格上强化主题，从而达到以真人真事震撼人、警示人，以老百姓切实关注的事件去剖析人，以老百姓可以触摸的生动事迹去吸引人，以老百姓可以感知的人物的心路旅程去感动人。

电视文艺星光奖十周年文艺晚会《今夜星光灿烂》是一台关于电视人特别是电视文艺人的晚会，同时也是一台庆贺辉煌、颂扬奉献、展现历程、展望未来的电视行业性晚会，这台电视文艺晚会结构的策划就很好地采用了节目一通到底的直线式结构。引子与开场：随着十下悠扬的钟声，场灯渐收，音乐渐起，大幕徐徐上升，舞台上呈现出深邃的星空和一条富有象征意蕴的通道，在具有强烈现代意识的立体舞美框架中，四只高高立起的火炬台喷吐着火焰，充满着盎然的生机与庆典的氛围。赵忠祥、倪萍从通道纵深处正面向观众走来，他们在热烈的掌声中走到那台黑白电视机的近旁，打开电视机，电视机屏幕呈现黑白“彩条”；随着赵忠祥、倪萍的话语，他们的身背后亮起万家灯火，干冰喷涌，舞台上的景架分体移动，闪现出一台巨大的彩色电视机（大电视屏幕墙），乐池平台托着黑白电视机降下地平线；巨大的彩色电视机屏幕出现七色的彩条，突然，屏幕上的彩条飞舞穿动起来，霎时间喷射出画面——（舞蹈《彩条飞舞》冲上舞台）第一个节目舞蹈《彩条飞舞》开始，这是一个以中国传统的红绸舞（彩绸舞）、艺术体操中的“带操”，以及各种色彩分类组合的人体造型编创而成的综合舞蹈节目。用七种色彩的服饰与人体占满整个舞台，构成大幅彩条画面——定格。引出第二个节目，明星心语《我最难忘的一次电视文艺晚会》，场上七色彩条的演员随着音乐的旋律流动下场，乐池平台托着张明敏、李谷一、许还山、马季、“狗娃闹春”的妞妞、彭丽媛，冉冉升起；出场的艺术家、演员、明星，从不同的角度，各自诉说自己最难忘的一次电视文艺晚会；最后由彭丽媛谈到她从山东来到北京，首次登上电视文艺屏幕时的情景，谈到已故电视导演李晓兰……谈到全国无数电视文艺工作者的无私奉献，带出第三个节目，歌曲：彭丽媛演唱《鲜花的祝福》。随着《鲜花的祝福》前奏音乐起，舞台上从地平线升起一面多画格的“展示墙”，“展示墙”的画格里是“花神少女”的造型与舞蹈。艺术家、明星走下舞台将手中的鲜花献给来自全国各地方台的代表。“展示墙”上“花神少女”从各自的花篮里抛下片片花瓣，漫天飞舞的花雨洒落舞台。在歌手们下场的同时小品演员赵丽蓉、黄宏、郭达、蔡明、杨蕾、侯耀文、金铭、蒋小涵等上场，引出第四个节目，喜剧小品：《镜头对准谁》。在小品的最后，借用小品《镜头对准谁》的载体，将以上任务串在一起，构成一个具有“回顾展”意蕴的喜剧小品。最后以侯耀文与赵丽蓉《英雄母亲的一天》中的记者采访为剧情转折的基点，将记者手中的镜头转向在场的电视文艺工作者。再次引出第五个节目，一组由春节文艺晚会推出的明星名曲的组合的歌曲组合唱《明星名曲》，分别是蒋大为《在那桃花盛开的地方》、朱明瑛《万水千山总是情》、费翔《故乡的云》、董文华《十五的月亮》、苏红《小小的我》、范琳琳《黄土高坡》、张明敏《我的中国心》等。然后，通过主题内涵的“红线”的串联，从声画并茂的 MTV 歌曲演唱组合，如《黄河源头》、《十八弯水路到我家》、《祝你平安》等在国际、国内获得大奖的中国音乐电视作品，到民俗歌舞《吼春》，百头雄师从剧场的各路通道舞出，奔上舞台……群星大型交响乐伴奏，领唱、合唱第 18 个节目——晚会主题歌《共有的星光》。整个文艺晚会是节目与主要内容的有机结合，一个连着一个节目，上一个节目套着下一个节目，观众在节目与节目的欣赏、娱乐、表现中不知不觉地完成，整个晚会给人以气韵贯通、情绪热烈、一气呵成之感，是一台思想性、艺术性、娱乐性、可视性融为一体的精品组合。

3. 策划电视文艺晚会的节目内容

晚会的结构和形式是有效表现主题的方式，是一个容纳节目内容的框架，是节目内容得以展现的一种电视晚会形式的载体，晚会的结构和形式策划的好、策划的巧，节目策划起来就会容易些。在现在的文艺晚会中，文艺类固有的表现节目样式和混合类表现样式有：①单一文艺表演：音乐（歌曲、器乐、音乐电视等)、戏曲（京剧、评剧、越剧、豫剧、黄梅戏、秦腔等)、曲艺(相声、快板、评弹等)、戏剧（小品、短剧、话剧等)、舞蹈(民族舞、芭蕾舞、现代舞、古典舞等)、文学（诗朗诵、电视剧等)。②混合文艺表演：歌曲联唱、群舞伴歌、器乐组合、舞伴器乐、时装伴歌、时装伴舞、书法伴绝活即有嫁接而成的文艺节目。

同是一样的内容，有的编导做出来的节目，观众看了以后兴趣盎然，而有的编导做出来的节目却让人感到索然无味，关键在于这些节目是不是具有不同于一般的独特创意和巧妙的安排。一个电视节目在有了好的选题以后，怎么开头结尾，怎么安排层次段落，怎么过渡照应，节目的切入点从哪儿开始，怎么编排才能吸引观众，把最精彩的素材放在节目的什么位置，安排几个不同的侧重点，怎么在节目的进行中巧妙地连接，结尾的时候怎么才能使人回味无穷……

例如，《东西南北兵》暨纪念中国人民解放军建军71周年大型文艺晚会，在确定晚会“展现我军光辉历程、颂扬当代军人风采、歌唱军民鱼水情谊、激励部队时代精神”的主题后，节目开场应如何表现？在这个主题下，蕴涵着两个主题内涵：一是展现我军光辉历程，歌唱军民鱼水情谊；另一个是颂扬当代军人风采，激励部队时代精神。策划是：军队最形象化的就是军号和军旗。晚会在嘹亮的军号声中开始，在舞台及演出现场、两侧军舰等三个场地上，各战士手中举起军旗，台上35名女号手，台下舞台两侧军舰上各18名男兵。嘹亮的军号响彻海天，一面火红的军旗引出中国人民解放军陆、海、空三军军旗。开场歌舞《人民军队忠于党》队列行进表演/男女声齐唱：雄伟的井冈山，八一军旗红。开天辟地第一回，人民有了子弟兵……昂扬的歌声伴着铿锵的鼓点和节奏，在战士的队列中激荡。三军军旗在战士整齐的队列行进表演中组合变化，形成一种种整齐化一、优美如织的精美图案，台上台下热浪起伏，寓意三军战士澎湃的心潮和忠于人民、忠于祖国的伟大情怀。开场雄壮、有力、激昂、奋进，一下子把现场气氛和电视机前观众的情绪激发和调动了起来。

在下面第一篇八一军旗红中，江涛着红军时期的服装，出现在现场的三军队列中间，领唱歌曲《农友歌》。江涛：霹雳一声震乾坤哪……众战士：震乾坤哪……江涛：大家都来当红军哪……众战士：当红军哪……气氛热烈，演员与战士的歌声一浪高过一浪，背后插红军时期英雄部队的旗帜。《游击队歌》的歌唱演员与舞蹈演员身着八路军服装进行表演，背后插抗日战争时期英雄部队的旗帜。同时响起《战斗进行曲》，演员身着解放战争时期的军服，甘萍从台上往下走，刘小娜从台下往上走，台上台下相互呼应，背后插着解放时期英雄部队的旗帜。队列行进表演/男女声齐唱《志愿军战歌》，身着解放军60年代服装的16～

18 位男舞蹈演员进行表演，舞台上布置了那一时期英雄部队的旗帜，唱响了《打靶归来》。到第一篇的末声，主持人总结点题并呼应第一篇章的主题：八一军旗为什么红。在火红的军旗下，人民军队走过了光辉而漫长的 71 年，八一军旗为什么这样红——是无数的革命先烈用鲜血把你染红；八一军旗为什么这样美——是一代代革命军人用生命和忠诚为你增辉。最后阎维文一曲独唱《军旗下的我们》。(第一篇章结束)

从节目《农友歌》、《游击队歌》、《志愿军战歌》和《打靶归来》可以清楚的看到和想到，它浓缩了在火红的军旗下，人民军队走过了光辉而漫长的 71 年，上句点题指出，八一军旗为什么这样红——是无数的革命先烈用鲜血把你染红；下句八一军旗为什么这样美——是一代代革命军人用生命和忠诚为你增辉，既是承前，是上句八一军旗为什么这样红的补充回答；同时又是启后，八一军旗为什么这样美——是一代代革命军人用生命和忠诚为你增辉。同时也引用第二部分：东西南北兵，无私奉献的是为八一军旗增辉。（力图从“横”的角度入手，围绕东、西、南、北、中不同地域兵的特点，运用音乐剧的表演形式，生动表现解放军官兵无私奉献的精神。）叠出字幕：第二篇章《东西南北兵》。

一个节目如果开头不精彩，观众就不看了。即便是节目中间和后面的内容很吸引人、很好看，但这一切都枉费心机，因为人家根本就没看见。所以编导首先要考虑用什么样的形式开篇，以便在节目一开始就把观众给拽住。此外，还要考虑在节目的中间段落里埋伏怎样的刺激点、情绪点、触发点，通过这些来制造起伏和节奏，让观众在低点与高潮的跌荡多变中感受节目的内容。现在的节目传播就像一串珍珠项链，每一颗珍珠都应该是挑起观众情绪的兴奋点，在观众刚要走神的时候应把他们给唤回来，要做到这一点就得靠巧妙的节目。

4. 策划电视晚会节目的感染力

对艺术来说，构思的基点是情感表达。有人说，艺术就是情感的交流。作者必须在自己创作过程中受到感动，才有可能去感动广大欣赏者。托尔斯泰说："艺术感染的深浅取决于下列条件：①所传达的情感具有多大的独特性。②这种情感的传达有多么清晰。③艺术家真挚程度如何。换言之，艺术家自己体验他所传达的那种感情的力量如何。"

任何节目的最终目的是吸引最大量的旨在作为电视台对象的受众，给受众传播具体的信息或价值观。任何节目要成功地实现其目的，它不仅必须吸引而且还要满足和抓住受众，这是逻辑的必然。电视文艺晚会的节目策划也是如此，一台晚会关键是要设计出具有感染力的节目。

经历了几十年的电视节目创造工作的策划者和编导，富有创造精神的节目制作人都深深地知道，有些节目及其概念之所以美好，在于其能成功地赢得受众，而另一些作品只是勉强地算得上佳品或甚至是属于惨败的，其他因素如时间安排等，对节目取得成功有相当重大的影响，但是经验表明，成功的节目明显地是我们称之为感染力的某些要素，这些因素是希望使听众或观众接受节目的要素。因此，感染力也可以被认为是从收听、收看某个节目得到"满意的因素"，这些因素也可以被认为是直接导致收视行为的激发因素。

节目的创造者一般认为人可以产生出7种特别的感染力，其中每种都可以通过各种节目强调的方法予以加强。这7种感染力是：矛盾的冲突或事态的竞争、喜剧性、浪漫性、传奇和性感、情感激动、悬念。

在晚会节目的创作和安排上通过有选择地运用这些感染力因素，可以提高节目的吸引力，因此他们一般都在每一个节目中选择强调地运用其中一种或两种以上的感染力因素，或者把这些感染力因素有间隔地出现在晚会的节目过程中。此外，通常把另外一种或两种感染力因素交织融进每个节目，作为次要的吸引力之计。如果一个节目非常鲜明有力地表现，并在有利的时间安排下推出，这个节目就很有可能很好地吸引并抓住其受众。

抒发真情是电视文艺晚会的拿手好戏，电视文艺最有抒情的力量，当这种力量与国家的命运、民族的兴衰、人物的荣辱紧密相连时，应更具感人魅力。因此，我们选择的文艺节目不仅是晚会整体叙述结构里的一种节奏调整的方式，它们同样应该具有一种力量，非凡的真实的力量。

中央电视台郎昆导演的 1994 年春节联欢晚会中的纪实节目《全家福》，是浙江日报摄影记者徐永辉同志跟踪拍摄 40 年，一举打破世界吉尼斯跟踪拍摄 37 年的世界纪录的真实再现，以直观的、雄辩的事实和 45 年的时间跨度再现了一户普通农民的家庭由贫穷走向富裕的过程，从而折射出共和国的历史变迁。这个节目从构思到完成经历了多少曲折是观众朋友无法了解的。

然而这个节目的产生却来自总策划徐然同志的灵机一动。那是一个寒冷的冬夜，时钟已经指向了 3 点，剧组的同志们因紧张工作了一天而疲惫的睡着了，徐然同志拨开“烟雾”，突然提起了他上中学时看到的一本杂志。那本杂志中记录了摄影记者徐永辉同志跟踪拍摄农民家庭 20 年并获摄影大奖的事，要是徐永辉同志到现在还能继续拍摄的话应该是四十多年了，这四十多年拍摄同一家庭的照片要是放大了摆在舞台上，那该是多么壮观的画面啊！经过大家的努力，在浙江省和杭州市政府的支持下，不仅找到徐永辉和他多年跟踪拍摄的农民家庭，而且挑选了四张代表不同时代的照片放大搬上了舞台，当优美的音乐和着倪萍动听的解说响起时，观众朋友的眼睛湿润了……策划者的眼睛也湿润了。

选择表现和反映主题的内容，考虑能实施的可能性，还必须兼顾到播出后观众感情的感染力。在节目的策划中，以选择表现和反映主题的内容与考虑能实施的可能性为主，尽可能地兼容观众的情结和动情点。诚然，在节目之中，有思想、有品味、有启迪、有思考、有艺术的内容，即真、善、美的东西肯定是会受观众欢迎的。但是，真正要切入人心灵的还是“情”。所以，在节目策划中，要充分地关注节目对象情感需要的设计。

浙江杭州《2000西湖博览会开幕式文艺晚会》就很好地把握和处理好了这个问题。晚会以历代志士仁人及文人骚客吟咏西湖诗词佳句作为文化的底蕴，把杭州人为之骄傲的西湖作为主线，将“住在杭州、游在杭州、生活在杭州、创业在杭州”作为主题，有机地融合了“忆江南，最忆是杭州”、“日出江花红胜火，春来江水绿如蓝”、“水光潋滟晴方好，山色空濛雨亦奇。欲把西湖比西子，淡妆浓抹总相宜”的一种江南情结和西湖情结。晚会以杨洪基、白雪的一曲《江南明珠》开场，用神秘男孩、青春美少女组合的歌舞《茶话杭州》，把观众带到茶的世界——杭州，杭州是一个什么地方？张也的一曲《人间天堂》告诉了大家。在这个人间天堂里人才辈出，留下了许多可歌可泣的人和故事，岳飞、胡雪岩、鲁迅、李叔同……许仙与白娘子、梁山伯与祝英台……对此，胡雁的一首学堂乐歌《送别》，飘着淡淡的情思，把观众带到了解晓东的歌舞《满江红》、于魁智的戏曲组合《飞雪断桥》、刘欢的歌曲《胡雪岩》及臧天朔的歌曲《梦蝶》之中，用现代的理念演绎那个时代的故事。正当人们沉浸在吟咏往事绝唱之时，香港歌手谭咏麟的一曲《半梦半醒》渐渐打破了宁静，并告诉人们《爱在深秋》，爱在杭州，因为杭州是一个最美丽的地方，到处是清泉绿茶，采茶姑娘吕薇等联唱的《古城新曲》——浙江民歌采茶舞曲“溪水清清溪水长，溪水两岸好呀么好风光”。随后又把人们相约到了谭晶演唱的歌曲《杭州之约》，这是杭州人的世纪之约，因为杭州有了许多新的正如宋祖英的

《好故事》，这一切怎能不把人的根留在杭州，台湾歌手童安格的一曲《把根留住》和阎维文的《举杯吧朋友》，把人们的情绪推到了高潮。

虽然这台晚会还谈不上是佳作，但在“情”的策划上是成功的。它把“忆江南，最忆是杭州”的情结充分调动了起来，使没有来过杭州西湖的人向往杭州，没来过杭州的人梦恋杭州，使生活在杭州的人更加自豪地在杭州。

冲突或竞争毫无疑问，冲突是多种感染力因素中最基本的。对晚会节目来说是必不可少的，对其他类型的节目来说可能也是很重要的。无论该晚会是一个严肃的主题还是一个欢快喜庆的主题，增加一点冲突就会更加鲜明有力，更能产生情感的感染力效果，成为能吸引观众和抓住观众的一招妙计。

思想观点的冲突。在现实生活中，因不同思想观点而产生的冲突多得不可胜数。这些冲突可能是有关政治事务、政府的政策、商业经营、对少数人种和宗教的态度、生活方式、个人的决定、家庭的事情和其他许多容易产生分歧的问题。像这样的一些冲突，可能是十分严重的，也可能是微不足道的。这种冲突经常在晚会的小品、相声节目中作为重要的感染力因素出现。

四、电视舞美设计的策划

1. 美术设计与节目播出形式的关系

节目的播出形式有录播和直播。录播包括单场录像和实况录像。有时直播的节目中也有先录制好的内容，在直播中进行插播。

单场录像的设计与实况录像及现场直播的策划和设计不一样。这就是说，客观实际给设计人员提供的条件不一样，设计人员所考虑的问题就不一样。单场录像没有观众，有时间可以换景，因而，每个节目之间可以有较大的区别，几个节目可以有几个完全不同的景。单场录像往往只用一个单机拍摄，可以在演出之前放景，放在摄像机前去移动位置。这样可将空间拉大，使纵深感增强。

由于单场录像没有观众，不用怕景挡住观众的视线，这在有观众的实况转播或现场直播的现场是不可能的。另一类则是既有宏大的场面，又有小型的节目；既要单场录像，又要实况转播。即使没有观众，也要造成一台晚会的感觉。如1995年的春节歌舞晚会，六十多个节目，共作了四十多个变化，每次的变化都较大，这在现场直播中恐怕是做不到的，因为剧场的吊杆、空间有限。单场录像的优点就在于有时间换景，不必太多地考虑吊杆的数量及景物搬上搬下的时间问题，可以在每个节目场景的设计上有较大的变化。还要根据具体的节目内容及允许的时间去考虑如何既巧妙又合理的搭配景物。单场录像的换景时间虽然比现场直播长，但也不是无休止的，因为下一个节目的演员在等着。

实况录像和现场直播也不一样。特别是现场直播，换景时不允许有半点失误，因为播出的镜头是不可能收回来的，所以一失误就没有办法弥补，实况录像要比现场直播好一些，即使出了点错，也准许改正，可以停下来再录一遍，其影响不会太大，最多只是涉及现场的几百名观众。现场直播的美术设计要非常严谨，如1990年的《中华之声》文艺晚会，整场有二十多个变化，像一个工程，设计者必须把握好画面及众多场景的调度。如果调度的不得当，将会乱成一片。

搞好现场直播与实况录像美术设计的关键，在于要熟悉节目内容，要巧妙地利用舞台上给设计者提供的条件，如吊杆、转台、升降台、大幕等，迅速地实现节目与节目之间的换景。巧妙的换场会成为整个节目的一个组成部分，成为节目风格的重要体现方式之一。

在录播与直播中，还要处理好两个场景之间的衔接问题。

2．美术设计与录制场地的关系

电视录制场地是应该考虑的一个重要方面，设计人员要根据场地所提供的客观条件进行设计构思。如有的演出在演播室，有的在剧场，有的在体育馆，有的在露天场所，演播室有大小之分，剧场也各不相同。

一般来说，舞台上有吊杆，瞬间就可以把整个场景改头换面，这是舞台所具备的优势，但与舞台相比，演播室没有边沿幕，可以适应各机位角度的变化，这是演播室与舞台所录制的节目效果不一样的原由所在。在剧场设计电视布景时，如将边沿幕去掉，便可将舞台的优势与演播室的优势相结合，设计出的场景会有良好的效果。

在体育馆录制节目，观众常常是三面的，有时甚至是四面的，因此无法在台的两侧搭景，也不可能在台后立景，因为这会妨碍观众的视线。体育馆的观众席是阶梯形的，观众的视线都是俯视的，设计者可以充分利用地面做文章。空间也很大，可以从顶棚往下吊景。所以场景的不同，思路就应不同。

五、电视文艺晚会中的灯光设计策划

越来越多的策划者和晚会的编导已清楚的认识到，利用电视特点，充分发挥电视灯光的艺术效果，在增强晚会的视觉冲击力，增强晚会的可看性，提高节目收视率方面是十分重要的。一台晚会的成功与否，灯光的作用越来越重要。因此策划和编导要重视晚会每一个节目的灯光效果，把灯光设计策划融合到节目内容中，发挥想象力，最大限度地增添电视画面的艺术感染力，使灯光艺术成为节目内涵的一个部分。

蔡蔚在《浅析电视灯光设计》一文中指出：要搞好电视灯光设计，必须掌握视觉、写实、审美和表现四个要素。这四个要素是构成灯光设计与操作的基点，也是欣赏和评价灯光设计水平高低的客观标准。

视听要素。直截了当地说，观众打开电视机的最终目的是来“看”、来“听”的。我们在演播室所做的一切都是为了满足观众的这一要求，为了使电视画面达到一定的视觉效果，就要考虑：①有一定的光量，即足够的亮度。②要考虑光的质量，即适当的布光和色彩。那么，亮度如何确定呢？艺术照明与通常以使用为目标的住宅照明、厂矿照明不同，比如无法规定某个场景一定是多少勒克斯。因为灯光效果与其他方面（如布景、表演、音乐、音响效果）一样，它们必须围绕演出这个目标相互协调统一起来。所以，对灯光设计来说，亮度要由演出的总体构思来决定，也就是说，它要按舞台上具体的情况来确定。

写实要素。将舞台上的一切“如实”而客观地体现出来，这是一种艺术再创作的手法。这里所说的“写实”，是指艺术范围内所要求的真实。灯光能够“如实”表现的内容有：时间、天气和某些物象等。所谓时间，如春、夏、秋、冬四季之分，还有一天之内从早晨到晚上的变化；所谓天气，如阴、晴、雨、雾等；所谓某些物象的描写，如火光、烟花等。

审美要素。当我们领略大自然的风光时，总觉得眼前的一切都很美，为什么？因为有光。有了光，朝霞、骄阳、夕照、明月等等所有的一切都会让人感到美如画、妙如诗。电视灯光的设计，也要有同样的作用。试想，舞台上的布景、服装等制作得再精致，如果灯光布置不好，其效果就难以体现出来，好看的布景、服装会变得面目全非，甚至不堪入目。反之，有些看上去极为平常的布景和服装，借助灯光处理后，却可以使其生意盎然，妙不可言。

表现要素。戏剧、舞蹈等表演艺术是以心理因素为核心的，而不纯粹以直觉因素为核心，这是众所周知的道理。灯光设计之所以和戏剧、舞蹈的表演密切相关，关键就在于灯光设计还具有表现功能。

策划要帮助导演对灯光配合晚会节目内涵需要的粗线条的设计提出要求，如根据节目的内容与其风格样式，考虑和确定灯光设计的重点，灯光与摄像系统的关系等。其次还必须和美术设计以及装置人员互相沟通，及时、准确地了解对方的有关设计效果与安排。

一台具体的文艺晚会的灯光设计，可分为前期的准备构思和现场录制的实施运行两个阶段。一般说来，首先，一台文艺晚会都有其特定的晚会主题，是喜庆的、是歌颂的、是纪念性的或是宣传性的，这一主题会在节目的编排和舞美设计上得到体现。明确晚会主题意图后，在灯光方面策划与编导着手的第一步工作，便是根据舞美场景确定灯光的总体方案，这项工作是在和舞美设计协商配合中进行的。舞美设计提供了晚会的整体布局，基本确定了灯光设计要表现的有形物体及要达到的总体效果。如何用光的手段体现场景的总体气氛，则有着很大的灵活性和创造性。没有灯光的照明，精致的布景都不能被摄像机接收；同样一场布景，不同灯光的色彩搭配和明暗变化，会影响整体的和谐美观；同一材料的景物被不同方向、角度及不同性质的光源照射，所表现出来的质感和美感也是大不相同的。所以灯光设计者必须以色彩搭配的美学观点，合理运用色光着色景物，选择最佳灯光表现手段，体现不同材料布景的质感，做到总体气氛突出，色彩过渡和谐，明暗层次丰富，最好的表现出景物的纵深感和立体感。

升降吊景、旋转舞台、翻板布景、移动景块等大量可变性舞美设计，已经广泛地出现在大型文艺晚会中，灯光也从原来的“幕后”走到了“台前”。如：电脑灯、光束灯、激光等新型效果灯有形地排列变化，已直接参与了画面构图，灯体以及借助烟雾形成的光束，都成为摄像机捕捉的画面内容。（音乐里的音域高低，节奏快慢，起伏大小；舞蹈中的舒缓骤急，动作的力度节奏，场面的调度联结等，都是音乐和舞蹈用以表达主题感情的手法。）对于电视灯光艺术，照明的明暗变化、色彩的冷暖过渡、整体局部的分布变化、灯光的静动、变换的节奏快慢等都是我们设计各种灯光效果的表现手法。

晚会灯光的前期工作，首先是构思建立晚会的总体气氛，设计灯光的表现手法，那么，在现场录制阶段，就是一个根据不同节目内容，合理运用灯光手法，增加画面艺术感染力的创作过程。不同的节目形式有不同的灯光设计特点：

1．开场歌舞

一台文艺晚会，往往有一个较为热烈的开场歌舞，它的编排要体现晚会的主题内容，是一个定基调的节目。良好的开端是成功的一半，开场节目的成功与否，很大程度决定了观众对整台晚会的收看兴趣，所以，这是一个艺术感染力要求较高的节目。这类节目，灯光设计的指导思想必须体现晚会的主题气氛，展现灯光基调，并适当的运用各种效果变化，增加画面美感。所谓要“适当的运用”，是因为它是整台晚会观众看到的第一个节目，也是灯光效果的第一次亮相。灯光师将各种灯光效果地变化粗略地展示一下，在观众的视觉记忆中留下一定印象，让观众产生一个晚会画面丰富多彩的积极性评价，有进一步欣赏的愿望。有了这种愿望，便能将注意力集中到这台晚会上。而在以后的节目中，当这种愿望得到满足时，便会产生艺术享受。如同开场歌舞拉开晚会序幕，此时的灯光效果也是整个灯光设计的序曲。

2．结束歌舞

与开场歌舞相对应的便是结束歌舞，同样，它是体现晚会主题的收尾节目。由于开场和结束时间上的差异，决定了结束歌舞的自身特点。此时，观众已经看完了所有节目，情绪已经受到气氛感染，作为结束，需要的已不再是铺垫，而是将情绪再次推向高潮。这类节目的艺术编排，往往是缓缓宁静中引出歌声，让观众有一个心里停顿、积蓄的过程，以迎接最后的情感高潮，即歌声由平缓转向激昂，引出舞蹈演员上场，随着音乐的高昂，形成全场的热烈辉煌并保持一段时间，让观众沉浸在浓烈的艺术氛围中，直到出字幕，在最高潮时结束晚会，给观众留下无限的回味。

3．舞蹈类节目

多人的群舞，是在音乐的烘托引导下，通过舞蹈演员的形体动作，队形变换来表达艺术美的表演形式，所以色调、气氛的把握是此时灯光设计的关键。如：表现江南风光的舞蹈配以绿色的侧逆光，能使观众产生清山绿水的联想，并适当的加以干冰和清淡的烟雾，更能描绘出轻烟缭绕的静美。倘若是热烈激昂的青春节拍的舞蹈，则加上橙红的气氛光，能引起观众的视觉兴奋，唤起积极向上、热情奔放的青春感受。而蓝色的气氛光对表现宁静的、忧伤的场景有独到的作用。随着舞蹈表现意境的不同，常常要及时的用不同的气氛光加以烘托。在这类表现整体意境的群舞中，演员的面部并不是主要的画面表现，可降低面光的强度，增大侧光、色逆光的照明，尽可能表现出舞蹈演员的形体美和服装的质感。在需要时，适当的运用效果光的跳变，能增强舞蹈的节奏感。对于双人舞或独舞，所有的表演都集于一两个人身上，演员的面部表情是十分重要的，是电视面画的主要表现对象。这时，加正面追光灯是常用的手法，而较强的后侧追光有力地勾勒出演员的体形轮廓，将演员从周围环境中突显出来。电脑灯的合理运用，也能产生很好的艺术效果，配合舞蹈节奏的光斑游动变换，能将“点”上表演辐射到整个舞台的“面”上。

4．歌曲类节目

按歌曲本身的不同类型，有美声、民族和通俗之分，根据表演形式的区别又可分为有伴舞的和无伴舞的。按照一般常规，美声、民族唱法主要以声音的流畅优美取胜，歌曲情绪起伏不大，节奏上的突变也少。也就是说，观众感觉到的主要在听觉上，此时引起视觉变化的灯光，须设计的较为明亮，不能有过多的强烈变换，应使观众视觉上处于放松状态，在舒适的视觉环境中，更好地集中精力，欣赏演员高超的演唱技巧。而通俗歌曲则不同，它主要不以歌手的音质好坏定论，而是靠歌词的贴近生活、曲调的抑扬顿挫、节奏的舒缓激骤、演员的投入表演及情绪的高低起伏打动观众，从而产生艺术感染力。可以说美声和民族唱法偏重于纯音乐的欣赏，而通俗歌曲必须配以视觉上的同步感受，才能充分享受声情并茂的表演。歌手是画面的主要表现，追光灯的人物照明，作为主要曝光依据，根据歌曲内容选用合适的气氛光做铺垫，灯光的节奏变换，是此类节目灯光设计的主要手法。第一，所有电脑灯、光束灯等的变化必须与歌曲合拍，否则将干扰观众视觉，出现视、听节奏的不同步；第二，灯光的所有跳动变化，不能始终处于单一的节拍，应根据歌曲的内在节奏，有轻重快慢之分，以免观众对长时间单调的变化产生视觉疲劳，在合拍的前提下，有时可一小节变一次，有时两小节甚至几小节变一次。也就是用灯光节奏变换的强弱快慢，烘托歌曲的激昂起伏，让观众在听觉和视觉上达到同步感受。由于伴舞只是为丰富表演形式，增添视觉上的多样感受，因而伴舞演员不是主要表演对象，总体的侧光和气氛光的运用已能满足伴舞演员的灯光要求。根据画面切换习惯，在歌曲间奏时，舞蹈演员的镜头可多一些，可适时加强对舞蹈演员的灯光运用。

5. 相声小品类节目

相声、小品类节目是以故事情节和语言表演艺术吸引观众的。灯光不应给观众增加视觉负担，应使观众视觉从目不暇接的歌舞变换中得以平稳的过渡，所以常常把这类节目称为“大白光”节目，但正是这类变换不多的节目，对舞台总体光比控制，是一个很好的检验。首先，人物面部能否正确曝光，是第一重要的，随着演员大范围的移动，面光、侧光和逆光是否均匀恰当，显得很关键。其次，表演区与布景区及天幕的光比配合如何，都会影响图像的质量好坏。各类不恰当的高亮点，都处在同一画面中，人脸亮度的比值，限制了人物脸部的正常电平幅度。在这类节目中，如雪白的台布，白色的衣服等都会形成高亮点，影响图像质量。

6. 戏曲类节目

戏曲类节目总体上也是处于较明亮光照下表演的，根据剧情不同，适当地引用舞台戏曲的布光，营造出符合剧情的环境气氛也是十分必要的。随着戏曲本身的发展，现代表现手法越来越多地运用到传统的戏曲表演中，灯光设计也不能墨守成规。捕捉精彩画面，取决于电视切换导演。我们经常会碰到这样的抱怨：舞台的效果灯光正处于精彩的运行中，而切换画面始终是演员的脸部特写；当效果减弱后，却切到了全景。所以，了解切换规律对灯光效果在电视画面上的最终表现是十分重要的。例如，当使用干冰的歌舞节目开始时，画面切换往往从滚滚喷涌的烟雾开始，这时可能已有演员在台上，但灯光应以表现干冰的明暗层次及喷涌的动态为主，使侧逆光和低角度色光能很好地体现干冰的质感，可不必顾及台上演员的面部照度，以免影响干冰的色彩饱和和质感层次。当拍摄场面慢慢拉开时，再渐渐加大面光。又如：通俗歌曲的间奏在整个音乐起伏中占重要地位，演唱时以抓歌手为主的画面。此时，通俗歌曲的灯光设计，往往离开人物，随着节奏，用摇、移的方式转到景物和灯光变化上，这时，是灯光效果的最佳表现时机，而不是在歌手特写上显身手。

第三节　电视文艺专题策划

一、电视文艺专题概述

1. 什么是电视文艺专题

电视文艺专题是目前电视文艺节目中优势正在日益显现出来的一类节目。所谓电视文艺专题节目，是指以文艺活动、文艺人物、文艺现象、文艺动态和文艺热点为中心题材，围绕一个统一的主题而进行的电视专题节目，它带有鲜明的目的性、思想性、欣赏性和知识性。从界定上讲，统属于电视文艺节目的范畴。

从80年代初开始，电视文艺专题创作出现了第一个繁荣期，在电视屏幕上出现一些介绍性的专题文艺和编辑性文艺专题的电视文艺专题片。从1993年到1997年，特别是这两年，我国电视事业迅猛发展，为电视文艺的繁荣提供了大好机会，是中国电视文艺专题的第二个繁荣期，专题文艺节目和其样式得到了较大的发展。

在电视屏幕上呈现的各种各样的文艺专题节目，诸如，《东西南北中》、《地方文艺》、《九州戏苑》、《音乐电视城》、《荧屏歌声》、《文化时空》、《音乐桥》、《旋转舞台》、《影视同期声》、《电视你我他》、《精彩十分》、《周末大回旋》、《综艺走廊》、《音乐电视精品赏析》等等，无论从节目策划分类的角度还是从节目研究的角度，都要涉及到电视文艺专题的分类和界定。

2. 电视文艺专题片的范畴和特征

电视屏幕上的各种文艺专题节目，无论从管理角度还是从研究角度，都涉及到分类和界定的问题。按节目性质可以分出一类，按社会性质也可以分出一类，按节目形态又可以分出一类。所以为叙述方便仅游离在此，不做实现问题的研究，留到今后去探讨吧。现在的问题是如何按节目的宗旨、策划制作出有思想、有文化性、可看的文艺节目。

现实题材的文艺专题通常保持“现在进行时”的时态，即通过记录事件过程和人物反映生活，也不排斥其他形态、样式。如以实物、证人回述等材料纪事、书史同样有效。惟有事实、材料、数据无误，不虚不假。

文艺专题节目，常包容典型人物，这部分内容的魅力在于其人其事完全真实，它与虚构表演艺术相映生辉，但却不能代替更不能混淆，这构成了电视文艺的独特情况和独特形式。在文艺专题节目中，其摄像及其光线、角度、构成等基本造型艺术原理和技巧之运用，以及主观和客观声音的采集、编用、电影蒙太奇原理和现代视听造型艺术手段之运用，都具有艺术性。

(1) 访谈性的文艺专题。如 1996 年 5 月 7 日出台的《文化视点》节目。针对文化艺术的文化现象，以访谈为表现手段，表述或赞扬或批评的两种立场，引起社会关注。该栏目在坚持正确舆论导向的前提下，为文化艺术提供一个文化评论文化批评的空间。1997 年下半年，这一节目基本上走向正规，观众也接受了这一电视文艺的新形式。从去年开始，《音乐桥》、《知识库》(知识性访谈)、《佳艺五线间》(欣赏性访谈)，也开始向访谈性的文艺专题走。

(2) 介绍性的文艺专题。主要介绍人物，介绍节目，有的甚至是系列性的报道，如《音乐电视 60′》，该栏目主要是向广大电视观众及时介绍推广新歌、新人、新作，并且向观众介绍每年一度展开的音乐电视大赛的作品。《音乐知多少》介绍音乐知识；《梨园群英》介绍梨园群英；《银幕采风》介绍新片新人。

(3) 赏析性专题节目。评析赏《综艺走廊》、《精品赏析》。《综艺走廊》开播于 1995 年 11 月 30 日，是一个编辑与赏析为一体的文艺性节目。中华民族的舞蹈、戏曲、民歌民曲艺术的介绍、分析和欣赏，或以编导组织歌舞、民乐、晚会等一系列节目的赏析，请嘉宾对节目进行深入简出的评价，帮助观众提高鉴赏能力，在浓缩的艺术精品中发源深厚的文化底蕴。

(4) 欣赏性的文艺专题。这种专题是纯欣赏性的。或欣赏优美的音乐，或欣赏精彩的画面，或欣赏艺术特色。如：原来1995年12月2日诞生《周末大回旋》，就是欣赏性为主的节目，时长50分钟，分8个小栏目。①《歌海回潮》，以精选在群众中广为熟悉的中外歌曲为主要内容。②《红舞鞋》，以精选中外经典优秀舞蹈及选段为主要内容。③《点播回放》，观众点播通俗歌曲。④《音乐瞬间》，中外优秀古典、民间乐曲。⑤《开心果》，以精选相声小品、幽默性节目为主要内容。⑥《戏迷包厢》。⑦《杂技英豪》。⑧《难忘今宵》；《外国音乐》；《旋转舞台》。1998年2月出台电视散文展播活动，也是一种文学性很强的电视文艺专题性节目。节目虽短，专题性较强，欣赏性也很强，蛮有诗情画意的。现在有很多节目，如《音乐电视城》、《东西南北中》、《音乐舞台》、《神州舞台》、《新视听》、《地方文艺》、《八面来风》。

(5) 编辑性文艺专题。从节目和资料素材中进行加工、精编、巧编，主张编拍的节目。地方文艺荟萃，艺术性高，地方性特别浓，很受观众欢迎。

(6) 纪实性文艺专题。纪实性文艺专题是现在越来越走强的文艺节目形式，纪实性文艺专题的真实性和专题纪实性一样。不要长期讨论，不妨说，每一个编导作者都用他的认识去体现每部作品的真实面貌，纪实文艺专题片中宽松了新闻和社交专题片的真实性，它可以对时空主要人物对话，包括人物心理活动的想象描写。图片摄像的组织拍摄、摆布拍摄可灵活些，然而这些在新闻专题片中被人们认为违背新闻性的，因而会受到批评。

二、电视文艺专题片的策划

1. 前期的框架策划

就一般而言，编导的节目框架策划根据节目的选题的性质，首先要思考以下几个问题：

(1) 我的节目主题或节目要反映的中心问题是什么？我的节目是关于什么的？节目要谈什么问题？主题是什么？对于这几个问题的思考和回答不光是电视文艺专题片所面临的，其他类的电视节目也是如此。

如早期的一批纪录片《德兴坊》，讲述的是一条里弄里所发生的故事。要反映和表现的是人们在窘迫的生存环境中显现出来的不同的心态，处于严重的住房困难条件下，这里的居民却没有忘却对亲人的责任和义务，没有失去对生活的热爱，没有丢掉对未来的希望和憧憬。

《十五岁的初中生》，讲述的是一群向往上高中的初中生们的故事。表现了一个故事没有开始结局就已确定下来，于是引出了社会、学校、家庭及初中生们种种发人深思的境况、观念及冲突。

《谢晋和他的孩子们》，讲述的是一位大导演在家中作父亲的故事。表现和反映了艺术家面对身有残疾的儿子，作为普通人的另一面生活以及从这种生活中透视出的人物崇高的人格和多彩的内涵。

《远在北京的家》，讲述了几个从农村来北京做保姆的小姑娘的生活。影片以春、夏、秋、冬一年四季的推进作为叙述的发展线索，表现了几个姑娘各自不同的生活与经历，反映了她们不同的性格特征，展现了她们性格的变化和人的成长。

《半个世纪的爱》，讲述了十几对50岁以上的老将军、老知识分子、老艺术家、老农民和皇族遗老的爱情生活的故事。将这些不同的典型安排在一个整体里，相互影响、相互作用，既表现了每一个有特点的个性，又形成了一个整体的综合形象，使人们从老人们的爱情中感悟到人生、社会的道理。此外，还有《浪花商人学校》、《龙脊》、《壁画后的故事》、《毛毛告状》等等。

与此同时，在文艺专题片如《蒋兆和的流民图与丹妮娅日记》、《民歌魂》、《水乡寻梦》、《欧洲之旅》等的创作也是如此。《水乡寻梦》，其专题节目是关于中国文联的艺术家深入江南民间、深入群众之中体验生活、吸取艺术营养的事。即艺术家在人民之中采风的过程，反映的主题是艺术源于人民，人民需要艺术。还有《欧洲之旅》讲的是中国国家交响乐团首次出访欧洲演出，反映的是国家的兴旺、交响乐水平的提高，让世界了解中国的交响乐。主题是展示交响乐之风采，振奋民族之精神。《皮硬·皮影你别走》，是一部关于皮影艺术的片子。谈什么呢？它从一个皮影老艺人的视角谈了皮影的历史、现状和对今后的企盼。主题是呼唤一种声音：关注皮影艺术，救救皮影艺术。

概括性地讲，电视文艺专题片的创作前期最主要的工作是选题和主题的确立，选题主要来自编导对生活的观察和思考，来自观众的反馈，来自其他媒体的信息，来自上级精神。主题的确定一般有两种方法：一种是“主题先行，意在笔先”，即在创作之初已有了一个大体的主题，然后根据这个主题去选材和组织片子的结构及表现的方法。这是一种以不变为基础来创作文艺专题的思路，在现实的创作中经常会用到。另一种是在创作中不断挖掘、深化主题，有的片子到粗剪之后才最后形成。这是一个主题由虚到实不断深化的创作过程。这种创作的理念在文艺专题片中也是经常遇到的。当然，在实际的拍摄中，运用和综合上述两种思路的创作也是有的。后面讲到编导在拍摄的过程中要注意细节的观察和描写时，片子《朝阳与夕阳的对话》就是这种情况。

(2) 要思考的是我的节目的选题或主题是否新颖、与众有什么不同，与以前制作的节目相比有什么不同、有什么可取之处和可看之处。《夺标》是关于亚运会的片子。在拍摄之前，有关亚运会的宣传报道和反映亚运会的片子已经很多了，就这方面的题材作成专题，在新闻性上难以与电视报道竞争，可看性又远不如电视转播，这样题材的片子和报道也做了许多，还有这个片子的题材繁杂和零乱。如何来做呢？必须从新角度去开掘和选材，去发现和表现一种思想意义，这种开掘和选材不是现象的罗列，而是在忠实于事实的基础上，对事实本身概括、提炼和升华出比事实更真、更美、更善的内涵来，赋予亚运会这个片子以新的风格、新的内涵。对此，片子确定了以竞赛的形象展现中华民族的性格、精神、信仰和气质，以夺标精神为立意的主题。片子不停留在运动场的盛况和比赛的反映上，而把焦点集中在运动员的身上，并从这里沿伸到他们的内心世界，表现他们的拼搏精神中的个性特征，抓住那些夺标者的艰难、曲折、失败、痛苦、荣誉和欢乐，从中开掘和体现出生活之情和哲理。这样主题的确立和内容的表现不仅弥补了时效性的不足和内容的重复，而且用感情的力量打动了观众，不仅找到了一个全新的角度，而且也体现了非同一般的思想意义。

(3) 我的节目风格与形式是什么？纪实的、访谈的、编辑性的？是轻松欢快的还是严肃凝重的？是快节奏的还是慢悠悠的？是抒情的还是思考的？等等。这一切直接关系到拍摄过程中对摄像的要求和后期编辑。

(4) 我的节目定位的主要传播对象是什么，主要是给什么人看的？即节目的收视市场在哪儿？（儿童、青年人、老年人、男性、女性、家庭还是为评奖的、为交流用的）对象的不同，目的也不同，策划、编导、拍摄与编辑等的思路也会有大的区别。

(5) 在实施创作的过程中，我准备运用什么样的技术手段？

是带单机拍摄还是带双机拍摄；声音，是后期配音还是同期声等问题。

单一摄像机——在摄影机中编辑的优点：

①费用低。

②设备轻。

③人员少。

④易挪动。

⑤导演组不至于显眼，对周围的人影响较小。

⑥摄影结束，节目完成。

⑦节目是第一版。

⑧可以立即看录像，可以立即散发。

⑨可以现场做拷贝给录像中出现的人。

缺点：

①不论多么窘迫，所有图像必须按台本顺序做出。

②镜头一定要做得快，以避免摄像机停止，在转换时有闪光现象。

③每个镜头必须在第一次时做正确，因为重做镜头会出现吃帧现象。

④晚拿的主意难以临时加入节目之中。

单一摄像机——制作之后的优点：

①如存时间，镜头可以从一系列摄影角度拍出。

②镜头可以按任何顺序拍。

③最后一分钟的主意和没料到的镜头可以插入制作之中。

④费用低。

⑤设备轻。

⑥人员少。

⑦易转移位置。

⑧不显眼，对周围的人影响小。

⑨节目可以按任何顺序，用多种方法编辑。

⑩剪接不好，可以请教顾问人员。

⑪可以后加音乐。

⑫配音可以后加。

⑬标题和图像可以后加。

⑭素材可以再用到其他项目上。

缺点：

①从镜头到镜头的连贯性需要注意，需有人负责此事。

②裁剪应避免跳跃。

③所有录像必须经过剪裁。

④拍摄完之后，编辑量很大。

⑤编辑设备可能很贵。

⑥整个工程需很长一段时间才能完成。

多摄像机——后期制作优点：

①可以得到多个角度。

②拥有了多个角度的镜头，可以在最后编辑时用。

③动作的镜头没有不连贯的担忧。

④如一个摄像机有问题，其他的镜头也能录上。

⑤节目不依赖切换的技巧。

缺点：

①设备贵。

②需要的磁带多。

③人员和费用增加。

④如两台摄像机不连接，白平衡和其他信号可能不搭配。

(6) 我的节目是几个人组成的摄制组？

这个摄制组是2~3人、3~4人、5~6人还是更多，是否要灯光和录音。

(7) 为我的节目大体的创作拍摄制作时间表。

总结性的讲，创作电视文艺专题片的大体过程是：在确定选题基础上，编导在大脑中分析、整理，逐渐酝酿片子的主题、形成形象，思考结构和表现的手法，进入策划拍摄方案和实施创作。一旦发现新问题，纠正原创作的失误（主题表层不明，内容失真，思想错误，结构混乱），主要的失误是①偏离主题，表现在主题不正确或不明确；②偏离生活真实，表现在采访的材料不典型或虚夸；③偏离艺术法则，表现在结构不当、思路不清或缺乏完整性；④表现手法失当，改变和调整构思，完成作品。这些只是立意和如何表现节目构思的一般思路，然而，在现实的生活中，电视专题也好，电视文艺专题也好，最后确立表现主题既可以是事先确立的主题，也可以在拍摄中通过分析与理性的认识，在拍摄中自然显露而形成的主题，这些都需要我们编导去认识和分析。

2. 电视文艺专题片拍摄前的案头策划

编导是节目质量的核心，是文艺节目综合艺术的组织者。节目质量的好与次是编导拍摄与编辑理念的直接反映。编导不仅要把握好画面所表现的内容和主题，还要综合考虑声音（音乐、同期声、画外音、配音）、构图、用光等因素。编导在进行节目构图时，既要把自己的构图想法清楚明了地告诉相关的艺术工种，特别是摄像，同时又要听取和吸收各艺术工种的意见。在现实的拍摄中，许多编导都忽视这项与各工种沟通的工作，不是模糊不清的要求就是对摄像等工种人员大甩手，这是很糟糕的。编导在文艺节目的创作过程中，不同于新闻节目，必须充分调动电视的综合艺术手段来表现主题和反映节目内容，对摄像等提出具体的想法和要求。在具体的拍摄中要考虑以下三点：

(1) 考虑拍摄方式的确定：

目前我们在制作文艺节目时，和主题确立相联系的有三种形式：

①先有拍摄脚本。编导在出发拍摄之前已经准备就绪了较为完整的拍摄脚本或分镜头本。编导、摄像在拍摄过程中根据脚本

去拍摄，回来后再进行合成。这种方式由于前期准备工作比较充分，编导和摄像在拍摄的过程中心中都比较有底，后期也比较从容。像电视散文、音乐电视和有准备的文艺专题都是这样拍摄的。这样拍摄的问题是前期花费的准备时间和人的精力太多，同时有许多节目的选题和内容是很难用脚本去规划和人为把握的。在拍摄中由于有了一个先入为主的想法，在拍摄中一些能反映和改变拍摄方案的有价值的细节被忽视，由于前期太费时，事实上也很难应付日常的播出的要求。

②只有一个构思，而没有具体的脚本。编导在拍摄中根据构思和具体的情况，沿着事态的发展或编导的构想一边拍摄一边采取所要的图像资料，到粗编时再组织片子的结构。这样拍摄前期比较轻松，拍摄中编导要有一定的驾驭能力，后期要费一定的时间。

③有一个基本的脚本，但在拍摄中按拍摄的具体情况调整和完善脚本，策划、撰稿和编导一起去拍摄完成。这样拍摄的脚本与拍摄的过程比较好地融合在一起。

(2) 思考片子的内容与主题如何表现。

①片子的内容和主题与画面的选择。

比如，曾有一度，中国电视专题片创作出现了都市悲情作品热，《十字街头》、《毛毛告状》等，这些悲惨的故事赚了观众不少的眼泪，也乱了观众的思维。由于效仿者很多，大讲南北悲情片占了专题片、纪录片的主流。一时间，观众错以为纪录片真的与欢乐的故事、与主旋律无缘。如何拓宽编导和观众对专题片、纪录片认识的视野，成为有关专家和专题片、纪录片编导研究的重点。在这样一个命题的背景下，北京电视台制片人兼编导王惠在 1994 年 2 月完成了一个极有意义和价值的策划书——系列片《京城百姓家》，同时进行了一个月的策划可行性和选题的调查，确定了纪录性的专题这一节目定位，以轻松、开朗、向上的情绪，平和地讲述一个个真实的老百姓的故事，以此为节目的宗旨和风格。同年4月，北京地区23位编导在事先策划好的选题下分别敲开了京城23户人家的门，1个月的时间，23集专题纪录片《京城百姓家》拍摄完毕。

②思考一下画面与声音（同期声、话外音、音乐等）的选择和两者的融合。

从构思节目开始，就要考虑到声音问题。比如是否采用同期声，选配什么样风格的音乐，解说员的语气、语调、语音特色等等。在组建摄制队伍时要认真考虑配备录音师的问题，并在拍摄之前把整个节目的构思、内容及对声音的设想与录音师交流，共同完善音响的设计。

所谓同期声，通常是指拍摄电影或电视画面时同时记录的与画面有关的人或环境的声音。

90年代，电视片《望长城》的播出，以其鲜明的纪实风格，在中国电视纪录片的创作中写下了具有里程碑意义的一页。人们在对《望长城》一片交口称赞的同时，似乎也重新发现和找回了同期声赋予电视艺术的巨大魅力。一时间以同期记录声音和画面为主要特征的电视片骤然兴起，形成了一股强劲的纪实浪潮。

同期声给人以再现时空的真实感。真实是电视纪录片的生命，也是电视文艺专题片赖以生存的美学基础。形声一体化的结构，还原了生活的本来面貌，赋予了形象以运动的意义。它使被拍摄的事物更贴近人们日常生活的经验，更有一种逼真的效果。

同期声的另一个重要审美特征就是它的生动性。现实生活中事物的存在和运动绝大多数都是有形有声的。视觉和听觉是人们感知外部世界的两种重要方式。通常情况下，二者缺一都是不完整的，听觉是视觉的重要补充。让被采访者直接陈述给观众，使观众不但见其人，而且闻其声。这样，人物的性格特点、学识水平、道德修养等诸多信息就会通过人物说话时的表情、神态、语气、举止等因素表现出来，从而使观众对被采访者的印象也更深、更立体化。

《歌魂》描述的是山西左权地区的民歌与人，在前期采访中，编导对当地淳朴的、流传广泛的左权民歌留下了深刻印象，尽管在开始时无法确定节目的最终形式，但明确了一条：一定要把当地多年传唱、至今不衰、声情并茂的左权民歌原汁原味地记录下来，即按照纪实手法来拍。因此，编导在准备阶段就及时和录音师谈了构思与想法，使其从一开始就进入了创作角色，对拍摄内容、对象、设备等做好了准备。

(3) 思考一下节目的片子如何开头、如何结尾、过程内容如何叙述。

电视文艺专题片与其他类的专题片、纪录片一样，它的开头和结尾各种各样，可以讲无定式可循，它主要是根据作品的表现内容和编导的叙述的思路。片子的开头既是内容的开始，又是编导声画结合创作思路的入口。有的人讲过这样一句话："专题片如果前10个镜头不能把观众吸引住，那你将意味着失去一半的观众。"在实际的创作拍摄与编辑中大体上有以下几种开头的方式：

①"开门见山，直接入题"——这是一种比较平实和比较普遍的方法。开篇就直接引入内容，马上把观众带入节目。像《雕塑家刘焕章》的开头：

画　面	解　说
狭小的夹道（房顶上推） 雕塑家的脸（特） 雕塑家的手（特） 刘在雕刻（全） 雕像（特） 刘在雕刻（近拉中）	他住在北京东城一条僻静的胡同里，绝大多数的中国人并不认识他，然而在文化艺术界，他可是一位知名人士，一个称得上优质高产的雕塑家。他姓刘，名焕章，今年已经52岁了。

画面提示	解说内容
(音乐起) 南岳云海（全、摇） 云海上叠印毛泽东、刘少奇、任弼时、彭德怀、贺龙、罗荣桓六位领袖的照片 日出、青山	自从中国走进现代史的分野，我们这块土地，便和许多伟大的名字联系在一起。 他们的足迹从这里开始，这里发生了许多关于他们的故事。 这些故事，大多已经写进了历史。没有写进历史的，便永远的留在这片土地上，留在故乡人民的心里。 在领袖们的故乡，最令人瞩目的是这个普普通通的小山冲。

再看专题片《方荣翔》

《方荣翔》

画面提示	解说内容
剧场（空镜头） (画外唱腔起一句掌声、叫好声) (舞台深处推字幕) (字幕）中共山东省委指示：立即成立“方荣翔手术小组”，不惜任何代价抢救治疗。 医生们会诊（同期音响） 无影灯下抢救(同期音响) 医院值班室（空镜头） 济南四里山下，戏迷们听广播，看报一组（定格）(音乐起)	“包龙图打坐在开封府……” 《方荣翔》“1984 年 12 月 1 日，著名京剧表演艺术家方荣翔心脏病严重复发。” 在山东医科大学附属医院，专家、教授先后六次会诊，针对方荣翔的病情，制定了周密的方案。 1985 年 3 月 4 日 7 点，由美国赶来的著名心脏专家纳尔逊主刀，“抢救小组”开始为方荣作“心脏搭桥”手术。 这一天，在医院的这间值班室里，省委和有关部门的领导，紧张地等候着手术进程的消息。 与此同时，济南市的许多戏迷关注着当天的新闻，盼望着方荣翔手术成功。

画面提示	解说内容
（叠印）古城角、小胡同	方荣翔，1925年7月19日出生在北京。由于家境贫寒，他6岁就开始跟尚小云、骆连翔、张鑫奎学戏。
ADO出方荣翔小时候的照片，古城根儿	古城根儿是方荣翔的练功房。京剧流派繁多，他迷上了裘派气大省洪的声腔艺术。
ADO出张鑫奎的照片	张鑫奎发现了徒弟“背师学裘”的欺师之举，但他识才爱才，不仅没有惩罚徒弟，反而亲自送他改换师门。
裘家大院 ADO出16岁的方荣翔的照片 张鑫奎（字幕）	16岁的方荣翔在师傅张鑫奎家得到的第一条教诲就是：“咱裘家做人要正道。咱裘派唱腔最值钱的是‘用气’。”这条裘师做人和唱腔的要领，方荣翔牢牢记在心里。
方荣翔参军照 勋章一组　舞台剧照一组	1948年，方荣翔参加了中国人民解放军。抗美援朝时期，他在志愿军京剧队曾经多次立功，被授予“解放勋章”。
毛泽东接见	1956年，方荣翔转业到山东省京剧团工作。他始终清白做人，精心演戏，刻苦钻研裘派艺术，成为功名卓越的京剧表演艺术家。

画面是空剧场，镜头慢慢推进到舞台戏桌；画外音是一句精彩的裘派花脸唱腔“包龙图打坐在开封府……”

掌声，叫好声，舞台深处推出字幕《方荣翔》。这一开头简明点题，把方荣翔作为活跃在舞台上的著名京剧表演艺术家受观众欢迎的艺术风采作了最鲜明的展示。

这种入题的方式对于一些以表现人们的生活内容为题材的片子，对于那些以时间顺序发展为线索的片子，开门见山，直接入题的方法既简练、朴实，而且真实、自然，是许多片子和编导们经常采用的开头方式。值得注意的是有的编导在用这种方式开头时，又总愿望加上几个寓意性的镜头以显示其片子的深刻，使画面拉拉杂杂半天还没入题，其实是观众不知你要表现什么的感觉。

②“由远及近，间接入题”——这是一种新鲜活泼的开头方式。它从一件与时事有联系的远处娓娓动听的说来，但这只是入题的由头，到一定的时候，火候一到，笔锋与画面一转，引入新意，进入正题。看一下《北京运动服装一瞥》的开头：

画　面	解　说
古希腊雕塑 奥运会入场式运动会， 运动员 在天安门广场 青年男女穿着运动服	这是古希腊雕塑《掷铁饼者》。在艺术上它是不朽的；在服装上它是真实的。它告诉我们那时候参加奥运比赛是不穿衣服的，古希腊崇尚人体的自然美。运动员全身涂满了橄榄油，身体在阳光下发出古铜色的光彩。 奥林匹克的火炬燃烧了两千多年。在许多方面，现代运动会不同于古代，它是世界上规模最大的体育比赛，同时又好像是一次规模最大的服装展览。世界各国的运动服在这里争奇斗妍，竞相比美。今年又是一个奥运年，北京不是举办本届奥运会的地点，但数不清的北京人纷纷穿起了运动服。

这种开头很新鲜、富有吸引力，能引人入胜，很适合于漫淡式结构的片子。值得一提的是笔锋和画面转换的火候一定要把握好，在运用这种方法时，转换的契机要想好要掌握好，既要异军突起又要自然而然，切忌牵强附会，牵强硬转。

③“寓意式”——电视编导在专题片的创作中，也借鉴了文

学创作的某些手法，在电视中用比兴的手法和隐喻的手法造成一定的寓意效果，直接揭示片子的主题。对于那些思想性较强的作品，常常是较好的开头方式。如《莫让年华付水流》的开头：

画　面	解　说
晃动的婴儿（脚摇到脸） 爬行的婴儿（脚摇到脸） 学步的幼儿（脚拉全身） 列队齐步的少年（脚拉全身）	生活的脚步是这样开始的。 人生的道路，是这样开始的。
轻快奔跑的青年（脚拉全身） 蹒跚而行的老人（脚拉全身）	当人生进入暮年的时候，啊！ 年轻的朋友，我们现在真是羡慕。 你们甚至几分嫉妒，人的一生最珍贵的是青年时代。

这里阐述了深刻的人生哲理，这种寓意的用法一定要注意贴切、合理而且还要适度。过多的运用又会变成一种的套路，这样就不好了。

当然还有其他的开头方式，如强调式、介绍式等，还有许多，今天我讲的要电视编导们在作片子的开头时，切不要被现有的框架捆住创作的手脚，我讲的意思只有一个：这就是编导在作片子的时候要花一点点的时间想一下开头。在我看来作为开头创作的规律只有一条，就是想方设法从开头吸引住人。

3. 策划和编导在具体的拍摄过程中，有几个问题是事先比较难策划和考虑的，即使想到也会考虑不周或应具体情况的变化而调整。因此，编导在拍摄的过程中要注意以下三个问题：

(1) 在拍摄中要注意细节的描写。

成功的细节描写堪称是片子的“戏眼”，一部作品没有一两个或几段有血有肉的细节描写，必然缺乏深度，缺乏感情的冲击力，必然是平平淡淡。

《龙脊》中有一段关于爷爷陪孙子考试的细节描写，爷爷在教室外看孙子考试，不知不觉中爷爷走近了教室。这是一个很不起眼也很平常的简单动作，但是编导没有放过这一细节，很好地把这一细节拍摄了下来，生动地表现了老人心底蕴藏着对知识的渴求和对孙子的无限的希望，这是一种特有的很动人的个性显示。《方荣翔》中几组戏迷镜头抓得很好，“济南市的戏迷们倾听着方荣翔的声音，谁也不愿意离去”，画面上出现了一组男女老少感情真挚的中近镜头。

又如《死囚的忏悔》中，有一个镜头推近囚犯的头顶，光光的头皮上一根头发垂在耳后（定格），画外音是他的自白：“进来时剃光了脑壳，不知怎么留下了一根，让我想了几天，也许是上天为我留下了一丝希望。”作者敏锐地抓住一根头发，一句自白，一丝表情，巧妙地揭示出罪犯愚昧侥幸的心态。

有一部专题片《母亲》，片中有这样一个细节，主人公程春英像往常一样，煮了一碗菜泡饭，然后坐在桌前开始吃那再简单不过的一顿饭。这个看起来平淡至极的生活细节，作者给予了从中景、近景到缓缓推至特写的一系列匠心展示，并伴以凄婉而略带几分幽怨的音乐渲染，使人感到仿佛主人公不是在吃一顿菜泡饭，而是在咀嚼命运带给她的五味人生。她面对清贫的那份沉静、那份坦然，更给人以感染。

吉林电视台的女编导程捷有部获奖的片子《朝阳与夕阳的对话》，该片讲述了作曲家雷振邦与雷蕾父女两代人的直接对话交流，她这部片子的成功不仅在于表现描写人物不依赖事件的叙述，而且更注重生活细节的开掘，这正是那些具有生命力的细枝末节，经过编导独具匠心的体验，构成闪烁的人物形象。编导在拍摄中避开了大情节和大事件及雷家父女在音乐事业上的辉煌成就，以女性所特有的敏感、细腻和深沉，独具慧眼地从生活中捕捉具有生命力的细节，构思出有思想、有个性、有真知灼见的凡人形象。在《朝阳与夕阳的对话》中，两个人物，两条线索，多组画面，一边是一架老式的钢琴，一只点燃的香烟，一副老式的眼镜，一本多年收集的民歌，形象地表现了老窗艰辛的艺术生涯，从民间艺术中吸取了丰富营养，以及对音乐艺术的不懈追求；另一边是一架油亮的新式钢琴，一台高档调音台，一箩鲜红的西红柿，一盘焦黄的鸡蛋，反映了小雷既是著名的音乐家，又是普通的女性，既要写曲子，又要带孩子的青年艺术家的鲜明特征。编导对雷振邦的描述，重点不在记录他作了多少优秀歌曲，而着力表现这些歌曲已成为中国现代音乐的一部分，这无疑是对中国民族艺术的奉献，然而他本人做出了更大的奉献，那就是为中国音乐艺术界奉献了新人——女儿雷蕾。这种不仅仅是生命和艺术的延续，也是音乐艺术的升华和发展。那新旧两架钢琴所构成的对比性画面，说明这两代人不同的人生经历遭遇，不同的艺术追求，以及不同的艺术生活道路。那焦黄的鸡蛋所构成的象征性画面，述说了青年艺术家两种生活形态，以及中国女性对生活的炽热，那抚养第三代学步的双意性画面，叙说第三代的成长，带领又一代音乐人开始上路……正是这种细节化的描写，通过这种“移情化的景物”和“任务心境的物化”，加深了作品的思想蕴涵的深化，从而激发观众去思考、去品味。

有的时候拍摄中的细节会改变片子的创作命运，《壁画后的故事》编导原计划去报道一个壁画的揭幕仪式，在拍摄到一位壁画的模特时，听说了壁画上的一个模特得了骨癌已锯掉了一条腿，但仍然热爱生活的消息，于是这位编导触发了拍摄的想法。他抱着对生命的热爱与对救助生命的满腔热情，开始了一个全新的故事，并获得了成功。

(2) 处理好片子中感情的“藏”与“露”的关系。

艺术离不开感情，感情贵在含蓄，电视文艺专题片以表现人和事为使命，通过人物的生活经历、人的喜怒哀乐，展示不同的追求，引发观众的共鸣。因而编导在创作拍摄的过程中会被具体的“人”与“事”所感染，对待编导的感情介入是不可避免的，设想一下，在拍摄中连创作的人都没有感觉的东西还能去打动观众吗？所以在拍摄中编导的感情介入是不可避免的，但介入感情不能干扰片子，要处理好被摄人物和景物的客观感情与编导主观感情的关系，能否恰当地处理好这两者的感情分寸，直接关系到片子的审美效果和质量。对于客观感情的拍摄纪录不可能是纯客观的，必然会有编导主观的感情因素，但主要的问题是渲染要适度，主观感情的介入要做到藏而不露。编导在实际的创作拍摄中往往会加入主观的感情，把对客观情景渲染的过度，使片子的主观感情过于暴露，以致原本的情感表面化，使观众产生反感。《传歌人——王洛宾》的第一集就有这个问题。

(3) 做好同期声采访的准备工作。

运用同期声在文艺专题片中是越来越引起重视，这是创作和创作手法发展的可喜变化，同期声采访涉及技术和艺术的双重性，就其技术属性看，在增加现场感的效果外不会产生艺术的效果，不会使片子的质量有一个质的变化和提高，要是片子的质量有一个质的变化和提高必须进行话题的策划，做好同期声采访的准备工作。目前，在实际的拍摄中我们有些编导同期声采访前不做充分的准备工作，话题不作精心的策划，问话笼统，不得要领，问题缺乏针对性，习惯于做官样文章，八股话，缺乏感染力。

在同期声采访中必须根据访谈的对象，按具体情况、具体问题、具体人物背景作不同的策划。中央电视台《东方时空》主持人水均益做过一个关于基辛格的专访节目，按照原定访谈的时间，基辛格只答应给5分钟的专访时间。然而，节目时间是9分钟，怎么办？（问：加背景资料）主持人、记者和编辑进行了周密的策划，要使基辛格在不知不觉中自己谈下去。面对这样一位见多识广、擅长于外交的国际级“大腕”，策划者们精心准备，查阅了所有能找到的关于基辛格的资料，为了能使他合作，决定“先发制人”向他发难，而把一些轻松的有关个人生活的话题放到后面拖时间。对此，采访一开始，主持人的第一个问题就是中国和美国现在是朋友还是敌人，博学多才的博士听了一愣，他没有想到主持人一上来就是这么尖锐地问他。于是，他认真地分析了冷战后的国际关系，包括他的大国平衡论，在此之后，主持人又根据事先策划好的，接连问了美国能否当世界警察、对华最惠国待遇、如何看待中国的改革等问题，这些是基辛格的长项，他乐此不倦，滔滔不绝，而后，记者又把话题转向轻松简单的个人生活问题，博士的乒乓球技、家庭、子女、近期著作，最后还提到了再过十天就是博士的生日，基辛格脸上露出了吃惊和喜悦的目光，连声道谢，这次采访足足进行了二十多分钟。

同期声的采用有助于增强电视节目与电视观众的交流，但是在同期声采访中要注意：

首先，不是所有的同期声都是需要的。在实际采访过程中，电视摄像机所面对的景物是形形色色、千姿百态的，有的可能是瞬息万变和突如其来的。而对于那些不善于表达的被采访者来说，其答话可能就会词不达意，或是答非所问。对于这种情况，一方面采访时应尽可能加以引导，另一方面后期剪辑时应毫不吝惜地将其删掉。

第二，同期声的使用应忌冗长。与画面的剪辑节奏类似，声音的剪辑也应当是有节奏的。这时所说的声音的节奏是指同期语言声、同期效果声、解说声、音乐声等交替地出现和综合运用。就某一段同期声而言，一般不宜过长，否则将会造成节奏的拖沓和冗长。从人们的听觉感受来说，过长的同期声容易使人感到单调和疲劳。

第三，同期声应忌杂乱。录制同期声时，应注意有效同期声和无效同期声或者称之为杂声的区别，因为实际摄像的环境常常是这两种声音同时并存的。如果不注意加以区分，致使杂声过大，有效同期声就得不到充分的表现，甚至于会造成技术审查不能通过。

第四，采用同期声不应走极端。尽管同期声有着诸多的优点，但在电视节目的制作过程中不应一味地为采用同期声而排斥其他手段的运用。

同时在话题的策划过程中还应注意：

①不问不着边际的话。如：你有什么感想？（让人不知如何回答）②不问显而易见的话。如：这么大的雪，你去外面跑了一天，一定不容易吧？③不“诱供”。如：你犯了这个错误一定很后悔，你今后一定会改正的吧？④不问一句话就能回答的问题。如：你吃了吗？你好吗？⑤不要问与采访者身份不相符的问题。如：采访农民问国家的大政方针，采访犯人问他的良心过得去吗？⑥不要故作深奥，专用形容词。

4．编导在节目后期要把握的几个问题

(1) 解说的分寸和音乐与整个片子基调的融合。

在专题片中，解说是表达编导理念认识与感情的文学形式，它是为看而写的，但它与画面互为桥梁、互为引线、互为主导、互为依存。每一个片子从画面、从音乐、从剪辑都有一个基本的基调，解说需要与此相融合，解说的分寸要和整个片子的风格基调一致。解说有时需要激烈昂扬，有时需要浑厚深沉，有时又需要昂扬粗犷，有时需要轻松欢快喜庆，有时需要细腻委婉，等等。还会有许多许多解说的要求和效果。在这个过程中，也许有时感情稍微浓一些，就会破坏画面含蓄深沉的韵味，也许解说的语气稍轻了一些，又与片子音乐铿锵有力激越的旋律不相吻合。

电视纪录片《歌魂》获得了 1993 年“全国对外电视节目专

题”一等奖和录音单项奖。诚然，编导策划过程中的思维、意识、方式、方法，是决定节目成功的关键，但编导的声音意识强弱也对这个节目发挥了很大的作用，声音的地位起了决定性的作用。在前面已经提到从构思节目开始，就要考虑到声音问题。在后期编剪过程中，正确使用编辑设备上的录音操作键。对于镜头剪接和采访剪接，充分考虑声音的连续性，避免半句话剪接，巧妙利用同期声转场，发挥声音承上启下的作用，最后和录音师一起对完成带整体把关。

解说和片子的音乐有一点像列夫·托尔斯泰说的一句话：“只不过稍微点几笔，一切都改变了，艺术就是从这稍微两个字开始的。”的确，在文艺专题的创作中，解说要与整个片子的基调、与片子的形和情交融起来，不然真会“失之毫厘，谬以千里”。

(2) 重新审视整部片子，目的是什么？

注意把握：

①从头看一下片子主题是否明确、是否达意。

②画面的叙述是否流畅、场景是否混乱或不连贯，包括镜别剪辑。

片子是否有技术上的硬伤。声音的声道、跳针、拉毛、偏色、超时、少时等等。

第四节 音乐电视节目的策划

一、音乐电视节目概述

音乐是心灵的呼唤，是流动的情绪，是感情的宣泄。确切地说，它是一门体察和表达人们内心情感世界的时间艺术。雕塑、绘画、摄影是空间艺术，电视是时空相结合的综合艺术，电视音乐是通过音乐和意蕴化了的画面的组合完成审美体验的，音乐电视隶属于电视创作范畴，它是电视文艺节目创作形式中的一种，音乐电视正是通过音乐（歌曲）和优美画面的两度虚拟以意化的音画组合，使审美者来完成审美的体验。音乐电视的美和它的功力是在音乐与画面的“虚拟”的融合中。从美学上讲，艺术的作为，在于朱光潜先生讲的“虚拟”，越是虚拟的才越见艺术功力，要不然也不会出现印象派、抽象派的音乐和绘画。虚拟中的手段，亦即音乐电视艺术的手段，没有艺术手段，亦就没有艺术作为。

MTV——音乐电视，最早源于美国，大约是80年代。在美国MTV电视频道推出之始，音乐电视的概念并不是我们今天制作的音乐电视MTV这般认识。“MTV”这一英文，是MUSIC TELEVISION音乐频道的缩写，并不是今天我们认识的一种节目形式和节目制作形式的代名词。这一现象在至今的美国MTV频道节目中仍有不少时间在转播或播放现场节目中找到。随后，香港卫星中文台按美国MTV频道照方抓药取名音乐频道为“MTV”，但一年之后，卫视发现MTV包容不了这一频道的节目内容，于是更名为［V］频道，对此，在［V］频道中“MTV”的含义渐渐演变为泛指制作精良、拍摄精致、后期画面艺术化的音乐歌舞节目。

中国的音乐电视起步比国外晚10年，大约是在90年代初，在促进中国音乐电视的发展中，中央电视台起到了很重要的作用。1993年中央电视台创办了第一个播出音乐电视的栏目——《东西南北中》，同年3月，《东西南北中》栏目推出了第一期音乐电视作品，一种新的内容、新的样式、新的节奏、一个鲜明个性化的节目，一时间使中国的电视观众有了较深刻的印象，使人精神为之一振，许多国人喜欢上了这种电视节目的样式。这种新的节目——音乐电视，全面调动了电视所拥有的各种技术、艺术手法，丰富了音乐的想像空间，找到了具有强烈节奏感的画面表现形式。在中央电视台的带动下，各地方电视台、各大电视制作公司、文化传播公司、歌星等纷纷参与加入音乐电视的拍摄，在许多人只喜欢但还不了解音乐电视是什么的时候，音乐电视已红红火火地在中国发展了起来。

从20世纪90年代以来，音乐电视（Music Television），简称MTV，以它崭新的形式出现在我国的电视屏幕上，成为电视观众喜欢的，特别是受青年观众青睐的电视节目。

音乐电视之所以具有强大的生命力，一是因为音乐电视它赋予音乐新的意境、新的形象、新的美学特征，使演员和观赏者对音乐的理解得到了更为生动和形象的艺术发展；二是因为它为歌唱家艺术形象的永久性保留和艺术声誉的宣传提供了最快捷的新的手段；三是因为它开掘了人们欣赏事物美的两大器官，实现了音乐艺术（听觉艺术）和电视艺术（视听觉艺术）的完美的结合，给观众带来了美的视听享受，因而深得各个阶层、各个年龄阶段观众的欢迎和喜爱。正是音乐电视具有各个阶层、各个年龄阶段观众欢迎和喜爱的广泛的群众基础，因而它是一种很富有生命力的电视文艺形式。四是因为它具有广泛的群众基础，成为老百姓日常生活娱乐和欣赏便捷的陶冶方式，带有很强的商业卖点价值，有一个很强的经济市场，融资较为方便，销路广。

二、什么是音乐电视？它的表现样式又如何？音乐电视节目的特征有哪些？它与电视音乐、电视音乐片有什么区别？

到目前为止，在电视理论界、在电视实践中，还没有一个既明确又有权威性的定论。没有权威性的定论，一是因为音乐电视是一种新的电视文艺节目样式，发展快、变化怪、形式多，它的制作者与生产者——经济人、音乐人、制片人、编导是一种以实际性为主的艺术创作形式，音乐电视的理论研究往往落后于音乐电视创作的实际。二是创作音乐电视基本上是一线电视台的编导，他们都忙忙碌碌于电视节目和音乐电视的创作中，很少有时间去搞些音乐电视的研究和总结，一旦他们能静下心来搞些音乐电视的研究和总结时，音乐电视新的花样又出来了。三是从电视艺术创造的规律上讲，一种新的电视样式的出现，是不断发展前进和在完善之中，这种新的艺术创作样式既不可能是电视理论工作者固步自封研究的结果，也不可能是一部分编导创作的音乐电视作品就是音乐电视创作的终结的样式，它有待于一个较长期的发展，在较长期化的发展过程中，科学分析、归纳、总结其创作的特征，得出相对一致的共识。回过头来去看，音乐电视从电视歌曲的概念到频道的说法再到音乐盒带再发展到今天，人们所见到的音乐电视其历程也不过是短促的二十几年，在这二十年中音乐电视其概念、特征发生了很大的变化。值得幸运的是音乐电视在这几年中发展极其的迅速，策划创作的水平也越来越高，制作的音乐电视节目也越来越精湛，已基本上趋近于本质的电视节目样式。

查阅众多的百科全书，查阅 1986 年 7 月第一版的《简明不列颠百科全书》，关于音乐部分中没有这方面的任何记载。我国 1989 年出版的《辞海》中也无音乐电视此条目。我国 1989 年 4 月编辑的《简明大百科全书·音乐舞蹈》卷中也没有音乐电视的条目。可以讲音乐电视是 20 世纪 80 年代至 90 年代产生的电视产物（或称新的电视节目样式）。那么什么是音乐电视 MTV 呢？

音乐乐评人金兆钧认为：音乐电视就叫音乐电视广告片。

他的理由是，从当前的 MTV 的制作还是当初音乐电视的推出，多数是和歌手专辑金带的出版相伴随，很多歌手在制作专辑盒带后，在发行之前，往往会再投入一笔资金，为专辑中的主打歌曲拍摄一首 3～5 分钟的音乐电视（MTV），通过电视这一大众传媒的播放传播出去，为下一步盒带的倾销作好宣传铺垫的工作。

北京电影学院副院长张会军教授认为：MTV 实质是一种视

听文化，是建筑在音乐、歌曲结构上的流动视觉，视觉是音乐听觉的外在形式，音乐是视觉的潜在形态。其作品的价值应该在它的文化品味上。

中央台的赵群认为，MTV是一种3分钟到5分钟的短小音乐作品和歌唱节目，它的歌唱演员的演唱和无歌唱演员演唱的歌曲、戏曲和短小的音乐小品，以跳跃的、继继续续的、有逻辑的或无逻辑的快节奏画面，表现这部短小的音乐作品和歌曲节目。画面有室内的，室外的；有过去的，也有现在的；有黑白的，也有彩色的，黑白彩色相同的；有电脑制作的，有动画制作的，还有电影特技制作的。创造一种惊心动魄、如梦如幻、海阔天空、眼花缭乱的效果，具有较强的艺术感染力和震撼力。

电影学院许国均认为，MTV是音乐和画面的两度虚拟创作之一种，以意化的诗画式的音画组合。

中央电视台原文艺中心主任邹友开认为，充分调动电视的手段，根据音乐歌曲的内涵和节奏，设计出包括演唱者在内的具有情绪化又互相联系的多组画面的艺术形象。

国外音乐电视MTV认为，渐渐地由泛指歌舞形式节目频道转变为制作精良的歌（或者舞），辅以拍摄精湛、后期画面制作严整的音乐电视节目形式。

应该讲，音乐电视是充分利用电视的手段，根据对音乐歌曲的内涵和节奏的理解与处理来进行创作，设计和拍摄出包括演唱者在内的具有情绪化又有感情与内涵联系的多组画面的艺术形象的电视音乐节目。音乐电视和电视艺术片一样是电视音乐节目的一种。

这样的概括，可以粗线条的指出音乐电视的基本特征：

1．充分利用现化先进的电视技术手段。

2．多画面、多时空来表现音乐个性和情绪、状态。

3．画面不受时空限制。

4. 多组画面、多时空的有机结合。

5. 音画的有机结合。

三、音乐电视的策划

音乐电视是制作者根据音乐歌曲内涵，运用电视艺术的表现理念，设计和拍摄出演唱者在内的具有感情与内涵联系的多组画面、多空间有机组合的艺术形象。

MTV 的策划和创作需要创作者具有一定的文化修养、艺术品味、摄影、色彩、用光、节奏感、画面构图等专业素质；透视出作者的人生经历、价值观念、生活背景、对事物的好恶、经历的精神创伤和童年的记忆。制作人、导演能否将个人的艺术感转化为电视手段加以充分表现，这是一个电视意识的问题。一般来讲，专业的电视制作人将会最大限度地利用电视技术因素的一切潜能和优势，使之全方位的为艺术服务。在整个电视制作的前期、后期将充满技术因素，音乐作品前期录音中对声音的修饰、混响空间的处理、镜头色调的调整、光的特殊效果、人意识流的表现手法、后期制作画面编辑中的各种特殊效果……几乎每一个环节都有一些经验性的技术办法需要加以运用。

1. 策划 MTV 题材和品种

音乐电视题材很广泛，品种与样式也有多种，杨伟光台长曾多次在“1995 中国音乐电视创作规划会”上提出：“我们要根据中国人的审美情绪，发扬中华民族传统文化，拍出具有中国特色的音乐电视作品，要做到这一点，首先是题材要选好，内容要健康，要拍得精致，拍得丰富多彩。”由此可见，拍摄题材多样的音乐电视作品从我国的国情出发，是中国观众的需要，这是总的要求。从各个音乐题材方面讲，当然可以把通俗流行的歌曲拍成音乐电视作品，通俗流行歌曲当然有着题材较广、曲目较多、有卖点、能融资等优势，但策划者和制作者也不应局限在通俗流行歌曲上。中国音乐电视作品的题材要广，但不等于说，所有的歌曲都能拍摄成音乐电视，这就要求我们对拍摄歌曲加以选择。第一，要看唱法，一般地说，流行歌曲容易拍，民族唱法居中，美声歌曲难拍；第二，看词曲本身。有的歌曲，词本身有局限，太实、太直接，给编导提供再创作的余地少；第三，样式品种要多些。目前在这方面存在的问题是：拍女歌手多，拍男歌手少；拍慢节奏的歌多，拍快节奏的少；拍爱情题材的多，拍其他的少；拍独唱的多，拍其他形式的少。

我们国家幅员辽阔，各种唱法、各种风格的民歌歌曲非常之多。不但可以把优秀的流行歌曲拍成音乐电视，还可以把民歌、影视歌曲和艺术歌曲拍成音乐电视。此外，部分优秀易形象化的戏曲唱腔和地方曲艺唱段，也可以拍成音乐电视，与此同时，根据现实生活中情真意切的故事改编创作的歌曲也是音乐电视题材的丰富来源。

在第二届全国电视台电视音乐节目评比中得了金奖的音乐电视《渔家大鼓》(作者宋北京)，他的作品选题就是从生活中情真意切的感受和故事中诞生的，“渔家大鼓岸边排，鼓声一响擂呀擂起来，敲得大山直晃荡，声传百里外”。这是胶东渔民的歌。旋律高昂、粗犷、流畅，富有浓浓的渔家特色。每年“谷雨”，看到渔家汉子甩臂击鼓的宏大场面，心里就久久不能平静，总想为这些朴实的渔家汉子们写点、拍点什么。

在第二届全国电视台电视音乐节目评比中得了金奖的另一部作品《红伞》的素材源于濮阳市青年作者罗继生的散文诗《小雨中的回忆》，诗中讲述了一个函授求学的青年到辅导站学习，下车后下起了小雨，当他想找一个地方避雨时，有一把红伞举到了他的头上，举伞的原来是个清秀漂亮的姑娘。各自作了介绍，两人竟是同学，奇遇撞击了这位男青年爱的火花，他把友情当爱情，总盼下雨，盼那雨中的红伞，回味那雨中的情思。当他日夜盼望的辅导课到来时，却不见了姑娘的倩影。他失望，他茫然，后来才知道，这位姑娘去医院照顾在战斗中失去双腿的一位英雄……创作者被作品中的“情”深深打动，又考虑到“雨”和“伞”也便于表现，更容易扩展、延伸这种意蕴的内涵，用“雨”喻意“天有不测风云”，人人会遇到困难。用“红伞”表示友情和互助，表现社会新风尚和精神文明。酝酿成熟，便创作了音乐电视《红伞》。

《二泉吟》中的歌者、摄者、编导，正是依托优美的亮丽的词曲，在惠山小镇、湖畔、小桥流水间，老唱片，旧民宅，空旷的藤椅，飘零的枯叶为我们编织了对阿炳的艺比天高命比纸薄的咏叹，为每一个观赏者创造了一个如此完美的抒情之所。人们在这首音乐电视中得到了美的体验，美的情绪达成，使人们听之观之过后，长久地沉醉在其中。这是因为它能包容和体现民族的文化蕴涵。

上海东方电视台制作的《乘着歌声的翅膀》，这是第一次出现美声唱法的音乐电视，歌词是表达19世纪海涅的诗意，由门得尔松作曲，表现渴望远离尘器，融入大自然的心态。编导者运用浪漫主义手法，营造意料之外又在情理之中的视觉空间，采取大自然与城市，古与今的对比，歌唱者黄英的悦耳歌声，一会儿又出现在一片秋色中的大树林里，镜头舒缓宁静；一会儿又出现在现代的黄浦江畔的大马路上，用高速运动的镜头，拍摄站立在敞篷车的黄英，以达到大空间的画面跳跃的视觉效果，最后又回到大树林，用演唱者和一个小女孩轻吻结束。整个歌曲，画面富有强烈的节奏感，融合着音画的有机协奏，这种音画结合的处理，营造了情感的冲击力，使美声唱法的歌曲获得了拓宽内涵想象、烘托意境的良好效是，是提高观众审美情趣的成功探索。

2．策划好的创意，好的创意是拍摄成功音乐电视作品的关键之所在。创意，亦即表现主题的画面风格样式，是主题外化、主题宣泄。它是活化音乐的生命之水。

第一，要创意好，首先要理解词曲的内涵——主题定位要好。每首歌要表现一种情感，歌曲的内涵和它所表达的情感是创意的依据和出发点。拍摄时，如果不去理解词曲的内涵，创意停留在写山拍山，写花拍花，那是注定要失败的。因此说，创意好的音乐电视作品，能升华主题。然而，创意好要靠对歌曲本身的深刻理解。

《红伞》以“红伞”作为意念化了的物象。“红伞”象征友谊、友情和友爱，喻义为“雷锋精神”，“红伞”越来越多，它象征着雷锋精神不断发扬光大，精神文明之花越开越鲜艳。

又如《春天的故事》通过南方新建的城市、街头的大幅宣传画，构造了一个叙事空间，MTV的叙事空间虽然实在，但它不同于电视剧、电视文艺节目的叙事空间，它的构造大多只是来容纳氛围，而不容纳连续发展的情节，即文艺节目中是跳跃的、断续的，它总是和其他空间交错组接，是一根由点构成的直线。因此，它的叙事空间必须具有特征、简洁，具有空间的表现力。这就抓住了某种具有特征“表情”的真实空间——南方新建的城市的变化，折射出老人家邓小平改革开放带给我们的巨大成就。

又如获得金奖的音乐电视《渔家大鼓》的创意定位，一是“胶东”，一是“渔家”。而这两点又凝聚在一个“鼓”上。世代生长在海边的渔家人，对大海有着特殊的感情，对鼓更是钟爱，阵阵鼓声如同阵阵号角，为出海打鱼的渔家汉子们祝福。那击鼓的宏大场面，是渔家人精神的象征；亢奋有力的击鼓人的双臂展示着渔家人的追求，也是渔家人的信念和自豪。每一组鼓点都敲出了渔家人与天斗、与海斗的博大情怀，它是一种民族精神的体现。阵阵鼓声与海浪交织在一起，汇成了永恒的和声！在高亢激昂的旋律中，要以生动多变的画面，海滩、海浪、剪纸、渔船、海草屋交错出现，再现魁梧、粗犷的渔家汉子甩动臂膀敲击大鼓的场面，让人们从中感受到一股带着“海味”的阳刚之气。

第二，画面好。创意好表现在画面组合上要合理，安排要得当，歌曲和画面要有机联系，前面说过，音乐电视的画面组合往往是多组画面齐头并进，互相联系。因此，创意时几条线的关系要理顺，前后衔接要合理。

有了好的创意、好的音乐，还要有精美的画面和造型手段。在音乐电视《渔家大鼓》的画面构思中，强调了歌曲内容与画面在整体上的神似，力求以动为主，动静结合，使画面营造出渔家汉子击鼓时宏大热烈的氛围。策划和编导用高亢、有力、粗犷，有浓浓的胶东特色的男声对唱，和背靠大海的排排大鼓，以及渔家汉子们挥动鼓槌，手执大铜锣，酣畅、有力地敲、打等编织起一道有浓郁渔家特色的民俗风景线。

“情中有景，景中有情”，历来是一切艺术家努力追求的艺术境界。王夫之曾指出：“情景各为二，而实不可离。巧者则有情中景，景中情。”在他看来，情为内隐，景为外观，情是主观映现，景为客观的自在之物。如何使这一主观的情和客观的景交融，不但取决于作者对情的感悟，更主要的是取决于作者对自然物象和社会形象典型化的把握，以便创造一种与歌曲表达的感情所需要的意境。

为了更突出“海味”，片子开始：在海浪声中，从海中漫漫升起渔家大鼓，而后淡出，一个巨大的铁锚摇进镜头，随后是渔家汉子击鼓的特写（做成版画效果），把观众带到了大海边，使观众感到似有一股“海风”扑面而来；在歌曲名字出现时，用了富有胶东特色的剪纸，大红纸剪出的“渔家大鼓”四个字，上、下、左、右交替出现，背景是渔家汉子击鼓的俯拍的场面和流动的云彩，增加了画面的层次感和动感。在歌曲的间奏中，运用了打鱼、晒鱼、织网、敲鼓的剪纸造型和胶东渔家传统的渔灯，以体现地域特点。

在一种新颖独特的创意和构思下把音乐和画面结合在一起。

由苏芮演唱的《牵手》，它的上半段的音乐和画面是这样设计的：

歌　词	画　面
因为誓言不敢听， 因为承诺不敢受，	一对青年男女穿着西装和婚纱举行婚礼，
所以放心着你的沉默， 去说服明天的命运，	一对老人在公园漫步
没有风雨躲得过， 没有坎坷不必走，	一对老人在劳作，
所以安心牵你的手， 不去想该不该回头。	（特写）一对老夫妇的手叠放在一起。

这首歌想要表达的是“亲情”关系。但由于创意好，歌词内容在画面中得到了延伸和扩展。它不仅传达出歌词的主要含义而且增强了主题的信息量，告诉观众：人生不易，从青年到老年一生坎坎坷坷，需要亲人的相互提携。把无形所唤起的形象具体化了。如《牵手》中结婚时的誓言和承诺，风雨同舟中走过的坎坷不平的道路，以及相依相偎的牵手；年轻时的婚恋，以及风风雨雨的坎坷事……这些追忆，不仅为人们所熟知，而且让人魂牵梦萦，在音画结合的独特结构形式中，造成浓烈的感情色彩和思绪。音乐是一度创作，画面是二度创作，音乐确定以后，就看画面的了。

创作中编导根据自己对音乐的理解，让歌手与歌曲有种依托关系，展示出一种真实，一种活环境和人情氛围，加强音乐和歌曲的人文内涵。比如董文华演唱的《长城长》，叙事真实空间：有长城、大学生登临长城、海外游子抚摩感慨、教室上课、天安门前阅兵、献花等。这些空间形式有一种情感的依托，有一种空间形象来包容和外化歌曲的内涵。又如《好大一棵树》中的乡村学校，简陋的教室，这种空间形象生发歌曲中的意蕴。

第三，创意要符合观众的欣赏心理。一首歌曲拍成音乐电视后，可以说更直接更深刻地表现了主题。有的歌曲，一旦拍成音乐电视，可以有多种的创意，以表现不同的主题。这就要求编导从中需求，考虑哪些是提倡的，哪些是不提倡的。如：拍地方色彩很浓的歌曲，带上宗教色彩；拍爱情歌曲，创意成师生恋情；拍少数民族歌曲，创意伤害了少数民族的感情；拍摇滚歌曲，画面以摇滚演唱为主等等都欠妥，都要加以注意。

由台湾制作的苏芮演唱的音乐电视《牵手》，从歌手内容上可以表现为爱情题材，但主创者和着歌声的节拍作了新的处理，前奏画面出现年轻人的结婚照、家人合影，有夫妇、孩子、婚装新人背身走上台阶，以后多次出现各种类型的老人夫妇、牵手、交谈，也有小孩牵着大人的手前行，歌的结尾，一对老夫妻坐在露天剧场中，两人翻看手中的像册，回忆往事在聊什么……全部演唱出现 112 个镜头，其中大部分是实拍的人物动态，总体给人感受是人生从小到老都应该相互关心关照，从小到老牵着手，一起走着人生的路，这样把牵手的含义，随着抒情的歌声滋润观众的心田，这样的画面策划创意既很好地表达了主题，又符合民族伦理和欣赏的心理。

3．策划好歌曲选择。我们主张中国音乐电视作品的题材要广，但不等于说，所有的歌曲都能拍摄成音乐电视，这就要求我们对拍摄歌曲加以选择。第一，要看唱法，一般地说，流行歌曲容易拍，民族唱法居中，美声歌曲难拍；第二，看词曲本身。有的歌曲，词本身有局限，太实、太直接，给编导提供再创作的余地少；第三，样式品种要多些。目前在这方面存在的问题是：拍女歌手多，拍男歌手少；拍慢节奏的歌多，拍快节奏的少；拍爱情题材的多，拍其他的少；拍独唱的多，拍其他形式的少。

4．策划好画面设计。音乐电视十分重视综合艺术效果。哲理的综合艺术效果，是包括摄影、灯光、舞美、服装、表演和演唱各种艺术形象的画面设计。

摄影或摄像是画面设计中最直接、最主要的，其他灯光、舞美、服装和演唱、表演等，也都要通过摄影或摄像，以谋求达到最佳艺术效果。第一，音乐电视的摄影或摄像，除了要求画面构图讲究、体现画面的美感外，要注意画面语言的节奏。音乐电视的画面与舞台演出比，变化更大，节奏更快。因此，画面的景别跳跃性要快，镜头要短。画面的组接不一定非得按音乐节奏，也不一定非得和歌词保持一致，一句词一个镜头。第二，注意遮幅画面的应用。在音乐电视作品中，应用遮幅画面从实际出发，要根据不同题材对画面造型的不同要求确定画幅比例。

《红伞》中有这样几组流动的画面：迷蒙细雨中各种各样的伞，点点红伞点缀其中；红伞下轮椅上的青年；红伞下白发苍苍的老人和怀抱婴儿的母亲；红伞越来越多……人们可以从一组组写意与写实画面的美感中，从流泻的浓浓诗情画意中，从这些鲜活的具有生命力的动感和韵势中，悠然体会到一种平等、友好、互助、安乐、和谐的氛围。使人们在视与听的双重演进中，在时空运动中，加强了形象思维的引发力和视觉的冲击力，实现了“有限”向“无限”的升华。

谈画面的艺术造型，必然要涉及灯光。灯光在拍摄音乐电视作品中，起着举足轻重的作用。我们现在看到的许多音乐电视作品，不论是内景，还是外景，都注意到了光线的应用。通过光线，控制混面的色调，起了烘托环境，表现任务情绪的作用，但也有两点处理成灰暗的色调，显然，这种色调和主题是不相符的。第二，把握好高调画面的拍摄。拍摄高调音乐电视，一是处理好背景光和任务光的关系，不能太过，也不能太浅；二是哪些作品可以拍成高潮的，要根据作品内容；三是把握好自然光的应用。音乐电视作品在室内拍摄时，比较重视灯光效果，在外景拍摄时，对光的设计就不够重视，效果不好。

同样，画面中舞美、服装，以及演员的表演关系也十分密切。在演员表演方面，我不赞成把舞台的表演程式搬到音乐电视中去。演员的服饰也不是越漂亮越华丽越好。至于环境的选择，舞美的布置，也都要符合作品本身所要表现的内涵。

音乐电视《渔家大鼓》的画面有意识地让两位演员在画面中多角度的出现，分别在大海边、礁石和码头上、渔家海草屋前以及敲鼓的渔家汉子中演唱。两个演员时合时分，和鼓手们多层重叠，营造出一个气势宏大的场面。在“渔家大鼓渔家爱”这句歌词中，运用特技制作手段，让渔家大鼓随着音乐的节奏慢慢地从蓝色大海中浮出，在海滩上用大红绸子摆出了“渔家大鼓”四个字，演员摇进画面，使整个画面更富有想象力，表现了渔家人对渔家大鼓的热爱。

在镜头的设计上运用了较多的运动镜头，虚实结合，多画面的重叠，使画面富有纵深感。有一组表现近百名渔家汉子在海边击鼓场面的俯拍镜头，是借用安装路灯的吊斗拍摄的，摄制人员与近百名朴实的渔家汉子奋战了三个多小时拍摄完成了这组镜头，在片中还多次出现了海浪、木船、海草屋、木舵、鱼网和渔家在海上捕鱼作业等具有胶东渔民生活特色的画面，让熟知胶东渔家生活的人们备感亲切，让不知晓渔家生活的人们领略到一种渔家民俗的风景。强调了对比和以暖调为主。如：通过红、黄两种色彩（如演员服装，铺在沙滩、礁石上的红、黄色绸子）营造出浪漫与朴实相结合的情调。

拍摄音乐电视在技术上也要求很高。第一，拍摄音乐电视作品大都只有创意和简单台本，没有像拍电视剧那样有详细的分镜头台本，加上音乐电视的镜头组接重在表现情绪。因此，往往拍得比较多，片比较高，这就给编导在后期剪辑时，提供了很大的余地。第二，音乐电视特技镜头，要比一般文艺节目多。

5．策划好特技画面的应用，在音乐电视作品中，应用快动作、慢动作和定格、分格等多种特技画面是毫无疑问的，但这些特技画面的应用也要从主题出发，也要符合观众视觉，不可盲目应用特技画面。

特技的运用在音乐电视创作中是一种趋时的潮流，在世界范围内都是这样。音乐电视犹如电视节目中的时装模特，它求新、求奇、求变化。比如《牵手》，只用了慢动作和叠画两种最简单不过的特技，但却恰如其分地传达了情绪，而且在形成整首歌曲的形式结构上起构架的作用。好的特技设计，不能是东一榔头，西一棒子的来一下，应该在贯穿和呼应中建立特技的形式感。

6．策划好歌手的形象和歌手与歌曲的融合。

歌手的形象只是在外貌，歌手真正的形象是歌声，要将歌声作为形象来选择。歌手的气质、音色、音域要与歌曲的风格相和谐，在歌词的选择创作定位的过程中，还包含着一个非常重要的因素，即对歌手选择的同时定位。策划和编导在这一点上在制作之前一定要达到歌手与歌唱的歌曲的默契。比如田震的《好大一棵树》，其声音与歌曲达到了完美的境界。甘萍的《亲亲美人鱼》就完全是另一种声音形象，青春甜美，如果将两个歌手歌曲形象对调一下，将是不可想象的。歌手本人也不会同意你的策划了。

通常从歌词看，一类歌词的内容比较简单、明显、叙事性强、内涵不深，这种类型的歌曲或轻松、或委屈，容易歌唱，歌手选择青春活力型较适宜。另一类是感觉性歌词，歌词多为触景生情，有感而发，事中有悟，抒发作者独特的内心感，抒情性强。歌手的选择上需要有一定的生活经历，情感丰富，嗓音有磁性，感情色彩较浓的担任演唱。三是哲理性歌词，歌手的要求就较为困难些，要选择一些稳重、深沉性的歌手。

四、音乐电视作品赏析

音乐电视《祝你平安》是1994年中国音乐电视MTV作品大赛金奖15首中的其中一首。由刘青作词、作曲，歌手孙悦演唱，刘真、张晓林编导，北京新奥特公司选送的音乐电视作品。

音乐电视《祝你平安》

镜号	景别	摄法	技巧	内　容	歌　词	长度
1	全	横移	渐显	空教室显出字幕：《祝你平安》 词曲：刘青 演唱：孙悦	前奏	9″
2	特	定	叠	歌手抚摩和平鸽 字幕隐去		7″
3	近	定	叠	歌手唱	你的心情现在好吗	7″
4	全	移	叠	孩子们在听	你的脸上还有微笑吗 人生自古	10.5″
5	近	移	叠	歌手回首	就有许多愁和苦	4″
6	大全	移	叠	歌手在教孩子哑语	请你多一些开心少一些烦恼	7″
7	中—远	移	叠	孩子用手势说话，远处一个孩子在看书	你的所得还那样少吗	7″
8	近	移	叠	歌手凝视	你的付出还那样多吗	7″
9	全	移	叠	歌手与一个哑童	生活的路 总有一些不平事	4.5″
10	近	移	叠	前景孩子摸鸽子，后景一些孩子玩		2.5″
11	大全	移	叠	教室内歌手与一个哑童	请你不必太在意	3.5″
12	中—近	推	叠	歌手坐在石台阶上	洒脱一些过得好	3.5″
13	中	拉移	叠	孩子在楼内跑向镜前	间奏——	4.5″

镜号	景别	摄法	技巧	内　容	歌　词	长度
14	中—近	降推	切	歌手唱	祝你平安，祝你平安，让那快乐围绕在你身边	14″
15	中	移	切	歌手教哑语	祝你平安，祝你平安	7″
16	小全	移	叠	孩子们在听	你永远都幸福是我最大的心愿	104″
17	大全	移	叠	一个孩子在教室内练习哑语	间奏——	5″
18	近	摇	叠	歌手教孩子认识二胡		4.5″
19	特	摇	叠	二胡琴桶，孩子手指		4.5″
20	中	定	叠	大人把手教孩子弹钢琴		4.5″
21	中	移	叠	歌手依在讲桌边回头看		4″
22	大全	移	叠	孩子擦黑板		2.5″
23	大全	移	叠	同上		4.5″
24	近	移	切	歌手唱	你的所得还那样少吗？你的付出还那样多吗？	14″
25	全	定	切	歌手在马路上	生活的路	4″
26	全	定	切	歌手在马路上	总有一些不平事	3″
27	中近	定	切	歌手打哑语手式	请你不必太在意	4″
28	小全	移	切	孩子们在听	洒脱一些过得好	4″
29	中	同步转	切	歌手唱	祝你平安　祝你平安	7″
30	中	移	叠	歌手教一个孩子	让那快乐围绕在你身边	4″
31	近	定	叠	歌手回头看		3″
32	全	定	切	孩子在马路上	祝你平安	3.5″
33	中	定	切	歌手走在马路上	祝你平安	3.5″
34	近	定	叠	歌手放鸽子	你永远都幸福	3.5″
35	特	定	叠	手放	是我最大的心愿	3.5″
36	近	移	叠	歌手唱	祝你平安　祝你平安	7″

镜号	景别	摄法	技巧	内　　容	歌　　词	长度
37	近	摇	叠	孩子——老人	让那快乐围绕在你身边	3.5″
38	中	摇	叠	一对中年人		7″
39	近	摇	叠	打太极的人	祝你平安 祝你平安	1.5″
40	中	摇	叠	警察指挥		3″
41	近	摇	叠	童车中的幼儿		3″
42	近	摇	叠	修车老人	你永远都幸福	3.5″
43	近	摇	叠	理发人	是我最大的心愿	3.5″
44	近	摇	叠	孩子	祝你平安	3.5″
45	近	定	叠	歌手视镜头	祝你平安	3.5″
46	中—近	推	叠	歌手站在景山上	让那快乐围绕在你身边	7″
47	小全	移	叠	孩子们打手语	祝你平安祝你平安	5″
48	大全	移	叠	祈年坛上众儿童	你永远都幸福	7″
49	大远		叠	歌手在坛上	是我最大的心愿	6″
50	大全	定	叠	教室内鸽子飞落在桌子上（渐隐）		24″

《祝你平安》，它是以聋哑学校教师与学生的交流为依托，以不断变换的时空生活场景编织那一腔美好动人的情怀：教室、走廊、白鸽、黄昏、天坛丹陛的哑语……妙就妙在最后一段的时空扩展后，我们见到的是一位位近在身边的警察、老年的教师、修车的老人等普通人，使作品由一个相对固定的时空中走进一个空旷无垠的社会生活中。从作品中看到了和感受到了“祝你平安”这一繁衍了的音乐主题和思想主题。因为，《祝你平安》的“你”，既是片子中的聋哑学校的老师，更应是我们生活中的每一个人，这样的主题定位，这样的延伸使我们的心头为之一热、为

之一震。

音乐电视画面的一切创意之始，都是以什么样的图像连接来完成你的艺术表达，这样的图像便是具象的、造型的。在《祝你平安》中，黄昏中空旷的教室与淡淡的清烟，那聋哑学童奔跑的撒满金色阳光的走廊……我们在考虑诸如人（演员及化妆、服装)、景（内景、外景、实景或三维电脑绘图)、物（道具、细节)、声（音乐、音响、歌声)、光（光效)、色（整体或分体的色彩结构)、时（时间)、行（行为、动作）……都离不开我们整体创意的主题和风格样式，这一考虑与影视作品有什么不同呢?

音乐电视有多种策划创意，情节性叙述是相对有艺术感染力的，并且能够诠释歌意的一种。《祝你平安》就是以这种理念进行时空和画面设计的。

根据情节——年轻女教师对一个孤僻、内向、害羞的聋哑男孩的关怀和爱护，策划与设计了四个时空线索：

时空一：学校包括教室、走廊、前厅以及走廊尽头的阶梯，是故事发生的主要背景。

时空二：晨曦中的天坛，大场面视觉处理，加强手语“祝你平安”的广阔和力度，同时为美好祝愿提供深远空间，处理在早晨更是一种希望的表达。

时空三：夕阳下的楼顶，这一环境正处俯视华灯初上的长安街，又透视远处故宫金黄色琉璃瓦屋顶，能够营造出一种宁静祥和的氛围。

时空四：阳光下的大街小巷，是歌曲主题升华的重要组成部分，一组镜头表现年轻教师与聋哑男孩故事的高潮段落，一组镜头则是以高片比，以纪实手法捕捉的一组百姓生活的真实写照，普通形象的连续升级叠化，使歌曲内涵再次得到极大的延伸与扩展。

一部好的音乐电视不但需要画面的策划设计，还需要调用的灯光设计来营造好的氛围。将人物拍的漂亮，同时还营造作品蕴涵的空间氛围，营造作品蕴涵的空间氛围，有时比将人物拍的漂亮更为重要。

《祝你平安》四个空间的灯光设计是不同的：

1. 白天的教室和走廊，利用多个镝灯，透过窗户，打出了强烈的日光光束，加速空间层次，烘托人物关系，整体色调为暖色。

2. 晨曦的天坛，在自然晨光基调上，辅以镝灯，造成强烈逆光，并正面柔光片，使人物更加漂亮，儿童集体形象更有层次，光调偏蓝。

3. 黄昏中的楼顶，在落日逆光效果背景上，给人物加以流动白光，保证形象的清晰，光调偏暖。

4. 一组普通人物特写的镜头，采用广告人物的细腻拍摄手法，运用镝灯及面部柔光，刻画人物的瞬间神态，光调呈暖色，给人幸福祥和感。

摄像在音乐电视作品中至关重要，在镜头运用上，《祝你平安》大量使用升降移动和人物关系的焦点，透视及分格画面，加强镜头内部的运用感和内部张力，追求朴素自然的风格。色调上，天坛处理为晨景，偏蓝，给人以清朗、柔和感，景象上多用大全景，以增加画面的纵深感和空间感，教室一组及街头均处理为暖调，给人以温馨明媚的感觉，而楼顶处理成黄昏景，影调偏橙黄，以求营造出祥和安宁的氛围。

《祝你平安》作品运用了最朴实的剪辑方式，基本按照事件发生的时间顺序，根据歌曲的起承转合进行剪辑，没有大的跳跃和强烈的节奏对比。镜头剪接朴实、自然、流畅、不留痕迹。每一个镜头能力求达到自然流露的视感艺术效果。

第八章　电视栏目的策划

第一节　电视栏目策划的依据

栏目策划制作的根本目的当然是为了给观众看的，观众的成分和他们对节目的要求是策划人开始构思节目时要考虑的重要因素。策划人在构思节目时要始终想着观众，观众可以是很容易划分的一小部分人，也可以是由各种不同类型的不太容易划分的人组成。如现在要开办一个面向中学生及其他文学爱好者的栏目，作为专为学生及其他文学爱好者生产节目，策划制作人就必须了解这些观众的组成和数量；了解这群观众的收视习惯和生活习惯；了解这群观众的时间分布和学习任务；了解这群观众的审美特征和欣赏品味并考虑栏目的时长是多少；放在频道的什么时段最为妥当，等等，只有这样策划出来的才能使节目的内容适合于这些对象。观众的组成成分对决大多数节目来说是不太容易划分的。尽管如此，我们还是可以设法缩小一点范围的：如该节目是为全国观众还是为当地观众制作的？观众的组成主要是男人，还是妇女；是成年人，还是儿童？适合什么年龄段的观众？对于不同的观众，制作人应该采用不同的处理方法。如摄制两个音乐节目，一个节目的对象是青少年，另一个节目的对象是成年人。以青少年为对象的节目摄制，用切换快和手握摄像机的摄制方法比较合适，但这种方法完全不适合以成年人为对象的节目摄制。所以策划制作人必须时刻考虑观众的组成，创办制作最适合观众的节目。

策划中的栏目受众状况调查，主要是指对栏目定位、受众市场情况的调查，并以此进行收集、整理汇总和分析，为栏目策划定位及栏目结构的设计做必备的准备。栏目受众市场包括对受众在年龄、收入、教育程度、迁移形态以及受众对同类栏目的认知情况，应该看到受众的偏好、兴趣上的差异是极大的。这些资料的掌握有利于策划针对栏目受众的追求和喜好，确定栏目的定位和宗旨，并根据不同栏目受众群体的特征，选择栏目下一步策划适当的结构与形式、风格与品味以及选题和主题的把握。

应该注意到今天栏目的受众研究与最早的时候对收听情况进行分析的工作没有多少相同之处了，那时的工作主要包括对20年代时为各种不同的节目所吸引的爱好者的信件进行计算。自那时以来，对受众的衡量已经提升到成为一种科学，广泛依靠公认由统计程序和计算机化的数据资料处理。

据美国田纳西大学教授赫伯特·霍华德和中国学者戴增义的介绍，美国尼尔森公司定期地给全国性的电视网和地方市场提供对受众的研究报告，而美国电视广播收视收听率调查公司则集中致力于对电视和无线电广播的逐个市场的研究。尼尔森以其每周电视网收视率和在纽约、芝加哥、洛杉矶等其他大市场的“前晚”受众接收率报告而特别著名。此外，尼尔森和美国电视广播收视收听率调查公司同时进行逐个市场的“扫掠式行动”，来测量全国各地方市场的收视行为。

尼尔森公司在1978年开始试用个人测量装置即民众测表。这种装置在80年代末推出应用，现在尼尔森使用民众测表来收集全国性电视观众测量信息数据。

民众测表的核心部分是比雪茄盒还小的装置，联接在每台样本户的电视机上。与此相伴的是一个遥控器，使个人能在房间的任何一处开启。

1. 日记法

研究机构常常用在合作的样本户放置日记本的方法获得关于受众行为和构成的数据资料，在这户人家，家庭成员同意保持记载他们的电视或无线电收音机使用的情况和记录。日记本对获得受众构成以及计算节目收视率、节目收视户所占份额、节目收视总人数的原始信息特别有用。

其缺陷是，用日记本做研究只有接受调查者正常如实书写他们是接收机使用情况时才是可靠的。第二个问题是，该家庭成员可能对其收视和收听极其带有主观意识，因而不按照他们平常的习惯方式收视收听。

2. 个人访谈

个人访谈是另一种可以采取的收集受众数据资料的方法。面对面访谈通常是在接受调查人的家中进行的，对获得关于收视和收听的详细信息，包括使用不在家里的接收机的情况，特别有价值。这种方法在数种调查方法中具有最大的灵活性，同测表制和日记法不同，能让访谈者深入的了解节目选择方面的意见和其他质量方面的信息。

3. 电话调查

电话调查的方法是在30年代初胡珀公司首创的，它对收集打电话时候的收视和收听的数据资料特有用。据认为，这种“偶然凑巧”的数据资料中不大可能出现根据回忆所得到的会产生错误的信息。但是电话调查也可以获得像个人访谈所能获得的以往的信息。

但是电话调查有某些缺点。第一，许多人不大愿意回答一个从不了解的访问者通过电话的问题。如果访问者深入地探问家人的特点和对节目的爱好，这种不甚愿意的程度可能变得越加严重。还有，打电话的方法不能用于在清晨和深夜时刻获得当时的收听或收视的数据资料。

中国受众的栏目调查虽然尚未发展到普及使用“机顶盒”的程度（目前也只限于上海、广州、重庆几个大城市的部分地区），同时栏目的受众的调查也远不能与发达国家在这方面投入的人力、财力相比，但是，应该看到栏目受众的资料以及收视情况的调查和研究这项工作已越来越被各个电视台所重视，正在成为决定和考验栏目“生”与“死”的重要尺度，成为台长们评判栏目制片人的成绩显著与否的重要标准。

第二节　电视栏目策划的基本方法和程序

电视栏目的定位一方面是构建在频道全局框架上的一个节目“单元”，是服务并服从于频道要求的相对个性化节目“形象”；另一方面，栏目的定位是栏目的策划设计者对播出栏目的思想内容、栏目性质、功能、受众范围、文化品位、特色与结构形态、表达方式等等方面的划定，也就是对栏目设置的目的、意义、内容、形式等做出的要求。

栏目定位是一个栏目开设的出发点和立足点，它从根本上决定了一个栏目的方向，对栏目的具体节目有明确化的规范和指导意义。近几年的电视栏目改革已逐渐摆脱了电视初创阶段那种电视传播以传播者为中心，“我播什么你们就看什么”的状况，与观众的关系，在栏目策划中是一种无形的因素，它存在于策划者的创作观念之中。对于这个问题，由于不同的策划与创作观念，会出现两种不同的认识：一种是以创作为主，创作者的信任基点是自己。他们把创作视为一个自我封闭的系统，要求观众完全深入到作品之中，接受这个创作的结果。在这里，观众是被动的接受者。再一种是在创作中强调与观众交流，把观众作为一种创作因素加以考虑。它要求观众能够主动介入到作品中，成为创作的一部分。在栏目策划定位前必须把观众各种因素融合于栏目的策划之中。

重视观众参与是现代传播媒介的特点。电视由于它最广泛的大众性，更强调节目与观众的联系和交流。与观众交流，包括两个层次的意义：一是承认观众的存在；二是承认观众作为独立人格的存在。

承认观众的存在，主要是使栏目和节目有直接的对象感。虽然，电视观众有成千上万，但他们分散在不同空间，以个体或小群体的形式坐在电视机旁，构成一种间接的交流情势，有效地利用这个特点，可以使观众置身于你的栏目与节目之中，除使观众产生亲切感外，更重要的是可调动起观众的自信心理和主观能动意识，现在在娱乐节目和专栏节目中越来越多地注意到了这一点。

对此，电视栏目在策划栏目之初要从多方面挖掘定位的内涵，不仅有内容定位、对象定位，而且也有时段定位、风格定位等定位方向。不管以什么定位，定位的作用不外乎：其一，是栏目的策划者、栏目的传播者对栏目设置和意义作出理性的判断，也就是对栏目播出的节目思想内容、受众对象、范围和时段的科学界定。其二，栏目的策划者、栏目的传播和制作者对栏目要树立其自身的栏目形象和保持固定观众收视定势所必须确定的五个条件。这五个条件是策划与构建一档栏目必须具有“个性化”的特征，必须表现出其自身节目与栏目区别于其他节目与栏目的讯息“形象”，这就是常讲的要求节目与栏目最好做到“五个确定”。第一确定节目与栏目宗旨和定位；第二确定节目与栏目播出时间和时长；第三确定节目与栏目标示与包装片头；第四确定节目与栏目形态和结构；第五确定相对固定的主持人。只有做到这五个确定，才能在观众中留下较为深刻的印象。

第一确定节目与栏目宗旨和定位。节目与栏目宗旨和定位是栏目与节目赖于存在的基础，应该讲所有的栏目都有其自身的定位和宗旨，定位和宗旨是一栏目与节目区别另一栏目与节目的根本所在。现在全国数以千计的电视台和频道中，成千个栏目几乎是个个有它自己的定位和宗旨。

每个栏目都有自己的宗旨，而这个宗旨是靠日常播出的节目来体现的。换句话说，所有播出的节目应该符合栏目的宗旨。宗旨是一个栏目的旗帜，旗帜是否鲜明，靠节目来体现；节目是否有个性、有特点，靠旗帜指引。现在各电视台都在为创名牌栏目努力。

中央电视台的《社会经纬》栏目是在国家开展“二五”普法之初推出的。该节目的收视群体曾定位于国家政法战线的工作人员和初中以上文化程度的普通观众。开办之初，《社会经纬》的收视率曾在中央电视台一套节目的同一时间段中名列前茅，但随着新闻评论类节目的走红，《社会经纬》风光不再，收视率滑坡并徘徊在20%~30%之间。

但随着《焦点访谈》、《东方时空》、《新闻调查》等栏目的出现，同时这些栏目大量触及司法案件和社会伦理的题材，并以其新闻时效性而受到观众青睐的情况下，《社会经纬》作为周末版节目，播出时间亦不固定（至今仍在21:10~21:55和22:52~23:37两个时间段与其他节目轮播），如果仍旧抱残守缺按原定的栏目定位和宗旨，就极有可能失去生存的空间。经过分析后大家发现：第一，《社会经纬》以往收视群体的定位过于模糊，似乎照顾了方方面面，却没有自己稳定的观众群；第二，《社会经纬》宗旨设计不明确，从而使报道的内容宽泛，且与新闻评论类节目在拍摄选题上容易撞车。从1998年11月5日起，《社会经纬》以全新的面貌悄然问世，其节目宗旨正如导视语所言：“在庭审中讲述故事，在冲突中普及法律。”新版的《社会经纬》将法庭审理的形形色色案件作为报道的线索和依托，充分调动庭内时空、庭外时空和演播室这三个要素，从多个板块组合的杂志型节目演变为每期用45分钟篇幅讲述一个故事的样式。新闻版的《社会经纬》把初步掌握法律知识的观众作为基本的收视群体，从普通人的视角观察法庭审理，了解案情经过，评议判决结果，这样就改变了以往的法制节目刻板、生硬的形象。新版的《社会经纬》对原有的报道范围作了相应的调整，与公安、检察院、法院及司法行政部门全面合作，凡是和法律沾一点边的事均可报道，紧紧围绕审判活动来展示案件发生的原因和社会背景，挖掘诉论当事人的内心世界，从而以生动感人的故事，精辟入理的分析，将矛盾、冲突置于法律的显微镜下加以辨别和放大。

有了好的栏目定位和宗旨还要策划好的选题。一个栏目的好看、耐看的程度，一方面取决于栏目定位和宗旨，另一方面还要看选题。例如，中央电视台一套的《健康之路》是一个以普及医疗卫生知识为宗旨的服务性栏目。在栏目剧组下乡送医送药的过程中，在湖北省的红安县，剧组接触到一户人家，一个7岁的男孩患感冒发烧，父亲开始没把小孩发烧当回事，直到小孩叫喊耳朵痛时，这对农村夫妇才着急。当父亲将孩子背到十多里以外的卫生院时，孩子已经昏迷。由于医疗条件的限制，医生面对病危的孩子束手无策，等把孩子送到县医院，病情已彻底恶化，现在这孩子已近植物人。这是《健康之路》栏目的编导们在送医送药的活动中发现的，也可以说是他们采集到的一个既符合栏目的宗旨和特点，又有着丰富内涵的题材，于是他们赶制了一期节目。播出后，从卫生部医政司的领导到出生于红安县的老同志，从医务工作者到普通群众都对此节目和对此事表示了极大的关注。

一个题材使一个栏目产生了影响，而这个题材的来源恰恰是制作者与观众直接接触中采集而得到的。要寻找有意义、有价值的题材，只有到老百姓当中去、到观众中去，这是每一个电视策划者策划栏目和制作者创作的首要任务。这样策划重要的一点是要把握好栏目和选题的关系。

又如《焦点访谈》栏目，其宗旨是“时事追踪报道，新闻背景分析，社会热点透视，大众话题评说”。它的每一期节目的选题就非常注意符合栏目宗旨，如《行情看好——1994年国债发行第一天》、《惜哉文化》、《让菜价有个谱》、《解决经济纠纷严禁扣押人质》、《寻找英雄》、《为了孩子》、《时代呼唤焦裕禄》等等。正是这一个个符合宗旨的选题，支撑着这个名牌栏目大厦。在对栏目的播出节目进行选题管理中，编辑记者和各级领导都要把握好宗旨与选题这两者的关系，在栏目规定的范围内纵横驰骋。即使是同一题材的选题，也要把握住因栏目宗旨不同而产生的主题、角度的不同。如同样是“1994年国债发行第一天”的报道，《新闻联播》则从1994年国债发行第一天买国债的信息发布和第一天买国债的基本情况介绍入手，而《焦点访谈》则是从1994年国债发行第一天这一有利的新闻由头给予分析和评论，记者不失时机地请专家、政府官员、投资者分析、比较买国债的收益，最后得出一个“至于买不买国债，买了上算不上算，还是由您自己定”的结论。又如对于同样是电视剧《红处方》的拍摄情况的报道的题材，《荧屏与观众》从报道电视节目制作动态角度确定选题入手，而综艺栏目《今晚好时光》则要从题材的价值、导演的艺术追求、演员的表演风格等角度去选题，不然的话栏目策划和创作就会偏离自己各自的栏目定位与宗旨。

第二确定节目与栏目播出时间和时长。只有在固定的时间播出，才能在观众的心目中留下深刻的印象。栏目的时长要根据栏目定位和宗旨内容的需要，栏目并非越长越快就越好，栏目时长也非短一点好，栏目时长的设计主要是根据栏目所要表现和反映的内容、栏目所能达到的财力和从事创作的人才的制约。一般说来，栏目不宜太长，作为综合性的大栏目不要超出50分钟，栏目是日常性的节目，太长的栏目，剧组的各方面能力所不及，往往会影响栏目的质量，太长的栏目其内容的采集也很困难，太长的栏目也不符合观众审美的心理，其结果就会变成俗话说的“懒婆娘的裹足布，又长又臭”。另一方面栏目也不宜太短，栏目太短，要表现和反映的内容不能展开，栏目能给予观众的信息容量少，观众能收看到的机率也小，对此，栏目太短其影响力不大，不利于观众记忆，久而久之就消失了。如果要短也不要短于10分钟，栏目比较适宜的时长是30分钟。栏目的播出时段不是策划所能定的，栏目的播出时段在策划栏目的过程中可以根据策划栏目的属性，要求频道和台领导建议栏目最适宜的播出时段。与此同时，栏目的播出时段也不是一成不变的，原来在黄金时段的栏目可以换到非黄金时段播出，原来非黄金时段的栏目也可以放到黄金时段播出，这一切取决于栏目的质量和收视率。中央电视台一套的《实话实说》，从周日早上的7：20调到晚上21：15的黄金时段播出，就是很好的一例。

播出时段的固定是栏目形成影响、生存和发展的又一个重要因素。《动物世界》从1994年以后改为《人与自然》，但是考虑到观众对《动物世界》的喜爱，仍在陆续播出，只是时间不固定，这时许多观众打电话要求恢复《动物世界》。去年5月《动物世界》又重新固定时间播出，该栏目在做宣传片时打出第一句话就是《动物世界》固定在八套播出，首播每周五19：00，重播每周二19：00，周三、周四10：05。

电视栏目最忌播出非准时化，喜爱这个节目的观众每周的这个时刻都会锁定频道等待着节目的播出，但如果不准时，观众会极其失望。长此以往就会丧失该栏目的观众群，栏目也很难在观众心目中留下一个美好的形象。从观众反馈的情况看，不固定播出的栏目观众是毫无印象的。播出时间的固定与不固定直接影响栏目的收视，这两者收视率的确相差千里。

第三确定节目与栏目标示与栏目包装。从广义上来说，电视栏目的自身形象是电视栏目内容和标志系统、包括系统的总合，也是电视策划和制作者内在精神和文化的物化形式。这种物化形式是电视栏目形象的根基之一，也是促使自身栏目形象策划一定要做到定位准、全方位、系统化、创意妙、制作精的追求，通过一系列可视形象和语言形象，使观众时时处处感受到栏目制作者的智慧和匠心，并能加深观众对栏目本身的感受和理解。

电视节目栏目化是这几年电视改革的一个重要变化。每一家电视台，每套电视节目都出现了一些令观众喜爱的名牌栏目，如中央电视台的《东方时空》、《焦点访谈》，北京电视台的《欢乐总动员》，浙江电视台的《黄金时间》、《卫视周末版》，湖南电视台的《欢乐大本营》，湖北电视台的《新闻空间》，等等。这些栏目在追求内在质量的同时，也非常注重栏目形象，均设计了出色的“外包装”。

如果说台标是电视台的“形象广告”的话，那栏目的片头及标志就是“产品广告”。它的任务和作用就是引导更多的观众对栏目内容加以关注。首先，它必须独特；其次，能引起观众注意和喜爱；第三，必须有单纯、强烈、美观的视觉效果和易于识别、易于记忆的特点；第四，统一而经常地被使用。

成功的栏目形象设计不仅要使片头创意与栏目标志间产生紧密的关联，还应与演播室的背景、主播台标志、话筒标志保持某种程度的共性。另外，节目标题与栏目名称和标志的组合形式、字幕的出字方式、字体选择、字形大小、主色和辅助色、基本制作风格和特技手段等，都是每个栏目在形象设计和创造过程中必须关注的问题。它的统一性和规范化随着栏目播出次数的增加，每一细节都会在观众心目中留下深刻印象，成为栏目形象的重要组成部分。这些“花招”虽然不能最终替代节目内容去吸引观众，甚至观众在欣赏节目的过程中可能将它忘得一干二净，但这不等于栏目制片人的心血白费。恰恰相反，精心策划的栏目形象一旦被节目内容不断地赋予新的内涵，它的价值可能会超过内容本身。

栏目包装最直观体现一个栏目人员的创造力。栏目形象既是一种标志也是一种品牌，如何让这个品牌在观众心目中产生印象，这是个极有学问的问题。

电视片头是栏目包装的重要组成部分，它起着对栏目进行形象化设计、包装和定位的作用。电视栏目片头设计主要出现在不同类型栏目、板块节目的开头。例如，新闻类节目：《新闻联播》、《晚间新闻报道》、《新闻调查》、《新闻30′》、《焦点访谈》、《东方时空》等；经济类节目：《经济半小时》、《经济纵横》等；专题栏目：《夕阳红》、《神州风采》、《综艺大观》、《梨园群英》、《正大综艺》等。这些节目的片头风格各异，在节目中发挥了特殊的作用。

1. 片头是对栏目内容的浓缩和形象化的设计

片头如同一篇文章的总标题，它是对整个栏目内容的概括和提示。这种概括与提示严格控制在一定的时间之内，同时用电视的形象化手段加以构思和设计，使观众认识、识别和留有印象，从而使观众接受整个节目。作为栏目片头，必须起到强化主题，吸引观众的作用。将片头定位为轻松、活泼、抽象，力求在短暂的15秒内，尽量增大画面信息，最大限度地向观众展现“文化”丰富而广泛的内涵。

中央电视台文艺部的《文化视点》的片头，一开始就是充满画面的古埃及建筑壁画，前景为半透明的“文”字标志。然后镜头拉开，露出最后一层背景：水波荡漾中叶浅予先生的各种舞蹈速写缓缓掠过；前面壁画交错分为六张，对称地向画面外散去，同时，一圈戏剧脸谱旋转入画。前景“文”字标志一分为三，向镜头下方移去，从标志的“眼睛”中射出红色亮光，缓慢升起并幻化成建筑、服装、绘画、雕塑等各种圆形图片，交错着向画面上方散开。两条带有“文化视点”字样的胶片像飘带一样穿过镜头，一幅古色天香的扇面自下而上，带入下一个镜头。最后，光圈打开，带入“文”字标志和栏目标题，与片头开始部分遥相呼应。

2. 片头是对整个栏目内容与形式上的整体把握与定位

不同类型的栏目具有内容与形式上的不同要求，也形成了不同节目的个性化特点，片头正是这种个性化特点的典型体现。节目制作者在片头设计上的不懈努力的主要目的在于，通过片头的设计制作，给整个节目一个内容与形式上的定位，使观众在没有真正接触片子内容之前，首先通过片头对片子内容有个整体了解。片头是节目制作者给观众的“暗示”，片头是片子内容的提前导入。片头能够吸引观众更加注意片子的内容，增强节目的感染力，因而成为电视节目和栏目的重要组成部分。例如《焦点访谈》的形象是一只机警、犀利、抽象的大眼睛和“大众话题评说，时事追踪报道……”四句脍炙人口的广告语。

3. 片头是栏目制作者的一种追求与情感升华

电视片头是电视技术与高科技的结晶。改革开放给电视技术带来了巨大变化，人们不得不承认电视节目的制作与高科技已经“结缘”。电视与其他传媒的不同与特点主要体现在它的科学技术含量更高，后期字幕、特技、计算机编辑、三维图形制作系统等，这些高科技手段已经渗透到节目制作的各个环节之中，特别是渗透到电视片头的制作之中。例如人的大脑想到或设计出来的“创意”，便能够通过技术手段做到有形再现；人们想不到的、难以构思的东西，技术手段也能“想”到和做到。人与高科技有了一种“默契”，总之，技术手段在电视片头制作中占有非常重要的地位。所有创意、构思与想法最终要通过技术手段实现，那么掌握高科技、在技术上最大限度挖潜、开拓性地利用计算机的

"思维"为制作片头服务，已成为对技术制作人员最基本的要求。

4. 电视栏目片头制作需要技术与艺术方面知识的互补与融通

电视片头制作应是技术与艺术巧妙结合的典范，两者不能割裂开来。目前，高科技已经具备了实现艺术的构思和创意的物质手段和条件。不可忽视的现实告诉我们，一大批具有很强的艺术造诣的节目制作人员，虽然设计出了很好的节目片头，却不能通过技术手段表现出来；另外也有一批技术过硬、活跃在高科技领域、精通电视技术、能借助计算机进行各种技术尖端设计、高质量完成节目制作和播出任务的技术人员，却由于他们对艺术的无暇顾及或接触甚少，使电视片头的构思与创意只是体现在对编导创意的"复制"上，甚至出现电视片头设计形式与表达主题内容的脱节，在形式上给上留下过于渲染与强化的印象。具体表现在技术制作中则出现了色彩的罗列、线条的重复、特技技巧的叠加、动与静的失调处理、声音的单调等。过分地在视觉上追求新颖感、冲击感，使电视片头的主题不明确，缺少艺术性、思想性，缺少内涵和深度。这种技术与艺术的割裂现象制约着电视的发展，制约着人们的思维，制约着整体节目质量的提高，使眼前的路越走越窄，不能适应新形势下电视节目制作需要，不能适应社会发展对人才全方位、高素质的要求。

国际部的《佳艺》栏目在包装方面就花了一翻工夫，在所有的栏目大片头前以及整个节目结束时，各上一块10秒的栏目标版，以进一步强化栏目在观众视觉中的形象。另外还根据不同版本与板块的节目，在设计中标上了醒目的不同的主题语。像《佳艺五线间》的主题语是"动听的音乐充满佳艺五线间"，《每日佳艺·综艺版》则是"敞开艺术之门、构筑缤纷天地"，《每日佳艺·社会版》又为"深入人类生活、关注社会发展"等，这些富有诗意性的语言不仅点出了栏目的宗旨，而且一下子诱发了观众对节目意境的联想，拉近了节目与观众之间的距离。

字幕大量使用更要求有一定之规。字体的选择、字号的搭配、文字的布局应该有章可循。在栏目中反复出现的字幕，它在屏幕上出现的位置，呈现的色彩，以及出现的频率节奏，都应该形成规矩，坚持不懈，并做出规定让编导执行，不能依据个人好恶而定。

第四确定节目与栏目形态和结构。栏目的结构与形态的策划与设计既决定了栏目的可视性，同时也直接关系内容选题的广泛性和节目的计划性。由于栏目具有播出准时，播出量大的特点，因此在栏目结构和形态的策划时，要注意结构和形态的开放与包容性，要用批量化的眼光去进行选题的策划、制作人员的调度、机器设备的安排、节目播出时的运筹等等。以确保在一个相当长的时期内，不至于因结构与形态的设计而导致选题的枯竭。

栏目设计新颖别致。《非常男女》分为四节，好像男女交往的四个不同认识阶段。最近又增加了一项“亲友强力推荐”，通过亲友、同事、朋友的介绍，告诉现场观众关于他们的支持者所具有的优点、长处。然后便是“一见钟情”、“二见钟情”、“男女老实说（亲友老实问)”和“非常速配”。节与节之间用字幕和广告衔接。“一见钟情”里男女参与者凭第一印象看谁不错，找出“人气最旺”（最受青睐）的男女，然后转入“非常话题”的讨论。“二见钟情”是在参与者初步认识对方后再次选择自己的意中人。这时可能与“一见钟情”时的对象有所变化，参与者要说出自己意向某人的理由。接下来的“男女老实说”是参与者选择“目标”，进一步“火力侦察”，提出一些尖锐深刻而又关心的问题看对方如何回答。同时还要有“亲友老实问”助支持者一臂之力，别让他们看走眼。最后的“非常速配”，男女开始按钮选择自己的意中人，多则七八对，少则两三对。至此，也就完成了节目的使命。这样的栏目设计流畅自然、轻松活泼，真正让“非常男女”相识相知，从而“暂结良缘”，观众也能得到愉悦。

第五确定相对固定的主持人。有人讲：“主持人是一个栏目的象征。”这话一点不假，主持人虽不是电视台的代表人物，但却是栏目的一个形象代表。主持人是栏目演播阶段的组织者和现场的指挥员，同时又是栏目与观众之间的“桥梁”和“纽带”。主持人在栏目现场主持的合适与否直接关系栏目的成败，因而在栏目的开创期有着举足轻重的作用。国外电视界视主持人为提高栏目收视率的关键人物。每当栏目和节目收视率下降时，他们就会更换主持人，把更换主持人做为补救的重要对策来加以实施。在其他西方国家，也把主持人视为节目和栏目的关键人物，一些有影响的栏目和节目，其主持人必定是公众的著名人物。主持人在栏目之中是至关重要的，从一定程度上，主持人和栏目的关系有点类似于唇和齿的关系。一个好的栏目能培养和造就有名的主持人，有名的主持人能使栏目生辉。对此在栏目的策划过程中不是积极调用有名有实力的主持人，就是策划塑造和培养与栏目要求相吻合的主持人。

1．策划调用有名的主持人主持栏目

《人与自然》栏目的主持人是赵忠祥，只要赵老师在电视上一出现，大家就知道正在播出的是《人与自然》。他已经成为这个栏目不可缺少的一部分。名人效应和广泛的知识面、渊博的学识，提高了栏目的知名度，也增加了栏目的权威性。

沈力是我国第一代电视播音员，她以娴熟的播音技巧、朴实的风度给观众留下了深刻的印象。几年前她离休了，离开了电视屏幕。中央电视台社教中心策划推出一档为老年人服务的栏目——《夕阳红》，在讨论到栏目主持人的时候，栏目组一致认为沈力是最合适的人选。沈力已进入花甲之年，且爱人又重病缠身，可制片人与她通上电话，几句肺腑之言，她便进入了《夕阳红》栏目。她不负众望，以庄重文雅和从容大方的风格、温馨亲切和朴实的语言，获得了老年观众的欢迎。沈力已成为《夕阳红》栏目的象征，成为老年人的知心朋友。

2. 策划塑造和培养与栏目要求相吻合的主持人主持栏目

在近20年的栏目化发展中，从中央电视台到各省电视台，都在各自的栏目里培养和涌现了许多有名的主持人。长期以来，人们一直认为电视栏目的主持人是靠学习和实践培养出来的，他们在学习和实践的过程中，具有了强烈的社会责任感和较高的政治觉悟，热爱事业、献身事业、反应敏捷，具有了深厚的知识和娴熟的技能，这一切不能否认。但是，主持人在学习和实践培养的同时，在一定的程度上主持人也是栏目组策划的成果。中央电视台新闻中心典范性的、全国家喻户晓的栏目《东方时空》、《焦点访谈》、《实话实说》，在栏目成功的同时也培养了一批优秀的主持人，白岩松、崔永元就是其中的代表。设想一下，如果没有《东方时空》、《焦点访谈》、《实话实说》这些成功的栏目，一大批主持人还将在电视圈内耕耘几年才能脱颖而出。栏目策划塑造了主持人，主持人又反过来塑造了栏目的形象。策划塑造和培养与栏目要求相吻合的主持人，是栏目扩大影响的有效方法之一，栏目的制片人和创作者要重视这一问题。

第九章　电视频道包装与策划

第一节　电视频道包装与策划

一、建构频道的理念

电视频道包装与策划是电视事业发展到一定阶段的产物，是电视行业竞争日趋激烈的结果，是观众审美的要求，是电视频道日益完善和成熟的标志，越是栏目和节目办的好的电视频道，越是重视电视频道包装与策划，因为他们已经意识到电视频道包装与策划是频道自身形象战略的需要，它具有频道整体战略的意义。

电视频道自身形象的策划是指电视台按照频道专业化、地域特色、目标观众群、社会职能等多项要素，选择设计的包装内容、表现形式和标识系统，它通过一系列可视形象和语言给予观众的一个频道的整体性的印象和概念。它既包括了策划者试图传递给观众频道所拥有栏目的综合性印象的视觉形象，也包涵了一个电视频道和若干个栏目的定位属性。

中央电视台的第一套节目是以新闻为主体，二套以经济为主体；浙江电视台周末版以休闲娱乐、新闻、调查为主体；浙江电视台影视文化频道则是以影视文化资讯和电视剧欣赏为主。

电视频道自身的形象策划战略是指电视台有意识地、系统地为一套或一档电视节目策划设计一系列以包装为目的的，相对固定、统一的可视形象或语言形象，并以此来确定、吸引、满足和争夺目标观众群。电视台采取形象战略可在激烈的电视竞争中帮助观众克服记忆困难，综合节目特征，形成观众识别、观赏的标志，具有强大的竞争力。电视台的频道专业化就是电视形象战略实施成功的范例。通过统一的台标，相对固定的主持人和节目风格等诸多要素很快找到了各自目标观众群，大大缩短了与观众间的距离。

电视频道自身形象的策划活动要有超前性，应发挥创造性思维。电视策划之前，必须进行思考、创意。创意就意味着创造新的方法、点子，要做到此点，就必须发挥创造性的思维。策划人员要巧妙的把实体活动自然地融合在频道的大背景的氛围中，源于现有文化，又要创造现有文化的第二文化。创造出既要有频道总体特色，又要有具体栏目内涵的宣传包装片头来。

超前性是电视频道策划活动的重要特性，若策划设计得当，可有利于引导将来的栏目进程和观众对整个频道的认同，达到策划的初衷。电视频道策划活动必须要具有超前性，没有超前性的策划不能认为是好策划。但策划追求超前性，是以当时当地（频道覆盖面）的实际文化条件为前提的，不能脱离现有的文化基础，提出毫无根据的凭空想象。电视频道策划一定要立足现实，面向未来，归诉对象。既具有超前性，又具有创意的策划，一定会把频道这一诉求目的表达得淋漓尽致，实现策划者的策划目的，实现频道资源和栏目资源的最优化及频道经济效益的最大化。

二、建构频道的主要属性和定位

1．频道的定位性

频道的定位，频道不是按照“综合性”发展，就是必向“专业性”走。在建构频道时首先要确定它的定位，频道的定位是根本性的问题，直接关系到频道后面的各步策划。

电视原本就是综合的艺术，它要适合最大可能的观众收视群体，杂拌式的把各类节目综合在一起，形成强大的媒体魅力。然而有意思的却是，现在出现了与这种电视综合特征相反的“专业”化“分类”欣赏的要求倾向是越来越强，可谓是与日俱增。中央电视台的1套是以新闻为主体的“新闻综合频道”；2套是以经济为主体的“经济生活频道”；3套是“综艺频道”；4套是“海外综合频道”；5套是“体育频道”；6套是“电影频道”；7套是“军事农业频道”；8套是“电视剧频道”；9套是“英语频道”；10套是“科学教育频道”；11套是“戏曲频道”。浙江电视台周末版以休闲娱乐、新闻、调查为主体。浙江电视台影视文化频道则是以影视文化资讯和电视剧欣赏为主。与此相对应的是，各个地方也相应效仿推出具有“专业”化的频道趋势，什么“某某卫视新闻综合频道”、“教育与科技频道”、“经济生活频道”、“影视综艺频道”等等，这些“专业”化的“分类”态势已成规模。观众的收视选择得到尊重，个体的喜好得到进一步的满足，鼓励了兴趣的特殊性要求。有人只看体育节目，沉浸在想象的竞争角色中；有人偏好戏曲节目，沉醉于哼唱其乐无穷；有人喜爱电视散文节目，在“吃饱喝足”了“盛餐”后宁静地品尝电视散文这一醇香的“香茗”。这种“分类”使得某一类的节目有了更为充裕的施展延伸的可能。电视新闻与文艺节目、体育竞赛与电视文艺、戏曲与歌舞节目的“分庭抗礼”，电视剧与文艺综艺节目等等不同电视节目的“分庭抗礼”，丰富和开拓了频道的资源，获益匪浅的是广大的观众。

2．频道的连续性

频道的存在不是一触即发的短期行为，频道一经播出就不能说停就停，说改就改，它要保持一个时期的连续。频道的连续还包含一经播出，频道内的栏目和节目像珍珠链一样按照预先公布的节目安排从开始一直播放到结束，中间来不得几秒几帧的间断。

为了保证连续就必须确定栏目和节目比例构成，同时为了达到电视的宣传功能、娱乐功能、教育功能和服务功能，又必须考虑电视栏目和节目内容的比例，似乎应是三位一体的线条贯穿始终，即以新闻节目为主干，以娱乐性、欣赏性节目为依托，以专题类节目为扩充。没有新闻节目，电视台就失去了立台之本；没有娱乐、欣赏性节目，电视台也就没有这么大的魅力；没有各类专题节目，荧屏就会缺乏文化品位。这三大类节目在电视宣传中相互依托，构成了丰富多彩的电视荧屏。在确定各类节目的比例构成时，还要适当考虑电视节目覆盖区域内的具体情况（如观众的文化层次、审美情趣、经济状况等），越是经济发达地区的观众，往往越注重收看新闻和专题类节目。整体节目构成比例一般保持相对稳定，但也要同客观实际相适应，随着市场经济的发展和受众需求的变化而变化。

3. 频道的科学性

科学的设置栏目是提高节目系统内部结构的有序化程度的关键，从而避免和减少栏目的交叉、撞车现象和各类资源的浪费，达到优化节目编排结构。在考虑栏目设置的构成时，既要考虑最大层面的观众收视群体，又要照顾相对集中、对象性强的固定观众群，要根据电视宣传、娱乐、教育、服务等功能设置不同类别的自办栏目。与此同时还有考虑电视台身自的能力和条件。由于电视是一种高投入的产业，每开办一个新栏目，就要投入一定的人力、物力和财力。优化组合，科学编排是频道科学化的具体体现，在节目的总体框架、栏目设置确定之后，就要考虑在这个框架之内，如何将风格各异、类别多样、对象不一、长短有别的电视节目有机组合、艺术排列的问题。这一组合、排列的过程就是电视节目的编排过程。它是对各种不同类型的电视节目的播出时间所作出的有机、和谐的安排，也就是说，电视节目的编排，是通过对时间的分割和组合来实现的。如何将有限的时空艺术地组合、排列成为一个有机整体，使之达到“整体大于部分之和”，即 1+1>2 的效果呢？

(1) 一张一弛、错落有致的整体编排格局，符合电视收视规律和观众的收视心态。从每一天的节目编排规则来看，都是按着“新闻类—娱乐欣赏类—专题类”这样的模式来安排的。这样的编排模式使观众在收看电视节目时，心情张弛有致、舒缓相间，既获取了信息、增长了知识，又达到了消遣娱乐、消除疲劳的目的。

(2) 栏目规范化有利于节目编排在时间上的统一性，形成规律，又为准时播出、定向收视提供了保证。栏目长度的随意性和节目播出的不准时，既使节目编排的规律受到影响，又给电视观众造成了收视心理上的混乱和不满情绪。今年 3 月，河北电视台对节目进行了调整，相对规范了不同时段的节目时间，自办栏目一般规定为 10 分、20 分、30 分、40 分，同一时段播出长度相同的节目，比如，晚上 21：55 这个时段，每天都是自办栏目，每个栏目都是 20 分钟，每晚都是 21：55 分播出。这样的栏目结构设置，有利于电视节目的总体布局和编排，又为节目准时播出奠定了基础，也为观众定时、定向收看节目，形成有规可循的习惯性收视心态提供了保证。

(3) 最优节目与最佳时间的组合，能创造最高的收视率。所谓最优节目，是指那些思想精深、艺术精湛、制作精良而深受观众欢迎的精品节目。这些不受年龄大小、文化水平高低、工作差异的限制，大家都爱看的节目，具有最大层面的收视群。中央电视台的老年节目《夕阳红》，每天上午 8：35 播出，就是选择了学生上学、职工上班而老年人退休在家的时机，正好独领荧屏，尽情收看。各台的少儿节目一般都安排在学生放学之后的下午6点多。

编排节目打时间差，抓住有利时机。随着电视事业的飞速发展，观众家里能接收到的电视频道越来越多。目前，在浙江省普通电视用户一般都能接收到20~40个甚至更多的电视频道，随着时间的推移还会不断增加。因此，我们在设计节目的总体编排方案时，每一类节目的具体播出时间，还应考虑到河北台节目覆盖区域范围内其他频道的同类节目播出时间，特别是中央电视台、上星台以及本省、市的有线台等。把本地台10分钟的新闻评论节目，安排在中央电视台收视率较高的《焦点访谈》栏目之后和该台的电视剧开始之前这十几分钟的“空档”期间播出，不失时机的把观众最大限度地吸引到电视屏幕前，提高了收视效果，又避免了同一类节目的播出时间交叉撞车。

三、建构频道的主要表现元素

1. 台标及台标系统

台标由电视台频道名称和标志性图案两部分构成，是一家电视台、一套电视频道节目的旗帜。好的台标，其意境深远，引人入胜，让观众百看不厌，印象深刻。台标不是孤立存在的，而是台标系统的主要部分。这个台标系统还包括：台标的动画全过程、特色画面、音乐和广告词。动画演绎可以让观众了解台标的创作意图；特色画面由各地的名胜风景、民风民俗和标志性建筑物组成，可以加大信息含量；音乐是内涵的延伸和阐释，是形成氛围、加深记忆、产生联想的重要手段；言简意赅，意韵俱佳的广告词能很好地沟通与观众的感性联系。广告词可以是提示性的，如凤凰中文台节目中经常出现的男中音“现在您收看的是……”，极有韵味，令人回味无穷；也可以是问候的，如“某某向您问好”等；还可以直接宣传该台的办台宗旨，把观众的一般印象向理性高度引导，产生更深刻的“形象概念”。

2．标识字的策划要求

标识字作为频道标识的组成部分，标识字体本身具有一定的性格属性，方饰线体粗犷、豪放；仿宋、黑体庄重、典雅；行书潇洒、飘逸；草书体、隶书纤巧、秀丽。然而它更主要的是必须能够清楚地表达体现频道风格与频道标识物的内涵，对此策划设计标识字体时，必须注意到字体要与频道属性和画面相吻合。要根据频道的属性，选择恰当的字体，切勿滥用。标识字的策划要求是：

(1) 要有美感，使视觉舒适。标识字的结构、字型要符合美学原则，观众看后要有美的感觉。只有这样才能留下一定的印象。

(2) 要合理搭配标识字的色彩与底色，既不太刺激又不太微弱，要使观众感到视觉舒适。例如，大面积的黄底黑字，红底白字，黑底白字等，均太刺激，易使眼睛疲劳。所以，视觉的舒适感是观众有兴趣看你的频道标识的一个先决条件。

(3) 要易于阅读。因为文字的最终目的是要人看，如果要人们在“猜字”中读频道标识字为何字，观众是没有兴趣的，对此切不要搞“唯美”主义，把频道标识字搞得太草、太花、太深奥。

(4) 要色彩醒目。大多数频道标识字被放置在不影响画面整体感的突出位置，因此，对其色彩的处理应用与频道画面的主色调和的方法，例如补色调和、明暗调和、纯法调和等，以取得明快、强烈的视觉效果。

3．频道的栏目和节目

电视的频道是不可能离开电视的栏目和节目的，频道是由栏目与节目所构成的，电视的栏目和节目是频道主体，是频道赖以存在的根本。

频道的创意策划书的编写和栏目、节目的策划书一样，也没有绝对的标准，各人各异，策划文案不求统一的标准和格式，只求新意和科学。策划文案不管你如何编写，有几个大内容是不可以缺少的。①创意策划理念；②电视观众定位和观众调查分析；③竞争频道的情况调查、分析与对策；④频道的宣传片，即包装和片头方案；⑤频道定位和栏目建构；⑥频道栏目与节目的策划与编排。

编制完整的频道创意策划书是一项极其复杂的工程，它涉及的面很广，并非几个人或一个策划组所能完成的，它往往是由专门的媒体策划公司来承担，现在除极个别的大电视台的某个频道曾委托专门的公司策划外，还很少有电视台把整个频道委托专门的公司策划，现在委托策划较多的往往只是频道的包装和频道片头，即所谓的频道宣传片。

第二节　频道的包装和频道宣传片的策划文案分析

以原中央电视台三套戏曲音乐频道的宣传包装策划文案为例。原戏曲音乐频道是中央电视台的第三套节目，属专业频道，是用广义的戏曲节目和音乐节目来展示国家电视台的宣传形象，同时又向广大观众奉献具有悠久历史和群众基础的各类戏曲艺术，用乐音来陶冶和愉悦人们的思想感情，是全国惟一专门播放戏曲节目和音乐节目的电视频道，在宣传社会主义精神文明方面发挥着独一无二又潜移默化的作用。

三套戏曲音乐频道宣传片（文案部分）

（无画外音，所有文字均为视觉显示）

第一部分　自然　社会　人类（10秒）

有一种声音
能让全世界都心灵相通
她奔流若云，她婉转如风
(音乐)
有一种声音
只有中国人能真正领悟
他慷慨如山，他飘逸似水
(戏曲)

第二部分　音乐戏曲频道节目内容（20 秒）
有一颗星
只要你渴望
就能听到这样的声音

有一扇窗
只要你推开
就能看见这样的画面

我们是这颗星
我们是这扇窗

我们是最新的声音
　　最快的声音
　　中国的声音
　　世界的声音
　　最美的声音
我们是戏曲音乐频道

第三部分　栏目业绩（15 秒 + 15 秒 + 15 秒 + 15 秒）

过去为你所做的一切
你是否还历历在目

那些渐渐流传的歌曲
是否让你
怦然心动　无法忘却
那些慢慢熟悉的面孔
是否让你
找到亲切　找到理解

那些堪称国粹的好戏
是否让你
大饱耳福　大饱眼福

那些载入经典的名曲
是否让你
再三感悟　回味无穷

那些连通海外的讯息
是否让你
洞悉潮流　把握时代

那些俯瞰世界的音画
是否让你
看得更高　听得更远

不管你是否会想到

为了这一切
我们付出过多少努力
只要你因为我们的劳动而快乐
就够了

第四部分 未来（15 秒）
面对未来的日子
我们还有许多的事情要做
但目的永远只有一个

要让这个在世界上拥有最多观众的娱乐频道成为你最喜欢的电视频道

——结束

“戏曲·音乐”本身就表现出“从历史到现实”这么一个主题，电视可以展现从传统戏曲到地方众多戏种的博大精深，从中国的民歌民乐到世界最新音乐电视的浩瀚飘渺……所有这一切，都会从 1998 年 6 月 1 日开始的“CCTV—3”，也就是我们的戏曲音乐频道的屏幕得到印证。所以宣传片就定位在这上面。

在频道包装宣传上，把握六个要素的表现。第一要素：戏曲和音乐是一种两极分化的时代文化的产物，一种是悠久传统的文化，一种是现代生活的文化。“戏曲·音乐”频道形象片的包装，就是用“戏曲和音乐”的形象代表性语言（例如：古代戏曲曲目的人物形象、道具等，来寓意戏曲；现代生活中的生活节奏、乐器、色彩等来寓意现代音乐）来表现“戏曲·音乐”频道形象。为了突出频道意识，并以“戏曲·音乐”频道的标识进行演变：用“音乐”的英文“MUSIC”首写字母“M”通过三维动画演变成频道标识“3”，所有形象化语言最后通过现代化的表现形式进行贯穿。第二要素：音乐类。突出现代音乐的感觉，以符合现代生活的节奏和现代生活中流行音乐的趋势。第三要素：戏曲类。透视传统戏曲文化的脉点，汲取精华，以传统戏曲文化的博大精深来涵盖戏曲类的特点。第四要素：抓住改版宣传性。重点是通过改版后具体的画面和音乐，向观众展示“戏曲·音乐”频道的新形象，在时间和形式上力图独特新颖。第五要素：生活性。从生活中出发，体现生活中的“戏曲·音乐”频道形象，体现与观众群的关系。第六要素：精髓的广告语，往往起到画龙点睛的作用，高度概括性的语言和文字，把传统与现代，戏曲和音乐糅在一起，使人赏心悦目。第七要素：整体风格。整体风格的把握是这次包装的关键，通过现代的表现形式，形象性语言和音乐的节奏，色彩的运用，标识的运用，把“戏曲·音乐”频道的形象表现出来，使观众一目了然。

在色调和标识上创意策划主要体现在：(1) 黑与白、蓝与黄为主色调。黑色与白色，是反差强烈的一组视觉对比，即可表现音阶的渐递（钢琴的键从左到右，黑与白的交替起伏），展现音乐魅力自身的无穷无尽。蓝色与黄色，又可通过现代电脑数码技术表现其细腻，也是一种和谐的搭配。发旧的鹅黄色有历史的斑驳，可表现根植于华夏文明的精髓；蓝色正是音符、节奏、旋律的化身，世界是通过大海连起来的，音乐是没有国界的，蓝色表现音乐是最恰当不过的了。(2) 展现频道“3”以及相关符号“M”、“D”。戏曲音乐频道在中央电视台排行“3”，各种形态的“3”用动画表现出来在竖直方向上很有特色，而各种形态的英文字母“M”（即 MUSIC）用动画表现出来在竖直方向恰似倒放的“3”，字母 M 又可说一形双关，既表现音乐，又是倒放的“3”。“3”和“M”是一组巧夺天工的巧合。(3) 表现元素：画面：数字 3、英文 M、变形的 D、长城的阶孔、钢琴的键盘、大小提琴、古筝、二胡、京胡、鼓、长笛、琵琶、音符、五线谱、简谱、脸谱、京剧人物、地方戏人物、八卦图。字幕：1998.6.1.CCTV—3（电脑）音符、音程、音阶、音韵、唱词、音准、歌词、音乐厅、演唱会；唱腔、花旦、老旦、昆曲、程派、梅派、黄梅戏、粤剧。对此给人以节奏与旋律，可以流淌出人们各种各样的思想情感，歌唱与舞蹈又可以展现出中国各式各派的结论戏剧。

附：电视节目与栏目策划台本、文学台本及串联台本

《今夜星光灿烂》
全国电视文艺星光奖十周年文艺晚会

总体策划方案与基本节目框架

一、晚会的主题思想

中国的电视文艺事业从无到有，伴随着改革开放的步伐和历史的进程迅猛地发展壮大，像迎面扑来的春风霎时吹遍祖国大地，送进千家万户。它不仅给亿万观众带来了欢乐，同时在推动改革开放的进程中起到了重要的作用。经过电视文艺工作者的共同努力，电视文艺成为在改革开放以来最活跃、最广泛、最引人瞩目的文化艺术领域，已逐步形成了独立的电视文艺学科，并通过电视文艺的荧屏推出了我国历史上第一代电视明星，创造了像"喜剧小品"这样的被全国亿万观众所喜爱的新的艺术品种，以及多种多样的观众喜闻乐见的综合艺术形式。

我们不能忘记电视文艺工作者在电视文艺星光奖的推动和鼓舞下辛勤耕耘的十年，我们更不能忘记全国亿万电视观众对电视文艺十年来所倾注的情感。

展现历程，颂扬奉献，庆贺辉煌，展望未来是我们力求达到和体现的主题。

二、晚会的总体风格

追求高格调，高品位，多形式，多色彩的综艺风格样式；

力求思想性，艺术性，娱乐性，可视性为一体的精品组合；

强调总体风格中的总体情感意识；

把握整台晚会气韵贯通、情绪热烈的总体风格。

三、晚会的独特设计

1. 本台晚会以晚会主持人身份出现的主持，只出现在晚会的开场与结尾，中间的串联将由全国地方台与中央台部分文艺栏目主持人、编导、明星和艺术家组成的纪实风格的节目进行衔接和贯穿。

2. 舞台美术将以民族化与现代化相结合，突出和强化电视特点，使用现场表演者走入屏幕，走出画面的电视高科技手法，以及将大屏幕融入节目，产生语汇的特殊设计；将舞台升降推拉，旋转移动作为舞台变化的基点，力求在舞台多维空间的战线上，以及电视画面多层面的纵深上取得更新奇、更独特、更有冲击力的视觉效果。

3. 晚会的现场观众即各省市电视台的代表、获奖编导将根据晚会的设计纳入晚会总体氛围之中，所有参加晚会的代表将按通知携带自己所获的奖杯一尊（不论哪一届），带闪光灯的“傻瓜”照相机一台。在晚会的进程中将根据节目的具体安排出现在全场代表高举林立的奖杯，以及全场闪光灯一起闪亮而构成的灿烂星海的壮丽场面。

4. 晚会的节目构成，全部围绕电视文艺及“星光奖”的内容与主题，与此无关的节目不上。

当观众步入剧场的时候：

①观众席的上空是布满“星斗”的星空；

②剧场左右墙壁上悬挂着中央电视台、各省市地方台的文艺栏目标版灯箱，明亮而又夺目；

③舞台上，一面布满鲜花的大幕封住舞台，鲜花簇拥之处闪烁着银色的、由孙家正部长题写的“今夜星光灿烂”的立体字幅；乐池平台的正中放置着一个银色的钢架，钢架上放着一台黑白电视机，电视机的近旁是一束鲜艳夺目的鲜花，电视机上和电视机近旁的地面上散落着缤纷的花瓣儿。

引子与开场：

①随着十下悠扬的钟声，场灯渐收，音乐渐起，大幕徐徐上升，舞台上呈现出深邃的星空和一条富有象征意蕴的通道，在具有强烈现代意识的立体舞美框架中，四只高高立起的火炬台喷吐着火焰，充满着盎然的生机与庆典的氛围。

②赵忠祥、倪萍从通道纵深处正面向观众走来，他们在热烈的掌声中走到那台黑白电视机的近旁，打开电视机，电视机屏幕呈现黑白“彩条”。

赵忠祥与倪萍的主持……（略）

③随着赵忠祥、倪萍的话语，他们的身背后亮起万家灯火，干冰喷涌，舞台上的景架分体移动，闪现出一台巨大的彩色电视机（大电视屏幕墙），乐池平台托着黑白电视机降下地平线。

④巨大的彩色电视机屏幕出现七色的彩条，突然，屏幕上的彩条穿梭飞舞，霎时间喷射出一个舞蹈画面——舞蹈《彩条飞舞》冲上舞台。

一、舞蹈《彩条飞舞》

这是一个以中国传统的红绸舞（彩绸舞），艺术体操中的“带操”以及各种色彩分类组合的人体造型编创而成的综合舞蹈节目。

最后，用七种色彩的服饰与人体占满整个舞台，构成大幅彩条画面——定格。

二、明星心语《我最难忘的一次电视文艺晚会》

1．以二胡为主旋律的《难忘今宵》主题音乐起；

2．场上七色彩条的演员随着音乐的旋律流动下场，乐池平台托着张明敏、李谷一、许还山、马季、“狗娃闹春”的妞妞、彭丽媛，冉冉升起；

3．出场的艺术家、演员、明星，从不同的角度，各自诉说自己最难忘的一次电视文艺晚会；

4．最后由彭丽媛谈到她从山东来到北京，首次登上电视文艺屏幕时的情景，谈到已故电视导演李晓兰……谈到全国无数电视文艺工作者的无私奉献；

5．彭丽媛演唱歌曲《鲜花的祝福》。随着《鲜花的祝福》前奏音乐起，舞台上从地平线升起一面多画格的“展示墙”，“展示墙”的画格里是“花神少女”的造型与舞蹈。艺术家、明星走下舞台将手中的鲜花献给来自全国各地方台的代表。“展示墙”上“花神少女”从各自的花篮里抛下片片花瓣，漫天飞舞的花雨洒落舞台。

三、歌曲《鲜花的祝福》

1．演唱时，“展示墙”上“花神少女”伴舞；

2．演唱结束，在热烈的掌声中“展示墙”降下。

四、喜剧小品《镜头对准谁》

表演：赵丽蓉、黄宏、郭达、蔡明、杨蕾、侯耀文、金铭、蒋小涵、宫傲等此小品是将赵丽蓉、黄宏、郭达等一批喜剧小品明星最有代表性的喜剧艺术形象，借用小品《镜头对准谁》的载体，将以上任务串在一起，构成一个具有“回顾展”意蕴的喜剧小品。最后以侯耀文与赵丽蓉《英雄母亲的一天》中的记者采访为剧情转折的基点，将记者手中的镜头转向在场的电视文艺工作者。

五、歌组合《明星名曲》

这是一组由春节文艺晚会推出的明星名曲的组合。

演唱者与曲目：蒋大为《桃花盛开的地方》
朱明瑛《万水千山总是情》
费　翔《故乡的云》
董文华《十五的月亮》
苏　红《小小的我》
范琳琳《黄土高坡》
张明敏《我的中国心》等

六、诗朗诵《我最难忘的一次栏目开播》

1. 以女声哼鸣为主旋律的《难忘今宵》主题音乐起；

2. 由中央电视台《综艺大观》栏目、上海电视台《综艺大世界》栏目、广东电视台《万紫千红》栏目、北京电视台《五彩缤纷》栏目、河北电视台《戏曲大舞台》栏目、西藏电视台《民族之光》栏目、中央电视台《东南西北中》栏目的节目主持人，以真切的情感，抒情散文体的语言描绘和讲述了栏目开创至今那些令人难忘的情怀；

3. 大屏幕上，跟随着节目主持人的朗诵，出现栏目开创首期或初期的播出画面；

4. 舞台上，定格的“彩条画面”跟随着前面的诉说，按色彩分类依次以各种造型转向大屏幕望着，看着；

5．最后，引出歌曲《走到一起来》。节目三入——

七、歌曲《走到一起来》

演唱者：林依伦、景岗山、林萍、陈红

八、歌舞《欢腾的节日》

这是一个将全国不同地域文化与色彩的民族歌舞、器乐融为一体的综合节目。

气氛热烈，节奏欢快，色彩浓郁。

山西的《看秧歌》
内蒙的《马头琴弹唱》
江苏的《担鲜藕》
新疆的《库木孜弹唱》
云南的《女子鼓舞》　（两百名女子鼓舞）

九、音诗画《瞬间的永恒》

1．音乐声中赵忠祥、倪萍走上场；

2．大屏幕上按顺序出现以下几幅定格的画面，一幅是七个小板凳落在一起，上面坐着、站着、扛着一家三口在观看中央电视台“心连心艺术团”演出的情景；另一幅是一面墙上凿通了若干个洞，洞里坐着老人、娃娃、媳妇、二哥……还有春节晚会上曾经出现过的、被收入中国历史博物馆的《全家福》；

3．赵忠祥、倪萍用真挚的情感，诗话的语言向大家介绍这几幅画面里的故事……

十、组合《明星回首》

这是一组由电视文艺推出的明星，以演唱成名曲及在歌曲联唱过渡中回首自己几十年前为串联、组合的节目。

《吐鲁番的葡萄熟了》关牧村——建筑工人

《弯弯的月亮》刘欢——大学老师

《高天流云》张也——花鼓戏演员

《外婆的澎湖湾》王结实、谢丽斯——电影演员

《涛声依旧》毛宁——田径运动员

《轻轻地告诉你》杨玉莹——幼儿园阿姨

十一、小品《爸爸，我想跟你谈谈》

表演：银河少年艺术团小演员

1. 一个孩子沿台前缓缓的走着……（小品进入）

一个电视文艺导演的孩子，他们的生活，他们的情感，他们的感受会是怎样的呢？夜深人静，孩子怀抱着一盒方便面，面对着对面空空的座椅开始了与爸爸的谈话……

2. 小品结束时孩子在沙发上睡着了……（音乐起节目十入，演唱者那英走人这个环境之中）

十二、那英演唱《雾里看花》

十三、快板与舞蹈《看电视》

表演：张保和

浙江电视台代表——东

西藏电视台代表——西

海南电视台代表——南

黑龙江电视台代表——北

河南电视台代表——中

协演：兰州军区歌舞团（54 人）

54 位身穿鲜艳陕北民族服装的青年男女踏着音乐与快板的节奏，舞蹈化、风格化出场；

这个节目是通过陕西快板特有的幽默、风趣、诙谐，借用群体的舞蹈造型以及加入群口齐说的风格样式，采用现场走入大屏幕以及屏幕内外相结合的奇特表现手法，体现电视文艺与人民群众的关系，生动地展现电视文艺在人民生活当中的重要位置。

十四、少儿京剧《京剧与名角后代》

演出：中国戏曲学院附小

“展示墙”的“画格”再次升起，将几十位少儿琴师托出地面占据舞台后区空间，形成整齐化的京胡、京二胡及其他打击乐组成的少儿伴奏群体。

演唱者：马连良的重孙子

梅葆玖的孙子

方荣翔的孙子

演唱的同时大屏幕出现马连良、梅葆玖、方荣翔演唱的画面。

十五、喜剧小品《全都忙》

表演者：李文启、孙涛等

演员在拍电视的过程中受到各自 BP 机的干扰而形成的一连串的喜剧，意在讽刺演员在艺术创作中的浮躁情绪，以及告诉人们没有严肃认真的创作态度是无法创作出好的电视作品的。

十六、MTV 组合

这是一组由在国际、国内获得大奖的中国音乐电视作品组合而成的，是声画并茂的演唱组合。

《黄河源头》———— 张　迈

《十八弯水路到我家》—— 宋祖英

《回到拉萨》———— 郑　钧

《祝你平安》——孙　悦
《嫂子颂》——李　娜
《雄鹰》——孙国庆

十七、民俗歌舞《吼春》

表演：河北省地方演出团体

1．百头雄狮从剧场的各路通道舞出，奔上舞台……

2．在一片壮观、热烈的气氛中赵忠祥、倪萍走上场；

3．赵忠祥、倪萍主持，谈到这次难忘的聚会，谈到电视文艺的希望和未来……（大型交响乐伴奏，领唱、合唱的《共有的星光》音乐起）

十八、晚会主题歌《共有的星光》

主唱：美声领唱

舞蹈：群体芭蕾

1．舞台天幕区布满耀眼的闪光泡，明亮、辉煌。

2．观众席闪光灯闪烁构成一片灿烂星光……

东西南北兵（策划方案）

——纪念中国人民解放军建军71周年大型文艺演出

策划：孟　欣　王柄森
撰稿：王柄森　李幼容　王持久

节目宗旨：展现我军光辉历程
颂扬当代军人风采
歌唱军民鱼水情谊
激励部队时代精神

表现形式：

现场演出与外景实拍相结合；思想性、艺术性与新闻性相结合；艺术家舞台演出与部队官兵现场拉歌共同参与节目相结合。文艺演出与电视手段相结合，巧拍与精编相结合。快节奏，大信息量。突出陆、海、空三军军种特色，展现东西南北兵时代风情。

串联方式：

由电视台与部队主持人采用问答、对答等方式串起整场节目，增加信息和感染力。

主持人：电视台 3 人/朱军（男） 亚宁（男） 周涛（女）

解放军 3 人/总政歌舞团 刘小娜（陆军/女）

海政歌舞团 于紫菲（海军/女）

空政歌舞团 孙伟国（空军/男）

节目结构：以五个板块组成。

一、八一军旗红

二、东西南北兵

三、军民鱼水情

四、军旅交响曲

五、走进新时代

节目设计：

[八一晚会总片头]

《一二三四歌》（1′30）

（全体演员与现场观众拉歌/合唱）

[以小合唱与大合唱相结合的方式，将彭、董、阎、刘等观众与官兵熟悉的演员放到海军、陆军、空军、武警 4 个方阵中间，形成拉歌的阵式。歌手起指挥/领唱的作用，这部分气氛热烈、时代感强，起到序曲的作用。]

在热烈的掌声中，3 辆分别涂有草绿、白色、蓝色的军用吉普军（代表陆、海、空三军），载着 6 位手持鲜花的主持人，从战士的行列中驶向军港的舞台。（朱与刘乘陆军车；亚与于乘海军车；周与孙乘空军车。）

6 位主持人同时上场，开场致主持词。

（叠出字幕：第一篇章《八一军旗红》）

彩色热气球从空中垂下两条红幅标语：

一、热烈庆祝中国人民解放军建军 71 周年

二、政治合格　军事过硬　作风优良　纪律严明　保障有力

第一部分：八一军旗红（12′00）

（导演阐述：雄壮、有力、激昂、奋进是该部分的总体情绪。）

［11 把军号在舞台及演出现场两侧军舰等 3 个场地上的各战士手中举起，台上 35 名女号手，台下舞台两侧军舰上各 18 名男兵。嘹亮的军号响彻海天，一面火红的军旗引出中国人民解放军陆、海、军三军军旗。］

《人民军队忠于党》（2′00）

（队列行进表演/男女声齐唱）

雄伟的井冈山，八一军旗红。开天辟地第一回，人民有了子弟兵……昂扬的歌声伴着铿锵的鼓点和节奏，在战士的队列中激荡。

三军军旗在战士整齐的队列行进表演中组合变化，形成一幅

幅整齐化一、优美如织的精美图案，台上台下热浪起伏，寓意三军战士澎湃的心潮和忠于人民、忠于祖国的伟大情怀。

主持人：（大意）太阳辉映着军旗。军旗下集合着祖国的儿女。在今天这个难忘的日子里，战士的心同军旗一样火红，战士的歌声和军旗一起回忆……

[江涛着红军时期的服装，出现在现场的三军队列中间，领唱歌曲《农友歌》。]

一、《农友歌》（1′10）

江　涛：霹雳一声震乾坤哪……

众战士：震乾坤哪……

江　涛：大家都来当红军哪……

众战士：当红军哪……

……

[气氛热烈。演员与战士的歌声一浪高过一浪。背后插着红军时期英雄部队的旗帜。]

二、《游击队歌》（1′30）**改多人舞**

（台上/男三重：耿为华、赵景春、刘延柱唱“打”）

[歌唱演员与舞蹈演员身着八路军服装进行表演。背后插着抗日战争时期英雄部队的旗帜。]

三、《战斗进行曲》（1′30）

（台上台下/甘萍、刘庆）

[演员身着解放战争时期的军服，甘从台上往下走，刘从台下往上走，台上台下相互呼应。背后插着解放时期英雄部队的旗帜。]

四、《志愿军战歌》(1′30)

(台上/女小合：拟由基层部队表演)

[由身着志愿军服装原12名女战士和4名女手风琴演奏者表演，在一个现场的连队前进行表演，背后插满抗美援朝时期英雄部队的光荣旗帜。]

五、《打靶归来》(1′30)

(台上/男群舞)

[由身着解放军60年代服装的16~18位男舞蹈演员进行表演，舞台上布满这一时期英雄部队的旗帜。]

主持人：(大意)在火红的军旗下，人民军队走过了光辉而漫长的71年，八一军旗为什么这样红——是无数的革命先烈用鲜血把你染红；八一军旗为什么这样美——是一代代革命军人用生命和忠诚为你增辉。

[阎维文从火红的军旗下走来，标志我军各个时期英雄模范集体荣誉的数十面锦旗，布满舞台，汇成一片旗帜的海洋(前面用过的旗帜汇总)。]

六、男声独唱《军旗下的我们》(阎维文) 3′30

(第一篇章结束)

第二部分：东西南北兵(21′00)

(导演阐述：活泼、风趣、热烈、欢快是这一部分的基本格调。)

主持人：(大意)军旗下的我们从万水千山中走来，军旗下的我们从四面八方走来。东西南北中，到处都有军人的身影；东西南北中，到处都有英雄的风采。

（叠出字幕：第二篇章《东西南北兵》）

一、男声独唱《兵之歌》（郁钧剑）3′30

［郁钧剑与战士演唱相结合，郁钧剑唱到“一个兵，一个兵……”，全场合唱。］

主持人：（大意）现在，我们向大家介绍几位来祖国东、西、南、北、中的英雄集体和英雄模范的代表。他们是“东方第一哨……西昌卫星发射中心……南沙守礁卫士……北空英雄团……中原尖刀班……”

［现场采访（1′00）。女兵献花。］

主持人：观众朋友们，这是一列特殊的东西南北兵，他们的英雄事迹让我们感动。看！又一列快乐的东西南北兵来到了我们演出的现场，他们是由五位部队的喜剧、小品演员组成的东西南北兵……

［黄宏、郭达、魏积安、刘亚津、蔡明一同跑步上场。立正、报数：东、西、南、北、中；欢、笑、在、军、营！］

二、笑星表演唱《欢笑在军营》6′00

（五笑星身着不同装束，如：北戴棉帽，南着背心……用东、西、南、北、中各地方言向观众问好，用观众熟悉的歌曲片段，重新填词，赞颂东西南北兵的风采。）

东：东方刚升起美丽的朝霞，我赶着马儿离开了家……

西：西沙、西沙，我的家乡……

南：雁南飞，雁南飞……

北：北方吹来十月的风……

中：中国、中国，壮丽的山河……

[五人边唱边说。歌声与数来宝、三句半、对口快板等表演形式相结合，发挥笑星的明星效应和现场感染力。节目结尾处，五人再列队，向右看齐，报数：东、西、南、北、中；欢、笑、在、军、营！]

[笑星列队下，刘小娜及女兵列队上。]

(一组唱兵的歌曲)

三、《士兵小唱》（刘小娜）2′00

四、《潇洒女兵》（陈红）2′00

五、《拉歌》（穆青、季红）2′00

[在《拉歌》的结尾高潮处，全场热烈，《拉歌》歌曲唱到"东西南北兵"时，众战士呼应：东、西、南、北；东、西、南、北；东、西、南、北；——全体战士：兵！]

(战士的队列中出现分别写有东、西、南、北、兵的五面大鼓，在激越的鼓声和歌声中，一辆吉普车载着身着绿色军装的宋祖英出现在演出现场，宋祖英在缓缓的行进中演唱。)

六、女声独唱：《东西南北兵》（宋祖英）3′30

(注意主舞台和子台的高度和现场演员与观众的情绪交流。热情洋溢、起伏得当。)

(第二篇章结束)

第三部分：军民鱼水情（24′00）

（导演阐述：表演的抒情性和画面的色彩感是这一部分所着力表现的要点。）

主持人：（大意）东西南北兵，来自老百姓，人民子弟兵，一心爱人民。天连海、心连心；军爱民、民拥军；军民的鱼水深情，唱也唱不尽……

（叠出字幕：第三篇章《军民鱼水情》）

一、《大红枣儿》（2′00）

（杨华）/大伴舞，红色基调

[杨华在红装红枣红颜的映照下，一路歌来。]

主持人：（大意）一颗枣儿一颗心，人民的恩情比海深。记得当年陈毅元帅感慨地说："我们的胜利是人民用小车推出来的。"人民的子弟兵怎能忘记父老乡亲的鱼水深情。今天，我们特别为大家请到了几位来自沂蒙山革命老区的拥军模范，他们是……

[现场采访支前，拥军模范] 1′00

主持人：（大意）火红的八月是我们人民军队的节日。"八月桂花遍地开"，军民友爱就像八月桂花一样的芬芳，它开遍了雪域高原、戈壁大漠、彝村苗寨，更开在了各族儿女的心怀。

（一组有民族服装伴舞的少数民族歌曲，舞蹈基调分别由白色、绿色、金黄色调构成。）

二、《心中的歌献给解放军》藏族歌曲（张华敏）1′30

三、《解放军同志请你停一停》新疆歌曲（吕薇）1′30

四、《桂花开放贵人来》苗族歌曲（李丹阳）1′30

五、《南泥湾》（赵丽蓉）2′00

［音乐起后，赵上场。歌曲高潮中，赵丽蓉唱着“鲜花送模范”，把手中的鲜花送给台下的双拥模范代表。主持人采访新近树立的双拥模范代表。］

六、现代京剧《沙家浜》选段 2′00

《军民鱼水情》（刘斌、孙丽英及现场战士）

［由刘斌扮演的郭建光和孙丽英扮演的沙奶奶出现在战士的队列中，两演员领唱，众战士伴唱，渲染现场欢乐的节日气氛。］

主持人：（大意）忘不了，革命战争时期父老乡亲和人民子弟兵的鱼水深情，忘不了……

七、《沂蒙颂》（梦鸽）1′30

八、《军队和老百姓》（聂建华）1′30

九、《斗笠舞》（周灵燕）1′30

（第三篇章结束）

第四部分：军旅交响曲（22′00）

（导演阐述：激情、豪迈、舒展、浪漫是这一部分的体现。）

主持人：（大意）同呼吸、共命运、心连心，人民浓浓的情系着军人深深的爱。在祖国的陆地、天空、海洋，你听——一代代战士正用他们的深深的浓情，奏响军旅交响的新声！

［一组军旅老艺术家表演的三军代表性歌曲。］

一、《我爱五指山　我爱万泉河》2′00

（李双江/着绿色军装）

二、《我爱祖国的蓝天》2′00

（杨洪基/着蓝色军装）

三、《我爱这蓝色的海洋》2′30

（胡宝善/着白色军装）

［战舰上信号灯闪烁，水兵们旗语变换。女兵方队在优美的充满律动的乐曲声中，进行队列表演。］

四、大型队列行进舞表演《阳光航道》2′00

（总后护校女生及海军战士）

主持人：（大意）这是一片阳光地带，这是一支不可战胜的力量，踏着阳光航道而来。看！……我们的队伍向太阳！

［海军战士用手中的旗语打出——“三军将士向全国人民致敬！”］

［一组反映各军、各兵种的军旅歌曲］

五、《从军报国歌》2′00

（吕继宏/着陆军装）

六、《男子汉去飞行》2′00
(佟铁鑫/着空军装)

七、《军港之夜》2′00
(白雪、梅华/着海军装)

八、《行一个军礼》2′00
(蔡国庆/着武警装)

九、《天海长城》2′00
(魏英侠、王红兰等四名女歌手着以上四种军装)

主持人:(大意)在向国防现代化进军的征途上,全军各部队都涌现出了一批具有时代精神、掌握现代高科技知识和先进军事技能的跨世纪人才。

现在,我们为大家介绍×位新近由中央军委命名的在军队现代化建设中涌现出来的先进模范人物。

[现场采访英模,考虑后期编入适当军队现代化发展或英模事迹的录像资料。]

十、女声独唱《长城长》3′30
(董文华/大伴舞)
(第四篇章结束)

第五部分:走进新时代(8′00)
(导演阐述:大气磅礴、壮丽辉煌是这一部分的定位。)

主持人:(大意)两万多个日日夜夜,七十一载风雨历程;

人民军队在党的领导下不断成长、不断壮大。今天，人民军队在以江泽民同志为核心的中央军委的英明指挥下，正以崭新的姿态，昂首迈向国防现代化。

主持人：八一军旗红，东西南北兵，脚踏着祖国的大地，背负着民族的希望——向前！向前!！向前!!！……向着明天，向着太阳，向着新世纪……

女声独唱：《走向国防现代化》4′30

(彭丽媛/大伴舞)

[歌声中，数千只和平鸽伴着数千只彩色气球腾空而起，庆祝建军节的礼炮鸣响……

歌声中插入如下画面：中央军委三代领导人检阅三军的场面；

歌声中插入我军现代化成果的画面。]

军旗和太阳一样火红……

(片尾字幕)

庆祝建国50周年大型电视文艺晚会策划方案

(第七稿)

策划：赵化勇　邹友开

导演：孟　欣　杨东升

标题拟定：

《江山如此多娇》(原《希望的中国》)

演播形式：

A　录播

B　地点：中央电视台一号演播厅

C　播出：9月30日晚一套黄金时间

晚会主题：

以歌颂新中国成立50周年为主旨，以出新、突破为追求，以创作精品节目为目的的这台开放式大型专题文艺晚会，力争做到：创意新颖、主题深刻、别开生面、鼓舞人心。

晚会的主题是：

歌唱伟大祖国五十年金色的历程；

讲述改革开放二十载春天的故事；

礼赞实现中国十二亿豪迈的情怀。

一、晚会结构形式：

我们力求突破以往文艺晚会的固有模式，以精彩的文艺节目为主体，加入平常、动人的专题性、新闻性内容，是我台晚会的主要特点之一。中央电视台部分名牌栏目主持人及地方电视台主持人加入晚会，成为晚会的新闻、专题的“亮点”。

在这条晚会串联的主线中，既有对光荣岁月的深情回顾，又有对今日中国的生动礼赞，更有对美好未来的畅想与展望。拟以“共和国五十年精彩瞬间”的组合，通过影视声像资料背景中衍生出“老照片”中原人再出、“老电影”中原形再现、“老广播”中原音再现等手段，以“人”为主线，以“事”为载体，以展示共和国的各项伟大的建筑成就为背景，将创造这些成就的主体——从共和国的领导者、英雄人物到普通劳动者的风采和情感展现出来，使每一位普通的中国人在内容的递进和典型人物所承载的时间中，能联想到自己在共和国的发展历程中所担当的具体角色，以及共和国50周年的沧桑巨变带给人们的光荣与梦想。让每一个中国人深切的感受到共和国的进程与自己命运息息相关，美好的明天期待着每个人的奋斗。相对于亲切、温馨的故事的是新颖、好看的节目组合，本晚会力图通过这样形象具体的元素，来增加文艺节目的情感色彩和观赏性的外延。

晚会的第二个特点是：文艺节目具有强烈的艺术感染力和观赏性，突出电视特点，内景演出与外景演出相结合。强化画面立意效果，以电视特有的时空感和表现优势，呈现全国各族人民为国庆 50 周年而欢歌的喜庆场面并以此展示新中国伟大的建设成就。拟以本台一号演播大厅为主场地，外景拍摄拟以东西南北中五个方位与工业、农业、军事、科技、民族、港澳等典型场景结合，以宏大的场面、夺人的气势和壮观的景色、优美的表演拓展文艺晚会空间，使画面更丰富，视听更完美，以强烈的时代意识，调动各种艺术手段来震撼人、鼓舞人、教育人、感动人。

二、风格样式：

1．内外景结合的制作方式；

2．庆典、颂扬、深情、明快的大型电视文艺晚会；

3．多场景与多层次、大气势与大信息量并行。

三、节目构成：

总片头

序：江山如此多娇

五个篇章：

1．共和国的历程

2．共和国的象征

3．共和国的抒怀

4．共和国的脊梁

5．共和国的辉煌

尾声：共和国的希望

（注：篇章是“暗指”，为的是围绕这几个点将节目展开。不作明篇章划分。）

节 目 单

总片头

全国各行各业、各民族、各阶层的典型任务，依次表达："祖国，你好!"

各个画面分别排列在中国地图上，通过三维动画转换成祖国的版图。推出片名——

序

大型合唱、朗诵《江山如此多娇》

由合唱队、交响乐队及主持人朗诵的方式组成。

总主持人：赵忠祥、倪萍、朱军、周涛

第一篇章：共和国的历程

1.《东方时空》主持人白岩松、敬一丹访谈：

A. 1949年开国大典的参加者；

B. 国庆35周年亮出“小平您好”标语的大学生；

C. 参加国庆50周年阅兵的护旗兵。

2. 56个少数民族和少年儿童合唱《今天是你的生日》

3. 地方台主持人在外景介绍：

A. 上海浦东88层金贸大厦垂下巨幅标语；

B. 内蒙大草原2000匹骏马摆出2000字样后，在草原上奔驰；

C. 广州和深圳500名厨师制作的50层的生日蛋糕；

D. 福州50条龙舟竞渡在海峡；

E. 新疆50名维族小姑娘每人梳着50根辫子，在50面手鼓的伴奏下翩翩起舞。

4．表演唱《库尔班大叔逛京城》

第二篇章：共和国的象征

1．访谈：

A．宋世雄采访为王军霞送国旗的留学生；

B．刘璐采访在开国大典上演奏国歌的军乐队员；

C．唐剑采访爱护国徽的女兵。

2．女声独唱《五星红旗》

3．《东西南北中》主持人亚宁，《半边天》主持人阿果，《军事天地》主持人张莉，《现在播报》主持人海霞，《中华民族》主持人焦建成外景采访：

A．中国最北方的邮电所；

B．南沙群岛上的哨所；

C．东海上的领航员；

D．中国最西部的气象站；

E．澳门 1949 年升国旗的老校长。

4．美声歌曲独唱《共和国之恋》

第三篇章：共和国的抒怀

1．总主持人串联；

2．女声表演唱《天安门前留个影》；

3．戏剧表演《老照片》；

4．女声独唱《潇洒人生》；

5．少儿节目主持人鞠萍访谈：杨振宁介绍台湾同胞为北京姑娘胡阳移植骨髓的动人故事；

6．女声二重唱《牵我的手牵你的心》；

7．香港、澳门、台湾、海外华人聚居地的老人演唱《长城谣》(外景拍摄)；

8．总主持人串联；

9．港台演唱组合《青春舞曲》；

10．《实话实说》主持人崔永元现场访谈：《人名与时代》；

11．男声齐唱《我和我的祖国》。

第四篇章：共和国的脊梁

1．相声演员幽默访谈：《新中国第一知多少》；

2．领唱、合唱《祖国颂》（内、外景结合）；

3．总主持人串联；

4．少数民族酒歌联唱《为祖国干杯》。

第五篇章：共和国的辉煌

1．历史声音再现：

（1）电台播音员丁一岚：1949 年 10 月 1 日《人民日报》社论片段；

（2）赵忠祥：十一届三中全会公报片段；

（3）罗京：党的十五大决议片段。

2．现代歌舞《自豪的建设者》

3．国务院环保、经贸、科教有关部委发言人新闻发布

4．大型器乐演奏《走进新时代》

5．总主持人及地方台主持人诗朗诵（内外景结合），外景为：

（1）西昌卫星发射基地；

（2）深圳全国科技博览会；

（3）上海浦东科技城；

（4）邯郸钢铁公司；

（5）三峡工程；

（6）辽宁飞机制造厂；

（7）内蒙古露天煤矿；

（8）云南世博园。

尾声：共和国的希望

大型歌舞《希望的中国》

1999 年 8 月 9 日

《今夜星光灿烂》

全国电视文艺星光奖十周年文艺晚会

串联本

舞台上。一面布满鲜花的大幕封住舞台，鲜花簇拥之处闪烁着银色的、由孙家正部长题写的“星光灿烂”的立体字幅。

随着十下悠扬的钟声，场灯渐收，大幕徐徐上升，舞台上呈现出深邃的星空和一条富有象征意蕴的通道，在具有强烈现代意识的立体舞美框架中，四支高高立起的火炬喷吐着火焰，充满着盎然的生机与庆典的氛围。

赵忠祥、倪萍在两位怀抱鲜花的少先队员的伴随下，从通道纵深正面向观众走来，他们在舞台正中置放的一台电视机的近旁停了下来。

倪　萍　又是绚丽的繁星，又是浩瀚的银河。还记得吗？还记得我们十年前曾相聚在一起，在一起畅谈星光下的追求与开拓。

赵忠祥　那时候，那时候我们都多年轻啊！十年，整整十年，中国电视文艺工作者再次从祖国四面八方汇集首都北京，再次聚集一堂。

倪　萍　有的头发已经白了，有的已经不在了；有的是那样年轻，有的又是那样陌生。

赵忠祥　当我们汇集在灿烂的星光下，面对着万家灯火，（舞台上的万家灯火启动）你可曾想到，想到在960万平方公里的大地上，此时此刻亿万个不同的家庭都在干什么？

倪　萍　（俯身问身旁的少先队员）小朋友，你能不能告诉台下的叔叔、阿姨、爷爷、奶奶，每当夜幕降临的时候，你的爸爸、妈妈、爷爷、奶奶，都在干什么？

小朋友　看电视。

赵忠祥　（问身旁的另一位小朋友）你呢？

小朋友　看电视！

倪　萍　是的，看电视，多么普通的几个字。

赵忠祥　是的，就是这普普通通的几个字，凝聚了亿万观众多少情感，倾注了电视文艺工作者多少心血。

倪　萍　是情感，是心血，才使星光如此灿烂！

赵忠祥　用情感，用心血，才把七色彩条涂抹的如此鲜艳！

一、舞蹈《彩条飞舞》（表演完毕）

音乐起，大屏幕出现选定的那些晚会的画面。

赵忠祥　伴随着中国改革开放的步伐和历史的进程，中国的电视文艺像迎面扑来的春风，霎时吹遍祖国大地，送进千家万户。

倪　萍　从此，中国大地上多了一个每天都有人议论的话题，中国老百姓多了一份每天都可以拥有的欢乐。

赵忠祥　十年来，电视文艺的发展赢得了广大观众，一大批荣获“星光奖”的优秀作品脱颖而出，引起强烈的社会反响，促进了精神文明的建设。

倪　萍　电视文艺成为自改革开放以来，最活跃、最广泛、最引人瞩目的新的文化艺术领域。电视文艺的荧屏推出了我国第一代电视明星，创造了多种多样、观众喜闻乐见的综合艺术形式。

赵忠祥　又是收获的金秋，望着一片丰收的大地，人人都会情不自禁地去回顾，去展望。

倪　萍　回顾那最难忘的事，回顾那最难忘的人，回顾那最难忘的情……

二、《我最难忘的一次电视文艺晚会》

李谷一　每当听到这《难忘今宵》的旋律，我就会想起1984年春节联欢晚会，那是我最难忘的一次晚会。当时我演唱的这首歌，至今仍在唤起人们心中温馨而又美好的回忆。

刘　江　1991年闹大水，我参加了中央电视台宣传抗洪救灾的《风雨同舟》晚会，我和几位老同志表演的三句半，节目虽小，还真为灾区募捐了不少钱，至今想起来，我们几位老同志心里还是热乎乎的。

李维康　我最难忘的是前不久播出的《京剧名家名段》系列节目，有那么多观众喜爱京剧，能够通过电视荧屏看到京剧，我们的京剧艺术大有希望。

赵本山　我从一个东北二人传艺人成为一个大家都熟悉的喜剧明星，我和广大观众都忘不了1990年春节晚会，那次我演的小品《相亲》一炮打响，从此我这个农民的儿子走进了千家万户。

刘尚娴　我在电影《英雄儿女》中扮演王芳的时候曾第一次登上坦克车，那是三十多年前的事了。今年夏天参加“心连心”艺术团，拍摄激动人心的八一晚会，我第二次登上坦克车，你说我是个什么心情？我这一生都会永久的记忆着。

张明敏　我最难忘的是1984年春节晚会，一曲《我的中国心》使我这个普通的香港艺员，一下子拥有了12亿观众。我期望在1997年欢庆香港回归的晚会上能再次演唱这首歌。

妞　妞　我永远忘不了1994年春节，我和我们山村的“小狗娃”们，头一回离开山东梁山老家，来到北京参加春节晚会，我们演的《狗娃闹春》可火了！从那以后，我们那里的“小狗娃”们拍摄了好几部电影，还到国外去演出了呢！

牛　群　我最难忘的一次晚会是《综艺大观》第100期，因为在那次晚会上展出了我在若干台晚会中拍摄的120幅照片，它使我记忆的不是一次晚会，而是让我重温了那无数台晚会中的动人场景。

彭丽媛　1982年我从山东老家来到北京，第一次走进中央电视台，录制的节目是老导演李晓兰执导的文艺晚会，我还清晰的记得，李导曾几次晕倒在拍摄现场。现在她已经去世了，已经离开了我们，但我和大家都不会忘记她，不会忘记培育过我们的导演们和那些在镜头之外默默奉献着的电视文艺工作者们。（音乐起）

三、彭丽媛演唱《鲜花的祝福》

四、小品《镜头对准谁》

五、歌组合《明星名曲》

1．蒋大为《牡丹之歌》

2. 范琳琳《黄土高坡》

3. 佟铁鑫《中国的土地》

4. 苏　红《我多想唱》

5. 朱明瑛《万水千山总是情》

6. 张明敏《我的中国心》

六、《难忘的一次节目播出》

小提琴演奏为主旋律的《难忘今宵》主题音乐起。

程　前　观众朋友们，每一个节目主持人都会有一次他难忘的节目播出，都会有难忘的走进演播厅的经历，我就是从一名普通的公安干警先进入地方台的演播厅，后来又从地方台进入中央电视台的演播厅，在今天这样一个星光灿烂的夜晚，我特别要向培养过我、爱护过我的地方台的老师们和同志们表示深深的谢意。

倪　萍　无论是《旋转舞台》还是《综艺大观》，我原本是它们的忠实观众，当我第一次走进中央电视台主持第十九期《综艺大观》以后，我也成为电视文艺队伍中的一名新兵，电视文艺改变了我的人生和艺术的道路。由此我想起了 1994 年春节晚会我主持的那个《全家福》节目，老摄影师徐永辉历时 45 年跟踪拍摄一户农民家庭的变迁，春节晚会结束后，这四幅照片被收藏进中国历史博物馆，我们电视文艺推出的作品首次成为历史存照。电视文艺屏幕不仅推出了歌星、笑星和众多的节目主持人，还推出了像徐永辉这样的时代明星。

汪文华　一个栏目的成功离不开演员的支持，而一个好的栏目又会推出许多有才华的演员，我和我的观众们都不会忘记《曲苑杂谈》推出的《洛桑学艺》，我们深深怀念着那位多才多艺的藏族演员洛桑。

河北台 我是河北台戏曲栏目的主持人，我们的栏目没有多高的知名度，可以说是默默无闻，我也说不出哪次节目的播出令我难忘，甚至有几次我都想离开这个栏目。但每当我接到观众来信，看到有那么多朋友喜欢听戏看戏，我又坚持下来。我希望今后有更多的观众关心我们的栏目，热爱祖国的戏曲艺术。

上海台 叶慧贤……

新疆台 维族主持人……

黑龙江台主持人……

袁　圆 我不是电视导演，也不是主持人，但我妈妈是辽宁台的电视文艺导演，她叫张玉华。妈妈特别热爱自己的事业，她在身患绝症的情况下，仍坚持完成了一部电视艺术片的录制工作，可惜她没看到过节目的播出，我想，如果妈妈也能够捧着“星光杯”来参加今天的晚会，她一定会感到非常欣慰。

朱　军 今天真是东南西北聚集一堂，作为我们曾经先后主持过的《东西南北中》栏目的节目主持人，心里非常激动。我最难忘的一次节目播出是1995年栏目改版后的第一期，因为我们共同演唱了新创作的栏目主题歌《走到一起来》。

亚　宁 今天，为了繁荣电视文艺，东西南北、四面八方走到了一起，让我们共唱一曲《走到一起来》！（音乐起）

七、歌曲《走到一起来》

歌曲演唱的间奏音乐中——

赵忠祥 观众朋友们，十年来，为电视文艺做出突出贡献的，来自全国各地的电视文艺工作者和本届“星光奖”的部分获奖者也来到了现场，让我们向光荣的电视文艺工作者致以深深的敬意！

……

八、《欢腾的节日》

九、《瞬间的永恒》

女声哼鸣为主旋律的《难忘今宵》主题音乐起。

倪　萍　电视文艺进入了每一个家庭，它越来越赢得广大观众的喜爱。电视文艺的生命力在于深深扎根于生活，永远贴近群众……

一组“心连心”艺术团在老区、边区、军营、学校演出的动人场面。

倪　萍　……从今年开始，中央电视台“心连心”艺术团曾先后六次深入到革命老区、工厂、农村、校园、军营演出，受到广大群众的热烈欢迎。所到之处，盛况空前。

大屏幕上按倪萍的诉说依次叠出三幅画面。

倪　萍　这是在延安演出的时候，观众为了亲眼看到电视上的那些艺术家们和明星的现场演出，场院外的老乡竟把自己的屋子和院墙掏了个洞，从洞口探出身子观看演出；瞧，这老人家身手不凡，为看演出竟能把七张小凳子摞起来；这位老汉在艺术团抵达延安后，一连几天在雨中望着，看着，看大家装台，看大家排练。后来杨伟光台长了解到这位老汉是因为没有票才在雨中站着、望着，就亲自将两张入场券送到老汉手中。人民需要艺术，艺术永远离不开人民，只要是人民群众需要的，电视文艺工作者将用一分一秒一帧累积起来的画面和情感回报给广大的电视观众！

十、快板与舞蹈《电视连着你我他》

十一、歌组合《明星回首》

在音乐前奏或间奏中明星的话语……

关牧村 电视和艺术曾改变了很多人的人生道路，您能想到吗，当年我曾是天津机床厂的一名车工。——演唱《吐鲁番的葡萄熟了》

杨钰莹 十年前，我在我的家乡江西南昌工作，那时我梦想做一名幼儿教师，当时，我的名字叫杨港丽。——演唱《轻轻的告诉你》

毛　宁 十年前，我是辽宁省田径队的一名运动员，是电视文艺使我从赛场登上了歌坛。——演唱《涛声依旧》

王结实 我最早是从中央戏剧学院毕业的，演过几部电影……

谢丽斯 对，全是配角。是电视文艺使我们的歌声传遍四方。——演唱《外婆的澎湖湾》

刘　欢 我在北京国际语言学院当过老师，电视文艺使我找到了新的人生起点。——演唱《弯弯的月亮》

十二、小品《爸爸，我想和你谈谈》

十三、董文华演唱《总想走进你心里》

第二段演唱中，大屏幕插播电视文艺的幕后镜头和各工种的工作场面。

演唱结束。

赵忠祥 电视文艺这种新的艺术形式和传播手段的出现，也使古老、传统的民族艺术焕发了青春。不仅为观众介绍了名家名段，新人新秀也像长江后浪推前浪层出不穷。

十四、《京剧名家后代与少儿京剧》

表演结束。

倪　萍　十年来电视文艺的形式在不断拓宽，电视文艺的品种在不断的丰富，内容也在向纵深发展。它在努力用新技术、新手段、新观念充实自己。近几年来在电视文艺中出现的音乐电视，就是其中的代表。

十五、《音乐电视组合》

1．解晓东　《今天真高兴》

2．张　迈　《黄河源头》

3．宋祖英　《十八弯水路到我家》

4．孙国庆　《雄鹰》

5．孙　悦　《祝你平安》

6．赵本山　《心中的太阳》

7．那　英　《雾里看花》

十六、小品《春女》

十七、民俗歌舞《吼春》

大提琴演奏为主旋律的《难忘今宵》主题音乐起。

倪　萍　星光和目光灿烂的辉映，汗水和泪水幸福的交融，经历多少不眠之夜，我们托起绚丽的星空。

赵忠祥　星光融进你的奉献，星光洒下我的深情，难忘今夜美好的相聚，星光下我们还会重逢！

倪　萍　今晚我们立下一个约定——

赵忠祥
倪　萍　约定十年后的今天，我们再重逢！

十八、美声与芭蕾《星光灿烂》

1996年11月
中国—北京

抗洪精神颂

“心连心”艺术团慰问抗洪军民大型文艺晚会

串联文学本（六稿）

策划：赵化勇　邹友开

导演：孟　欣　杨东升

总片头（VTR1　V4）

一、序

[现场台口大银幕映出图案及节目名，表演区两侧一幅巨大对联。

雨情、汛情、灾情、洪水无情人有情

党心、军心、民心、万众一心心连心

[乐曲中，大银幕出现抗洪雕塑效果，观众席上树起抗洪旗帜，演播厅上空抛下红绸。

[中央台主持人朱军、刘璐及八省台主持人上场。

朱　各位来宾，各位观众，今晚，中共中央宣传部、解放军总政治部、国家广播电影电视总局在这里隆重举办“心连心”艺术团慰问抗洪军民大型文艺晚会。

刘　在这里，我们向奋战在全国抗洪第一线的广大干部群众、解放军指战员、武警部队官兵和公安干警表示亲切的慰问。

朱　我们向全国各条战线、各族人民、海内外的朋友们对灾区的无私支援表示衷心感谢，向来自灾区八省电视台的主持人表示欢迎。

[八省台自我介绍

刘　我们特别高兴的是，来自全国的抗洪军民代表今天也来到了我们的晚会现场，我们表示最热烈的欢迎！

[全场热烈鼓掌。

合　你们辛苦了！

[1．大银幕升起，儿童欢呼着涌出，向军民代表献花。

2．歌唱演员齐唱《鲜花献给你》

3．三军仪仗队出现

[表演区灯光暗转，为下一个节目做准备。

[朱军、八省台主持人在观众席中。

朱　军　祖国不会忘记，全国军民在以江泽民为核心的党中央的领导下，谱写了中华民族自强不息，团结奋斗的又一首壮丽凯歌。

湖北台　湖北人民忘不了迎战八次洪峰的日日夜夜。

湖南台　岳阳楼下镌刻着三湘儿女战风斗浪的壮举。

江苏台　江苏人民用心血筑成的大堤在风浪中挺立。

江西台　九江大堤永远铭记人民子弟兵抢堵决口功勋。

安徽台　安徽的军民用决战决胜的信念再一次战胜洪魔。

黑龙江　哈尔滨人和大庆人又经历了一次悲壮的洗礼。

吉林台　辽阔的松嫩平原上留下了吉林军民英勇奋争的足迹。

内蒙古　在成吉思汗的故乡，马头琴将为你讲述那战斗的风风雨雨。

朱　军　人民的心中，铭刻着伟大的抗洪精神：万众一心、众志成城、不怕困难、顽强拼搏、坚韧不拔——

众　人　敢于胜利！

［舞台纵深的超大屏幕上电闪雷鸣，洪水汹涌扑来，房倒屋塌，惊涛拍岸，一片汪洋。（VTR2　V4）

二、音诗画《众志成城》

（“子弟兵来了”V2　“党中央召开常委会议”V2）

［湖北台主持人孙汀娟分别介绍妇女主任周菊英、内蒙某村纪检书记陈守义、岳阳市委宣传部长罗典苏。（VTR3　V4）

（尾句：向共产党员们致以崇高的敬意）

三、歌曲《你是一面旗帜》

（VTR4　V2）

［安徽台主持人周群介绍钢铁战士吴良珠（VTR5　V4）、战士谢峰（V2）和湖北台记者、救出江珊的公安消防干警王明华（V4）

（尾句：感谢公安干警们，谢谢你们）

四、歌曲《有一个姑娘》

（VTR6　V2）

［江苏台主持人李慧萍叙述“十八岁的对话”（VTR7　V4）

（尾句：子弟兵为抗洪抢险做出了巨大贡献）

五、男声合唱《十八岁　十八岁》

（VTR8　V2）

［吉林台主持人李雪介绍卫生院长黄慧生、农民殷衍太的英雄事迹。（VTR9　V4）

（尾句：筑起了抗击风浪的坚固长堤）

六、短剧《血肉之堤》

[湖南台主持人李冰介绍被高建成救出的战士、连长、母亲杨友秀、哥哥高建明。

（尾句：向英雄的母亲致敬）

七、男女声二重唱《长江边的故事》

（VTR10 V4）

[内蒙古台主持人苏日娜介绍李向群和父亲李德清（VTR11 V2），杨德胜和桂丹（V4）

（尾句：做一名合格的军人）

八、歌曲《我的士兵兄弟》

[黑龙江台主持人张海玉介绍当代红嫂徐宏萍、兵妈妈万文娟、英雄战士刘小强。（VTR12 V2）

（尾句：这就是我们的人民）

九、音诗画《风雨同舟》

歌曲《为了谁》

[江西台主持人翟亮介绍战士翟冲。

（尾句：人民不会忘记你）

十、领唱、合唱《祖国记得我》

朱 在党中央英明决策的指导下，全民齐上阵。三十余万子弟兵，八百多万干部群众，以及为之服务的交通、通讯、医疗服务人员，动员的力量足足上亿人。

刘 投入人员之多，物资之多，不仅在中国历史上罕见，在世界抗洪史上也是闻所未闻。

（结束时出现江泽民的讲话："……这次抗洪斗争已经取得了全面的胜利。"VTR14　V4）

十一、少儿欢庆锣鼓，各民族歌舞。（出"共产党好、解放军好、社会主义好、祖国大家庭好"标语）

［主持人配合大屏幕深情叙述：撤军之夜（VTR15　V4）

朱　1998年的长江，是我军自渡江战役后近50年来这里最大的一次用兵行动。

刘　几十个风雨中的日日夜夜，写满军民一心的鱼水情。

朱　鲜花伴着那一行行滚烫的热泪，
彩旗卷起那一阵阵惜别的乡音。（九江外景采访）

朱　人民舍不得自己的子弟兵，
子弟兵永远和百姓心连心。

刘　哈尔滨人民知道子弟兵要走的消息，准备在中央大道上摆满十里酒宴为他们送行。部队知道了，决定在零点撤兵。隆隆的车轮，滚滚的铁龙，都化作脚步轻轻。

朱　一个出租车司机发现了，迅速把消息传遍了全城，人们奔走相告，涌向车站，那依依惜别的情景，车上车下一片热泪盈盈。

刘　8月22日的上午，一位普通市民的呼吁，引来了23万群众，他们在1450米上的巨型横幅上留言，表达对子弟兵的心情。38小时内光签字笔就用去了1.2万根。

朱　这幅长卷已作为1998年抗洪的特殊文物被中国革命军事博物馆收藏，今天大家在现场看到的仅仅是它的一小部分。（展示"中流砥柱"巨型横幅）

十二、合唱《再敬一个军礼》

朱　透过这深情的歌声，历史再一次证明，我们的军队是一支无往不胜的军队，我们的民族是一个具有强大凝聚力的伟大民族。我们再一次向全国抗洪军民代表表示崇高的敬意。

十三、歌舞《大红枣儿献亲人》

刘　水利电力、医疗卫生、铁道交通、航空邮电、气象水文、公安司法、新闻战线都做出了巨大贡献，让我们赞美千千万万个无名英雄。(VTR16　V4)

十四、群口快板说唱《荣誉属于谁》

刘　在抗洪斗争中，从首都到边疆，从沿海到内地，从城市到农村，各个行业、各条战线都伸出援助之手，纷纷捐款捐物。香港特别行政区和台湾同胞、澳门同胞、海外侨胞、国际友人也纷纷支援。(VTR17　V4)

朱　面对洪涛滚滚，全国各地出现了空前的募捐热浪。民政部、文化部、中国红十字总会、中国慈善总会、中央电视台和各地方电视台先后举办了盛大的赈灾义演。

刘　许许多多的企业和个人慷慨解囊，从国家到各地的民政部门承担了难以想象的繁重任务，将所捐的款项和物资快速、准确的送往灾区。

朱　一方有难，八方支援；前线后方，心心相连；中华民族，同舟共济；这真是：雨情、汛情、灾情、洪水无情人有情；党心、民心、军心、万众一心心连心。在9月20日举行的表彰大会上，江泽民同志说——

(江泽民9月28日谈抗洪精神 VTR18　V2)

十五、合唱《抗洪精神颂》

朱　党中央关注受灾群众的生活，领导同志不止一次的说过，要保证他们有饭吃、有衣穿、有清洁的水喝、有住处、有地方

看病。一座座帐篷小学在大提上建起，孩子们高兴的呼喊着开学了。(VTR19　V4)

十六、歌曲《希望》(VTR21　V4)

[朱军、刘璐和八省台主持人。

朱　朋友们，我们要说，人是要有一点精神的。一个民族一个国家没有自己的精神支柱，就没有生机和凝聚力。

刘　在这次严峻的抗洪抢险斗争中，全党全军全国各族人民表现出来的排除万难、夺取胜利的决心，气吞山河、顽强拼搏的勇气，同心同德、风雨同舟的精神，是爱国主义、集体主义、社会主义精神的大发扬。

朱　它是社会主义精神文明的大发扬，是民族精神在当代中国的集中体现和新的发展。

刘　它是我国人民极其宝贵的精神财富，为全世界所瞩目和羡慕。让我们永远把他镌刻在共和国的丰碑上。

朱　让我们高举伟大抗洪精神的旗帜——

全体　迈向新的世纪。

[江泽民同志在表彰大会上的一段讲话（VTR22　V2)

十七、大型歌舞《走进新时代》

[主题歌音乐中滚动演职员字幕表。

《抉择2000》策划方案

背景概说
基调阐述
节目构成
录制计划
实施进程

背景概说

策划：周羽强　胡　戎　陈稳泰
编导：许继锋

一、影片《生死抉择》在全国公映后，在社会各界引起了极大的反响，它以深邃的立意和鲜明的艺术形象给我们以强烈震撼和深刻警示：党风廉政建设是一个需要长期认真严肃对待的问题。不坚决反对腐败，必将亡党亡国。

二、改革开放以来，特别是近10年来，各级党委坚持“两手抓，两手都要硬”，一手抓推进改革开放，一手抓惩治腐败。党风廉政建设和反腐斗争取得明显成效。以电视文艺形式来展示反腐败斗争的成果，弘扬正气，抨击腐败，有利于向全社会旗帜鲜明地传达党与腐败行业作持久斗争的坚定信心。

三、近年来，从中央到各省市纪检部门，结合各地各阶段宣传重点，组织了多场为观众所喜闻乐见的电视文艺晚会。根据浙江省反腐倡廉工作的进程，中共浙江省纪委，浙江省监察厅决定联合浙江电视台共同举办《抉择2000》电视专题文艺晚会，借助电视媒介宣传反腐倡廉，以加强党性党风党纪教育，把我省党风廉政建设和反腐败斗争进一步引向深入。

基调阐述

《抉择2000》是一台大型电视专题文艺晚会，作为一档主题鲜明，具有深刻警示性和强烈抒情性的节目，我们必须把握的总体基调是：现实主题、浙江特色、纪实风格、抒发真情。

一、现实主题

腐败是一个历史现象，也是一个社会现象。实践证明，共产党是清正廉洁的党，干部队伍主流是好的，反对腐败是坚决的，决不能因为党内一些领导干部存在腐败问题而否定党的领导，也不能因为干部队伍主流是好的而放松这方面的斗争。我们应该把握的主题倾向是：

1. 腐败现象已触目惊心，不坚决反对腐败，必将亡党亡国。

2. 反腐败更应该弘扬正气，赞颂清风。要抨击歪风邪气，更需树立优秀共产党员的楷模形象。

二、浙江特色

1. 我们理解的浙江特色首先是浙江事例，浙江人物，以浙江省反腐倡廉的成果教育人、警示人。

2. 以具有浙江地域文化色彩的文艺方式来叙事抒情，以浙江老百姓喜闻乐见的节目格局来说理论事，以期实现较为理想的播出效应。

三、纪实风格

不仅是构成晚会有机部分的专题内容，文艺节目同样可以实现纪实美学特有的动人力量。

1. 以真人真事震撼人、警示人；以老百姓切实关注的事件去剖析人；以老百姓可以触摸的生动事迹去吸引人；以老百姓可以感知的人物的心路旅程去感动人。

2．追求平实朴素的叙述节奏，纪实风格不是危言耸听，更不是平铺直叙。

四、抒发真情

电视文艺最有抒情的力量，当这种力量与国家的命运、民族的兴衰、人物的荣辱紧密相连时，应更具感人魅力。因此，我们选择的文艺节目不仅是晚会整体叙述结构里的一种节奏调整的方式，它们同样应该具有一种力量，非凡的真实的力量。

节目构成

序：清风颂

表演：杨洪基

第一章　抉择篇

一、诗朗诵：《东方纪元》

表演：李默然　周　涛

作者：吴　晓

二、美声三重唱：为人民服务

表演：王　军、严圣民、张继红

三、专题①　从《生死抉择》说起

四、访谈之一：张　平和他的“反腐文学”

第二章　警示篇

一、相声：审　贼

表演：奇　志　大　兵

二、男声独唱：天地之间有杆秤

表演：谢　东

三、专题② 《24位“落水者”》

四、访谈之二：耿永祥的堕落之路

第三章 清风篇

一、小品：魂系奥迪

表演：(待定)

作者：吴 晓

二、专题③ 廉内助的内心独白

三、男声独唱：伴你一生

表演：刘海波

第四章 正气篇

一、小品：《绝招》

表演：(待定)

二、专题④ 干净干事的好干部

三、评弹说唱：《干干净净 堂堂正正（史兴颂)》

表演：浙江曲艺总团

四、访谈之四：史 兴 姜瑞峰

五、女生独唱：公仆赞

表演：董文华

尾声：男声独唱：《红旗飘飘》

表演：孙 楠

电视专题之一：

从《生死抉择》说起

“天地有正气，凛然不可摧”。今年夏天，由上海电影制片厂摄制的电影《生死抉择》，唱响了一曲反腐败斗争的正气之歌，使全国亿万观众的心灵受到了强烈的震撼。影片揭露了一些领导干部经不起物欲的诱惑，堕落罪恶的深渊，走开缺口，甚至把领导干部拉下水的丑恶行径。主人公李高成在这场充满尖锐性和复杂性的反腐斗争中，充分体现出了一个共产党人立党为公、不惧邪恶的浩然正气。在他身上，艺术家把千千万万观众的理想愿望与一个共产党员的现实使命紧紧地融合在一起，从而使这部影片在全国迅速走红。

影片片名“生死抉择”，决非危言耸听。近年来，党中央、中央纪委查处了无锡新兴公司非法集资案、金华税案、湛江海关大案、厦门远华等大要案，陈希同、王宝森等一批高级领导干部受到了党纪和法律的制裁。原江西省副省长胡长清，原全国人大副委员长、广西壮族自治区主席成克杰等腐败分子相继被处以极刑。这些都再一次证明了当前反腐败斗争的严峻性和紧迫性。因此，江总书记告诫全党：“不坚决反腐败，必将亡党亡国!”我们可以说，反腐败是我们每个党员干部的生死抉择，也是我们党和国家的生死抉择!

当然，在看到腐败问题严峻性的同时，我们也要看到党中央反腐败的坚定决心，看到党员干部队伍的主流是好的，看到我们队伍中有一大批李高成这样的反腐败勇士，从而更加坚信党的正确领导，坚定在党的领导下夺取反腐败斗争胜利的信心!

电视专题之二：

廉内助万安彩

当清晨的雾霭还笼罩着大街小巷，劳累一天的人们还在甜美的梦境酣睡时，有一位身体健朗的中年妇女就开始出现在垃圾箱门口，认真地清理着垃圾。这位名叫万安彩的农村妇女，是乐清市虹桥镇垃圾转运站的临时工，因为她是本市淡溪镇镇长的妻子，有人便觉得她太傻，不会享福，领导也考虑过帮她换工作，可是，在丈夫的坚持和她自己的理解、支持下，她依然故我，每天还是和又脏又臭的垃圾打交道。

在家里，万安彩的一项重要工作就是替丈夫把守家门、拒礼退钱。为了及时退礼，她赶过多少夜路，磨过多少嘴皮，得罪过多少亲朋。有一年，孩子还小，有人送来了两瓶酒和几斤苹果。孩子刚伸出手去抓苹果，就被她拍了一巴掌。她不顾孩子的哭声，拿起礼物赶忙追出了家门。回到家里，看到孩子哭得厉害，就搂着他说："乖孩子，听话，别人的东西不'好'吃，妈妈买的东西才好吃呢!"于是抱着孩子到街上买了两只苹果。看到孩子吃得那么甜，她的心里也觉得特别甜。

万安彩认准一个质朴的道理：幸福要靠自己的努力去争取，而不是依靠丈夫的官位和权力。至今，一家人住在只有20平方米的旧公房里，家里最值钱的东西是一台18英寸的电视机。这台电视机是十年前买的。那年邻居家里办喜事，孩子在他们家看电视看久了，第二天新娘的婆婆含蓄地提了意见。于是，她买了两头小猪，准备养到年底卖了钱去买电视机。没办法，她只好把猪关在家里仅有的一间屋子里，搞得满屋子发臭。年底把猪卖了，又借了两百块钱，才买回这台电视机。这是用自己的血汗钱换来的，每次看到孩子们欢天喜地的坐在电视机前，她心里就特别高兴，觉得电视特别好看，节目也特别的丰富多彩。

电视专题之三：

马健：干净干事的楷模

马健是嘉兴市教委主任。在他的努力下，教委系统的住房有了很大改善，不少青年教师都住上了八十多平方米的新房，但出人意料的是，身为教委主任的马健，自己却仍然是个住房困难户：三代同堂，一家四口挤在建筑面积只有62平方米的旧房子里。这些年来，他先后有6次分房的机会，但每一次他都把新房让给了比他更困难的同志。

马健给许多教师家属安排过工作，惟独没有安排妻子。他的妻子马月华是一家校办小厂的喷漆工，十几年来干的一直是全厂最脏最累的喷漆活。前年厂里减员，马健又动员妻子提前退养。夫妻俩不仅在工作上互相理解支持，在家庭生活上也共同把好廉洁关。今年，孙月华被评为省级“廉内助”。

马健具有强烈的事业心。嘉兴中小学分布零乱，条件较差。这些年，他顶住各种压力，共撤并中小学653个，使中小学在校生平均数大大超过全省平均水平，促进了教育资源的优化配置。同时，他还深入调研，积极推进素质教育，使全市学科教学质量稳步提高。在全省普高会考中，嘉兴市高中9门学科综合平均分列全省第一，学科及格率名列全省前茅。全市有23所中小学列入省素质教育百校工程。去年，省教委还在嘉兴召开全省小学素质教育现场会。另外，他还积极开拓，大力支持民办学校的发展。至今，全市社会办学机构已达105个。

在教委主任的岗位上干了8年，马健以一个共产党人的高尚品德和出色的工作业绩赢得了人们的敬重，被评为嘉兴市“我最敬佩的共产党员”。他勇于改革，开拓创新；他严于自律，廉洁从政，不愧为新时期领导干部干净干事的楷模。

采访提纲

一、1．采访对象：张平

2．采访背景：张平，山西人，1954年出生，1982年毕业于山西师大。现为山西省文联副主席，中国作家协会全委委员，国家一级作家。迄今已发表各类体裁的文艺作品四百多万字。主要作品有《法撼汾西》、《天网》、《孤儿泪》、《抉择》、《十面埋伏》

等。他的作品大都选取当今社会矛盾的焦点问题的题材，特别是现实生活中腐败与反腐败的重大题材。根据其长篇小说《抉择》改编的电影《生死抉择》，在全国放映后，引起了强烈震动。

3. 采访目的：以张平富有个性化的语言来体现反腐败的严峻形势，以张平口中形象的例子来说明党和政府对反腐败的决心。

4. 采访内容：

一问：影片《生死抉择》在全国引起了强烈的反响，这是出乎您的意料吗？对此，您有什么感想？

二问：您近几年来创作了一些颇有影响的作品，如《法撼汾西》、《天网》、《抉择》等，是什么原因驱使您用手中的笔来反映这一沉重的、严肃的反腐题材呢？您在这么多年的文学创作中，一直能在作品中保持着一种经久不衰的情感冲动，这究竟是因为什么？

三问：人们说您家成了“第二投拆中心”，您经常早上一起来，就看到门外有人坐着。若没有单位的门房给挡着，在门口向您“投拆”的人更多。能给我们详细介绍一下这件事吗？您是如何看待这件事的？

四问：您说您有一次写完一篇长篇小说的最后一笔，已是凌晨4点，面对四周黑沉夜色，默默坐在不足4平方米的书房里，您的眼泪竟突然汹涌而下。此时您的感情世界是否非常复杂？是否也遭遇“十面埋伏”？

五问：您深入采访时是否遇到过一些阻力？同时也遇到过令人鼓舞的事情？现实中存在着令人痛恨的一面，但另一面是否有更强大的正义力量？据说您一直在琢磨着怎样用手中的笔来褒扬这种力量，能否给广大观众介绍一下？

二、1．采访对象：耿永祥

2．采访背景：耿永祥，现年53岁，江苏人，耿在担任苏州海关关长、杭州海关关长等职务期间，利用职务之便，先后44次收受贿赂，共计价值人民币180.8万余元。鉴于耿永祥交待问题态度较好，有悔罪表现，且案发后赃款、赃物已基本退清，今年7月17日，杭州市中级人民法院一审以受贿罪判其死刑，缓期两年执行。其收受的贿赂大多数来自工程包工头丁某和走私分子董欣束。

3．采访目的：以活生生的例子给人以视觉冲击力，以耿永祥的悔悟之言给人以警示教育。

4．采访内容：

一问：从一名正厅级的领导干部变为一个阶下囚，由阳光灿烂的窗外走进这个地方，这种角色的落差、空间的变换，给你什么样的冲击？

二问：你最感痛悔的是什么？是自己不能拒绝第一次的诱惑？是所谓朋友的陷阱？是所谓的"圈套"？

三问：1999年9月24日，舟山海关关长陈立钧和走私分子董欣束案发后，你在10月下旬还把包工头丁某从萧山叫到杭州收受1万元贿赂，你当时是怎么考虑的？

四问：组织上把你培养成一名领导干部，也使你曾拥有了一定的权力，你过去是怎么看待手中的权力，现在又是怎么看待呢？你曾说："我似乎觉得自己是坐在刀山、火海之上，四周有无数看不见的绞索、陷阱和圈套，稍有不慎便会粉身碎骨，身败名裂。"是不是权力越大，此类伴生物越多？

五问：你一方面说自己从不在杭州海关随便报销一张发票，另一方面却在大肆收受钱财，这究竟是怎么一回事？

六问：据大家反映，你接受审查以来，态度一直较好，以后又将以什么样的态度来接受改造呢?

三、1．采访对象：万安彩

2．采访背景：万安彩，养过猪，种过田，干过小工，现是温州乐清市一名垃圾转运工，其丈夫为乐清市淡溪镇镇长。这名识字不多的普通妇女，心地善良，深明大义，坚拒他人礼物于门外，两让工作转正之良机，甘住20平米之小房，与丈夫共同筑起了一道家庭廉政关。今年被浙江省纪委、浙江省宣传部等有关部门评为浙江省廉内助。

3．采访目的：以朴实的语言打动人，以平凡的事例说服人。

4．采访内容：

一问：乐清人很有钱，有很多老板，住洋房，坐小车，你内心平静吗?

二问：你曾有过两次工作转正的机会，而你都让给了别人，内心有过斗争吗？你当时是怎么想的?

三问：被评为“浙江省廉内助”后，你感到压力多点，还是动力多点?

四、1．采访对象：姜瑞峰　史　兴

2．采访背景：

姜瑞峰，曾任县纪委书记、河北省纪委重案室主任，现任石家庄市委常委、市纪委书记。他以敢审查大案要案、善查疑案难案而闻名全国，因铁面无私而被人们称为“黑脸包公”。曾被授予“全国人民满意的公务员”、“全国优秀党务工作者”、“全国纪检监察系统先进工作者”、“反腐败勇士”等荣誉称号。他的事迹被改编成电视连续剧《黑脸》，在中央电视台播出后，引起了强烈的反响。

史兴，现年47岁，是近年来浙江省涌现出来的优秀纪检监察干部的代表。1995年底从磐安县委办公室主任走马上任县委常委、县纪委书记（今年9月底任县委副书记）。在他的领导下，全县纪检监察量逐年上升，近五年来全县共立案544件，38名乡（科）级干部被查处，为国家和集体挽回损失约1400万元，连续五年乡乡镇镇有立案，被人们称为“在山城刮起的迅猛异常的廉政风暴”。今年，被浙江省纪委、省监察厅等评为“全省纪检监察系统先进工作者”，并记二等功一次。

3．采访目的：弘扬正气，褒扬典型，展现纪检监察干部的形象。

4．采访内容：

一问（姜）：自从您成为先进人物后，慕名前来“告状”的人越来越多，其中印象最深刻的人是谁？为什么？

二问（姜）：在大家眼中，您是“黑脸包公”，铁面无情，您认为自己的感情世界是怎样的？人常说：“男儿有泪不轻弹。”您有过动情的时候吗？是什么事？

三问（姜）：石家庄市纪委成立下访工作队，是怎么一回事？取得什么样的效果？

四问（姜）：在您查案生涯中，最难查的案件是哪一桩？

一问（史兴）：磐安县曾是浙江省的贫困山区县，党风廉政建设和反腐败斗争对磐安而言，您是否有更深的感触？

二问（史）：作为纪委书记，您肯定收到大量的举报信，在您的脑海中哪一封举报信深深地刺痛了您的心？

三问（史）：1995年，您爱人承包经营的饭店的生意十分红火，您却叫她中止了承包合同，这是为什么？

四问（史、姜）：作为纪检监察战线上的先进典型，又是纪委书记，是怎样做到坚持原则、刚正不阿，敢于斗争、善于斗争的？

大型戏曲精品电视晚会
《世纪之约》
直播结构方案

策划：郑增余

金华电视台38频道
2000年10月18日

[彩底直播字幕牌：世纪之约晚会片头

[VTR：晚会片头25″

[叠入现场：音乐渐起

节目一　《世纪之约》(婺歌)

作词：文　丰
作曲：谈声贤
演唱：浙江婺剧团　张建敏

[观众掌声中，主持人上场——

A：各位来宾，各位观众！

B：现场以及电视机前的观众朋友，晚上好！

A：我们是在金华市人民大会堂向你现场直播大型戏曲精品晚会《世纪之约》。

B：在世纪交汇、艳阳无边的晚秋时节，金华电视台38频道和浙江金龙置业有限公司邀请全国十大剧种，一批戏曲表演艺术家聚会金华，感受戏曲百花园姹紫嫣红、花团锦簇的喜人景象。

A：在丝弦悠扬、鼓板铿锵中，让我们尽享戏曲艺术经典之美，尽享民族文化精神之美——

［音乐欢快的响起。

节目二 《哑背疯》(社戏组合)

演唱：浙江婺剧团 陈美兰等

A：中华戏曲文化传统厚硕、博大精深，各地方剧种以鲜明的艺术个性争奇斗妍，真是流光溢彩、风光无限啊！

B：我们的戏曲艺术最接近生活，也是最多地积累了我国老百姓的人生智慧和艺术理想。

A：在舞台这方小小的天地中，包容了历史沧桑、人世百态，唱响了中华三百多个剧种无数卓越的艺术家的响亮名字。

B："生旦净丑"、"唱念做打"、"手眼身法步"，古今不同，南北有别，但相同的是各有各的风采。

A：剧种不同，流派有别，相同的是各有各的风采。有请上海京剧院的唐元才先生——

［打龙袍音乐渐起。

节目三 《打龙袍》(京剧)

演唱：上海京剧院 唐元才

［主持人上。

A：一方水土养一方人，一方水土养一方戏。

B：戏曲艺术之所以有着旺盛的生命力，就是因为它的根始终深扎在生活的土壤里。

A：戏曲艺术独特的地域个性使它与当地的民众有着不能割舍的亲缘关系。

B：是的，山西人听见梆子腔就激动，四川人听到川剧就思乡，陕西人听见秦腔就兴历，金华人呢，要是一听见滩簧调，心里头就痒痒。

［台内小和尚一声吆喝——

A：看，小和尚来了！

［音乐骤然而起——

节目四　《僧尼会男春赋》（婺剧）

演唱：浙江婺剧团　吴光煜

［主持人在掌声中上场。

A：有的老艺术家，因为年龄的关系，他们错过了评“梅花奖”的机会，但他们依然痴迷舞台，挚爱戏曲，在舞台上奉献了青春和智慧。

B：是啊，在舞台上奉献青春和智慧的，不光是这些获得“梅花奖”或者说错过评奖机会的艺术家们，还有成千上万的普普通通的戏曲工作者，也许“梅花奖”对他们来说只是一个美丽的梦，但是，正是出于对戏曲艺术矢至不渝的爱，才使他们甘愿当一颗螺丝钉，深深地铆在舞台上，默默地奉献，由此建议让我们用热烈的掌声向所有甘于寂寞、乐于奉献的戏曲工作者们表示由衷的敬意！

［音乐渐起——

节目五　《披星戴月下太行》（京剧）

演唱：中国京剧院　李　光

［观众掌声——

［主持人上。

A：1997 年，金华电视台 38 频道开始创办戏曲栏目《婺剧漫谈》，这是我省城市电视台最早开播的戏曲栏目，至今已成功播出 200 期。

B：从介绍普及婺剧艺术的婺剧漫谈，逐渐扩展为介绍、鉴赏浙江地方戏曲的戏苑名角，后来又成为推广、欣赏全国各地方剧种的戏苑说戏。戏曲栏目克服种种困难走过了三年多的历程。

A：戏曲栏目在普及地方戏曲文化，创作电视戏曲精品方面做出了一定成绩，作品曾获全国电视文艺“星光奖”和省政府电视文艺奖。

B：三年多来，戏曲栏目推介了几百位戏曲表演艺术家的优秀作品，他们的艺术风采深为八婺大地的戏迷朋友们所津津乐道，今天我们要深深地感谢对戏曲栏目的成长给予热情支持的社会各界的朋友们！

［鼓点骤然而起——

节目六　《夫妻观灯》（黄梅戏）

演唱：安徽黄梅戏剧院　吴亚玲　蒋建国

［VTR：世纪之约晚会片头——

［主持人鼓掌上。

A：很多艺术家通过电视荧屏在浙江中西地区赢得了众多知音，38频道戏曲栏目也在不懈的努力中与各地表演艺术家们结下了深厚的情谊。

B：这次由金华电视台38频道和浙江金龙置业有限公司共同举办的庆贺活动，就得到了各地艺术迷的支持。

A：从13岁开始与恩师牛得草老师朝夕相处，著名豫剧丑角演员金不换在长期的艺术实践中，已形成了自己的独特风格。

B：他表演的七品芝麻官得牛得草老师的亲传，同时也成为自己久演不衰的一出看家戏。

［传来一阵笑声——

［主持人示意鼓掌——

节目七　《七品芝麻官》（豫剧）

演唱：河南鹤壁市金不换豫剧团　金不换

［主持人在掌声中上场。

A：川剧“变脸”是中国戏曲文化中独树一帜的精彩绝活，它以丰富的艺术表现力和令人目不暇接的景观享誉海内外。

B：著名的川剧表演艺术家王道正先生的“变脸”艺术极具代表性，他能在转瞬之间根据人物情绪的转变而幻化出众多脸谱，“变脸王”的绝活的确让人叹为观止。

［主持人领掌——

节目八　《变脸》（川剧）

表演：四川省川剧院　王道正

［主持人上。

A：浙江是南戏的故乡，也是在全国具有较大影响的众多剧种的发源地，在浙江省发生发展的十几个戏曲剧种中，越剧是最具有全国影响的一个，不管是在黄河古道，还是在江南水乡，越剧艺术都拥有自己的大批知音。

B：在越剧艺术近百年的发展中，流派纷呈是其剧种成熟的重要标识，在这种以生旦爱情戏为主的舞台艺术里，众多艺术家博采众长，兼收并蓄，是他们赋予了古老的爱情传奇以新的生命，新的意义。

A：历经百年沧桑，越剧艺术正以同样的青春亮丽迎接新的世纪，一代越剧新人的勃发英姿，给越剧舞台带来了新的艺术生机。

B：上海越剧院的著名徐派小生钱惠丽，是新一代越剧表演艺术家中的佼佼者。

A：请看她为我们带来的红楼梦哭灵——

节目九　《红楼梦哭灵》（越剧）

演唱：上海越剧院　钱惠丽

［观众掌声中，主持人上。

B：一个戏曲栏目的成长，也是艺术家们和戏迷们共同培育的结果，得益于艺术家们的细心呵护和戏迷朋友们的鼎力支持！今天，我们也要向所有没到场的热心观众们表示衷心的感谢！

A：接下来，为大家演出的是我国著名京剧表演艺术家刘长瑜老师。

［音乐骤起——

节目十　《红灯记都有一颗红亮的心》(京剧)

演唱：中国京剧院　刘长瑜

［主持人鼓掌上。

A：今天的晚会真是群星荟萃，精彩纷呈啊！

B：各剧种艺术家们的精彩表演光彩夺目，令人感到美不胜收！

A：今天为大家表演的艺术家中，很多都是“梅花奖”、“文华奖”、“白玉兰奖”和“五个一工程奖”的得主，而白淑贤老师是1994年惟一获得“二度梅”的著名表演艺术家。中国文联、中国剧协藉此表彰她在戏曲表演艺术上的杰出成就和不懈追求。

［音乐渐起——

节目十一　《木兰传奇》(龙江剧)

演唱：黑龙江省龙江剧院　白淑贤

［主持人鼓掌上——

A：秋风苍黄，秋日浩荡；

B：八婺风流，千年流觞；

A：精彩画满脸庞，把欢乐唱响远方。

B：让心与手相牵上，让笑脸四处绽放。

A：以戏曲的名义，再约一千年美的梦想。

B：愿中华戏曲艺术再铸一千年——

AB：新的辉煌！

[音乐欢快的响起——

节目十二　《百年兴衰总风雅》（婺歌）

作词：郑征予

作曲：谭声贤

表演：浙江婺剧团

[演员谢幕——

[观众热烈掌声——

[鲜花绽放、笑脸绽放——

[片尾字幕

《戏曲采风》（改版）第一期策划方案

策划：滕海涛

导演：滕海涛

一、片头

二、主持人：（第一期开篇语）第一期的内容关注上海，因为它是远东的大都市，因为它是中国近代文化艺术的摇篮。

三、镜头：A 外滩、南京路、高架桥、人民广场、新的世纪剧院、东方电视塔、车流（拖尾，慢动）

B 老城隍庙、旧石库门、老教堂、静安寺等

画外音：传统和现代的碰撞，中西文化的汇聚，海纳百川，不择细流，方始形成……

（上海作为一个国际化大都市其文化形象及历史沿革）

四、主持人：（手拿旧上海广告明星招贴画）谈海派历史源流及代表人物戏剧插入旧上海舞台、剧照、人物（京、越剧等）

五、专家谈海派艺术特色：30″~50″

六、主持人：了解了旧海派的艺术特点，那么，近年来在上海文化界及戏剧界，为重振海派文化提出了一个新海派的概念，或者说是艺术主张，这个新海派的内涵是什么呢？它与旧海派的艺术有什么不同呢？我们不妨先来看看上海的文艺界近年来的表现。

七、画面:《曹操与杨修》、《金龙与蜉蝣》、舞台排练中的京剧《宝莲灯》、淮剧《西楚霸王》以及同一故事、不同演绎手法的越剧《红楼梦》。

解说：从××到××，从××到××，几乎处处都体现着新海派的艺术主张和追求，虽然也许没有人能给新海派一个准确的定义，这些作品也能体现出来手法各异，但在求新求变，不落窠臼这一点上，可以说正是这些作品的共同之处吧……

八、罗怀臻谈新海派艺术之求新求变，兼谈《金龙与蜉蝣》之立意。

九、《金龙与蜉蝣》与《西楚霸王》之层层递进，完善和注释新海派的理念。

十、主持人：（背景是旧上海建筑招贴画）京剧形成于北方而兴盛于上海。旧时代的艺人唱红了北京，还要在其他的几大码头立住脚，这才算红遍了全国，而有“十里洋场”之称的旧上海，则是这码头中的重镇了。这十里洋场，唱红了梅尚程荀、马谭杨奚，也捧红了袁雪芬、筱丹桂，这越剧的十朵姐妹花。可以说京剧和越剧这来自北方和南方的两种不同剧种，能如此和谐地共生于上海这片土壤上，不能不叫人由衷地赞叹这片土地的文化亲和力和兼容性。

十一、旧上海建筑、街景、驶过的电车、洋车夫、租界巡抚、大世界等镜头。

画外音：早年间的海派艺术是一道迎合大众口味的家常菜，

在北方的仕族贵绅、遗老遗少看来，这不过是一些机关布景的噱头，一个不中不洋的杂凑。上海人也仅把它作为一种养家糊口的玩意（行当），而非供在象牙塔里的传世珍宝，不同的认知表现出对艺术的不同运作，我们无法判断二者孰优孰劣，但毋庸置疑，上海人的文化市场观的确是走在我们前面很远。

十二、上海文化局马博敏局长谈新海派——强调观众与市场

十三、上海戏剧学院年轻教授谢柏梁谈新海派……

十四、主持人：如果说梅周及十姐妹等前辈艺术家用他们的艺术为海派作了一个注解，那么提到新海派就不能不提到京剧《曹操与杨修》和尚长荣以及尚长荣的新角色……

十五、尚长荣人物专题片

十六、京剧和越剧历来是海派戏剧的两大支柱，四十几年前，一部越剧《红楼梦》以其凄婉的故事及柔美的唱腔使得无论是南方的观众，还是北方的戏迷，无论是老人还是孩童，无不为其掬一捧清泪，也许至今提起这部《红楼梦》，依然有其动人之处。如今时易景移，同一剧目还不断地在被人翻演，同一故事还频繁地变换着不同的载体，从舞台到银幕，从电视到卡拉OK，变换的是时间与空间，而不变的是人类的情感。

十七、单仰萍MTV《葬花》或《焚稿》

十八、主持人：（从凝思中回到现实，身体由侧转正）

好的作品总是能给人长久的享受，它不会随时间而湮灭，相反它会随着岁月的流逝越来越显露出动人之处。像《红楼梦》，就是这样一个好的故事，在我们回看这一经典的时候，从上海越剧院又传来一个消息，他们适期再次把越剧《红楼梦》搬上戏曲舞台，不过这次是用全新的理念、全新的手法来演绎这个熟得不能再熟的作品，那么面对前面一个辉煌并难以企及的高峰，上海越剧院这个新的版本的《红楼梦》能够博得新老观众的青睐吗？它的卖点又在哪里呢？

十九、上海越剧院《红楼梦》排演现场

二十、王济生采访

二十一、主持人：引到新海派求新求变的本质是注重创作

《戏曲采风》策划拍摄方案

策划：滕海涛

导演：滕海涛

[片头]

[主持人]

(大屏幕背景) 上海夜景、霓虹灯、车流、人流、东方明珠电视塔等。

观众朋友们，你们好。改版后新的一期《戏曲采风》与您见面了。经过一段时间的精心筹备，我们把一个集戏曲动态、人物、精品欣赏，以及介绍戏曲文化景观的综合性节目奉献给您，希望您能够在这半小时的时间里了解更多的信息，以领略戏曲艺术的魅力。

在今天的节目里，我们将把目光投向上海——这座远东的大都市，来了解上海在文化建设上的卓著成效。

[画外音] 长江与黄浦江在这里交融汇合、流向东海。滚滚而来的西方文明在这里和传统的东方文化撞击、融合。在这不断的撞击融会过程中，海派文化形成它那吐纳千端、兼容四方的气魄，使上海的文化具有了包容性、前沿性的特点。而扎根于上海文化土壤中的戏曲，具有了一股锐意进取、着重创新的精神。

[采访] 上海戏剧学院教授 谢柏梁（第一段）

(在中国文化的大背景下看上海戏曲的独特之处)

[画面] 录像资料《曹操与杨修》、《金龙与蜉蝣》

［画外音］80年代以来，上海戏曲各院团陆续推出了一批在全国广有影响的新剧目，像京剧的《曹操与杨修》、《狸猫换太子》，淮剧的《金龙与蜉蝣》等等，在思想内容、形式包装上都取得了很大的突破。这些新剧目在内容和风格上虽然多种多样、手法各异，但在求新求变不落窠臼这一点上，可以说具有共同的特征。

［采访］上海戏剧学院教授　谢柏梁
　　　　上海文化局局长　马博敏

［画面］《金龙与蜉蝣》、《西楚霸王》

［画外音］1993年，一部新戏《金龙与蜉蝣》使上海和全国的观众认识了淮剧这一源自苏北、并带有浓郁乡村气息的地方戏。上海淮剧院将“都市新淮剧”这一概念首次引入到大都会上海，使淮剧这一地方剧种充满了崭新的气息。《金龙与蜉蝣》的成功不但使上海淮剧团声名大振，也使地方戏的发展有了一种新的思路。最近，上海淮剧团又将推出一部新戏《西楚霸王》，它以崭新的人物形象，气势恢弘的形式包装，相信将成为今年上海戏曲舞台上的又一亮点。

［采访］国家一级编剧　罗怀臻

［主持人］

［背景］梅兰芳的舞台表演（见《九州戏苑》）

京剧形成于北京，但是，上海历来是京剧演出的一大重镇。海派京剧的创新精神始终影响着作为京剧发源地的北京。京剧大师梅兰芳先生的艺术革新，就是在吸收和借鉴了海派艺术的基础上形成的。也许是上海这块土地具有的商业气息，使得上海的京剧发展更多地是向观众的需求进发，这也是京剧革新的一大动力吧。

［画面］旧上海戏曲资料（戏单、剧照和舞台资料）

［画外音］为了吸引更多的观众走进剧场，以前的海派京剧

要在不断创新中寻找市场卖点。过于迎合观众会出现庸俗的东西，而经过市场的优胜劣汰，真正存在下来的才是优秀的艺术。像周信芳大师就是海派京剧的典范，他的创新扣准时代脉搏，绝无庸俗之气。

[画面] 京剧《曹操与杨修》　《狸猫换太子》录像

[配乐]

[画外音] 也许是固有的传统，使近些年的上海京剧作品，不仅有很高的艺术价值，还具有很强的市场生命力。尤其像《曹操与杨修》、《狸猫换太子》、《盘丝洞》等剧目，更是屡演不衰，并赢得了可观的经济效益。可以说对戏曲的市场运作，无论在意识还是在手段上，上海人确实走在了前面。

[采访] 上海戏剧学院教授　谢柏梁
上海文化局局长　马博敏

[画面] 上海京剧院大型神话剧《宝莲灯》排练镜头（同期声）

[画外音]《宝莲灯》是上海京剧院最新推出的大型神话剧。在这部全新演绎的经典作品中，五位在中国京剧优秀青年演员研究生班就读的学员，将用自己所学的理论与实践相结合，以锐气编造出一道新的艺术景观。

[采访] 上海京剧院院长　林鸿鸣（插三出戏排练的画面）
上海京剧院青年演员　李　军（插《宝莲灯》排练镜头）

[主持人]

一个演员最大的幸福莫过于演新戏，创造新的角色；而最大的诱惑也来源于此。十多年前，为了这种幸福和诱惑，著名京剧演员尚长荣放弃了原有的一切，只身来到上海。他被上海戏曲开放的创作环境深深地吸引着，并把全部的热情投入到戏中。

[尚长荣人物专题]

1．尚长荣是个京剧演员，是个北方汉子。1987年，他辞去西安京剧团团长的职务，来到上海京剧院，当了一名普通演员。然而，他很快成为一个声名四扬的花脸演员，因为，在上海京剧院，他成功主演了新编历史剧《曹操与杨修》。

[尚长荣采访1]

2．如同后来人们意识到的那样，《曹操与杨修》是新时期京剧剧目上最重要的收获之一，甚至有人把它视为当代京剧的里程碑。而最初离开西安，扎在上海排演此戏的尚长荣并没想到这种成绩。他只想痛痛快快的排个新戏。因为，热爱而痴迷于京剧的他，为京剧的陈旧而心痛。

3．渴望创造、希冀突破的尚长荣发现《曹操与杨修》的剧本时，非常欣喜，在以后这个戏的排演中，他投入了巨大的热情。

[尚长荣采访2]

4．和尚长荣一样想搞创新的上海京剧院接纳了尚长荣，在1987年酷暑的一个季节里，一群京剧人没日没夜连轴排戏。对他们来说，这似乎已经不是在排一出新戏，而是为了改变京剧境况的一场战斗。

[尚长荣采访3]

[主持人]

继《曹操与杨修》之后，尚长荣在京剧舞台上为我们留下了一个又一个成功的作品，但创造新角色的诱惑却总是时时牵动着他，使他不能拒绝这种诱惑。

5．十年前，尚长荣怀揣着剧本选择了上海，他喜欢上海文化的创新和求索精神。如今，他早已熟悉了这座城市的风骨容貌，但他每一回触摸城市的面容时，都能感到一种新意——上海总在改变着。尚长荣希望京剧也总有新意，和这座城市一样。

[尚长荣采访4]

6. 有人说尚长荣在《曹操与杨修》一剧中的表演,“激活了传统,为京剧寻找到文化上的一种新支点”。然而,尚长荣的成功之处,不仅在于创新精神,也在于他对传统精髓的把握。尚长荣说:“我非常喜爱传统、崇拜传统,但决不对传统亦步亦趋。传统不是紧箍咒,而是进行创新的无尽源泉。”

7. 喜爱足球的尚长荣很崇敬的一个人是球王贝利,他也很欣赏贝利著名的一句话:“我踢的最好的球,是下一个。”对尚长荣来说,下一个戏也同样充满着诱惑。

[尚长荣采访 5]

8. 演完曹操后,尚长荣特别想演的人物是魏征。这一回,他如愿以偿。在新排的《贞观盛世》中饰演谏臣魏征。排戏很累,但年近六旬的尚长荣在舞台上、排练场上似乎总有过人的精力。

9. 在京剧这条艺术之路上,尚长荣还在走着,或许远没到休憩的时候。尚长荣也就像身边的这座城市一样,永远年轻……

[背景] 越剧电影《红楼梦—葬花》

[主持人]

京剧和越剧历来是上海戏曲的两大支柱。越剧经典剧目《红楼梦》曾以其凄婉的故事和动听的唱腔感染和吸引了无数的观众。如今,四十几个春秋过去了,但这个经典剧目依然具有它的魅力,不断地在舞台上翻演,变换着不同的形式和载体。也许,变换的只是时间和空间,不变的却是人们内心深藏的这份情感。

[戏曲 TV]《红楼梦—葬花》(上海越剧院 单仰平 演唱)

[主持人]

[背景]

好的作品总能令人长久的回味,一部越剧《红楼梦》感动了一代又一代观众,如今,上海越剧院又将这部经典保留剧目重新搬上了舞台。他们以全新的手法、现代的包装以及戏剧本身的魅力，扣开现代都市人的心扉。让您沉浸于怀旧之时，又多出了一份柔情的遐想……

［画面］上海越剧院《红楼梦》排练镜头及舞美制作现场

［画外音］新版越剧《红楼梦》有一个很好的卖点，主角贾宝玉和林黛玉将由三组深受戏迷喜爱的青年演员分别担任。观众不仅可看到钱惠丽和单仰平、郑国凤和王志萍等表演的徐、王派宝黛，还能看到袁派花旦方亚芬以及尹派小生反串的宝玉，她和华怡青的联袂，或许是另外一种风格吧。

耗资300万精心制作的布景道具，将以气势恢弘、新颖夺目的舞台景象让观众耳目一新。上海越剧院这次和上海大剧院合作，耗巨资包装《红楼梦》，就是希望响彻人们内心四十多年的经典在美丽的现代包装下，重新走进当代人群，毕竟，经典的魅力是永恒的。

由于离演出时间还有几个月，我们还不能在舞台上看到这些漂亮的舞美设计，但看到上海越剧院新版《红楼梦》各道具制作点的技师们的精心雕琢，我们有理由相信，新版《红楼梦》看起来一定很美。

［主持人］

［背景］上海大剧院（夜景）

一个好的艺术创作环境，是一个对人有着强烈吸引力的地方。而其中，上海艺术创作中心在全国率先推出了戏曲编导签约制，更是有力地保障了剧目创新的原动力。

［采访］上海文化局剧本创作中心主任　毛时安

［采访］上海文化局局长　马博敏

上海戏剧学院教授　谢柏梁

［主持人］观众朋友，本期节目到这里就要和您说再见了。在节目的最后，让我们引用京剧名家尚长荣先生的一句话：“我非常喜爱传统、崇拜传统，但决不对传统亦步亦趋，传统是进行

创新的无尽源泉。”也许，这应该是当代人面对传统的一种态度吧。好了，本期采风节目就到这里，再见。

《九州戏苑——黔山菊韵》策划方案

导演：阎德威

主持人：白燕升

（贵州风情。画面交相叠现：1．山川；2．居民；3．少数民族头像；4．山花。）

（黄果树大瀑布。）

（叠书法：“黔山菊韵”。）

白（黄果树瀑布）：观众朋友们，西南地区有一个“苍山如海”的丘陵王国，古称“夜郎”，简称“黔”——那就是贵州。这里平均海拔1000米，山地熔岩占全省面积70%以上。冬无严寒，夏无酷暑；秀山丽水，蓝天白云，人称“天然盆景”。

来到黄果树大瀑布，但见青山壁立，白水如帘。霞光映照下，水雾间呈现出一道七色彩虹。瑰丽的自然景色，就像贵州的茅台酒一样醉人。

今天，我们《九州戏院》就来品一品清新醉人的贵州戏曲风情。

一、花灯歌舞

（花灯歌舞《踩新台》起。）

男声（画外音）：“汉灯苗舞布依歌”，在贵州的民间地方戏曲里，最有魅力、最受群众欢迎的要数贵州花灯。

在乡间，每当花灯开场，总要由少男少女踏歌踏舞一番，叫做“踩新台”。

（字幕）“传统的‘踩台’相当于‘破台’。”

“童男童女踩台意味着驱邪纳吉。”

“全体演员上场用以展现戏班的实力和阵容。”

“正戏开场之前来段轻松的歌舞，相当于帽儿戏。”

（《踩新台》走上高潮并结束。）

二、说花灯

（闹花灯、闹元宵的习俗——元宵明月、各种花灯、酒、耍狮舞龙、忘情的男女老少、锣鼓、社火、舞队俄等。可采用各地元宵灯节录像资料。）

男声（画外音）：俗话说：“三十夜的火，十五夜的灯。”除夕、十五、闹元宵，是汉族普遍的习俗。腊月三十晚上，人们烧火点蜡，通宵不睡，叫做“守岁”，又叫“除岁（祟）”。“守岁”，意味着守护生命的岁月；“除岁”，意味着忘却旧有的岁月。“岁”与邪祟的“祟”谐音，所以要点起火来，把旧东西、特别是旧鞋（邪）烧掉，把鬼魅赶跑，正所谓“纸船明烛照天烧”。

到了正月十五晚上，明月当空，家家户户悬挂彩灯，载歌载舞，表示迎接充满生机的春天。因此，“唱花灯”、“玩花灯”、“跳花灯”、“闹花灯”好比西方的狂欢节。这种闹，这种跳，这种抛弃一切烦恼的狂欢，可以说是生命的礼赞。

罗江禹声（画外音）：贵州花灯从来是“灯夹戏”、“戏夹灯”，歌舞与戏剧很难绝对区分。

罗江禹（出画面，练功场上。字：“原贵州花灯剧团团长、第一代贵州花灯优秀演员罗江禹”。）形式上有两种，一种是乡民们自娱自乐、随地随处演唱的“地灯”，一种是舞台上专业性表演的“台灯”的原始形态，在村边地头随处作场。

（村场。乡民。）

（民间灯班简陋的戏箱、道具。）

(花灯艺人化妆，表演“堂二”、“幺妹”。)

罗声(画外音):早期的戏班叫“灯班”，常常是夫妻班、家庭班，半农半艺。逢年过节、红白喜事，给人家添添彩，助助兴。

角色也很简单:一男一女——一个小丑，一个小旦，称作“二小戏”。老百姓把这个小丑叫“堂二”;把那个小旦叫“幺妹”。“堂二”、“幺妹”就是“二哥”“小妹”、“干哥”“干妹”。堂二拿把扇子，幺妹拿块彩帕，又唱又跳，有歌有舞。唱的是本地的民歌小调，跳的是民间舞蹈，很有生活情趣。

(民间“堂二”、“幺妹”的简单的手帕、扇子。)

(专业的彩帕、折扇。)

(一对或几对男女青年演员练功。)

男声(画外音):一哥一妹唱情歌、跳对儿舞非常普遍，那个地区各个民族都差不多。所以，贵州花灯与云南花灯、广西彩调、江西采茶、湖南花鼓有很多相近的地方。连东北的二人转也是一男一女“二小戏”的路子，只是在方言、曲调、身段舞步、地域风情各方面有不同的风格。

罗(模拟表演):比如，云南花灯的舞步是“崴”(wǎi);贵州花灯的舞步是“扭”;云南花灯进城市早，在茶馆里演唱，市民味道比较重;贵州花灯长期流传在农村，乡土气息比较浓。

二人转的彩帕是八角形的，贵州花灯是四方形的。二人转是“横甩”，贵州花灯是“直甩”。二人转有“出手”，贵州花灯有不少“彩”，却没有“出手”——当然，有些要法是借鉴二人转的。

另外，贵州花灯的要扇有“蝶扇”、“拧扇”、“思扇”、“羞扇”等等，名堂多得很。

(青年演员化妆，准备表演“堂二”、“幺妹”节目。)

男声(画外音):好，那么我们就来欣赏一段贵州花灯的传统节目:《堂二、幺妹打头台》。

（花灯歌舞《堂二、幺妹打头台》。穿插民间艺人的《堂二、幺妹》，以资比较。）

三、花灯戏

白（阳明嗣戏台）：说了半天花灯歌舞，踩了新台，打了头台，该上正戏了。传统的花灯戏，大都是《拜年》、《打舅娘》、《三访亲》之类的小戏。1956和现代戏，其中最有名的是《七妹与蛇郎》。

（《七妹与蛇郎·蟒山定情》起。）

男声（画外音）：在中国戏曲里，除了《白蛇传》以外，把蛇作为正面形象来表演，而且表现的如此可敬可爱的，恐怕就是这位蛇郎了。

（《七妹与蛇郎·蟒山定情》）

四、黔剧

白（阳明嗣另一景）：如果说哪个剧种能够代表贵州的话，那么，除了花灯，就是黔剧。

（黔剧剧照集锦。落幅在《秦娘美》剧照。）

男声（画外音）：黔剧比较年轻。它的前身是清末光绪年间才在贵州盛行起来的一种曲艺坐唱，叫做“文琴”。1953年，一些业余爱好者开始把它搬上舞台。直至1959年，才正式定名为黔剧，到现在才刚刚40年。

（《秦娘美》剧照。《秦娘美》电影第一场片段。）

男声（画外音）：黔剧的第一个大型剧目，是根据侗剧《珠郎娘美》改变的《秦娘美》，1960年由上海海燕电影制片厂拍摄成舞台艺术片。从此，世人方知道贵州有了一个新剧种，叫“黔剧”。

（字幕）“周恩来总理1960年为《秦娘美》题词：‘在党的领导下坚持毛主席的文艺方针，发扬自己的风格，吸收其他剧种的优点，融会贯通，推陈出新，为创造新黔剧而奋斗。'"

白（同上景）：1979年10月，黔剧进京参加建国30周年的献礼演出，演的是新编历史剧《奢香夫人》。

（崔燕鹏谈《奢香夫人》，字："黔剧著名演员、奢香夫人扮演者崔燕鹏"。提示："奢香夫人是一位彝族女首领"；"深明大义，受到明太祖朱元璋册封"；"比如'献图'那一场，奢香夫人准备从水西启程，向明王朝进献领地的地图——九驿宝图，我是如此如此刻画的。"）

男：好，下面我们就来欣赏一下崔燕鹏扮演的彝族女首领——奢香夫人。

（《奢香夫人》"献图"一场片段。）

白（黄果树瀑布）：观众朋友们，我们已经介绍了贵州省的两个主要剧种：花灯和黔剧。下一期《九州戏院》，将继续介绍贵州地区的古老的滩戏、少数民族戏剧和外来剧种。请大家注意收看。

（上集完）

《中国戏曲》电视栏目策划构想

策划：张巧英

导演：张巧英

一、栏目的定位

1. 突出娱乐性。有效利用电视大众传媒的功能，发掘中国戏曲传统的娱乐性特点，并努力使之符合不同层次观众的审美情趣；

2. 强调知识性。寓教于乐，在节目的进行中贯穿着对滋养中国戏曲的博大精深的中国文化的介绍，同时也通过对有关戏曲知识的传播将观众引入色彩缤纷的中国戏曲世界之中；

3．加强参与性。与观众进行双向沟通，在节目的编排的实施中力求达到观众与主持人之间的互动效果，以增强时代感并满足青年观众的欣赏需求。

二、栏目的内容

1．中国主要传统戏种的介绍。着重介绍我国的“国剧”，如京剧、越剧、豫剧、昆曲等，和具有代表性的地方戏曲的经典作品；

2．中国戏曲文化和戏曲知识。中国戏曲得以成长的中国文化环境，历史传统，人文景观，以及与中国戏曲有直接关联的知识，如：音乐、乐器、道具、舞美、身体语言等；

3．互动式的由部分观众直接参与的节目。

三、栏目的时间

栏目总集数初步定为30集左右。每集的播出时间为50分钟。

四、栏目的结构

1．主持形式：节目由两名男女主持人主持

(1) 女主持人控制节目的进行，承上启下，多向沟通，活跃场面气氛；同时她也是调动现场观众参与节目的关键人物；

(2) 男主持人主要辅助女主持人，他谈天说地，评古论今，对节目进行过程中所设计的知识性、技术性的内容进行权威性的解释。

(3) 特邀嘉宾。每一场节目均邀请4～5名嘉宾到场。他们主要由各界知名人士、代表该剧种顶级水平的演员、著名票友、剧社的领导等组成。有时也会根据需要邀请能够代表特定社会群体和娱乐市场消费趋势的特定人物作为嘉宾，如青年学生、普通市民和农村私营小型地方戏剧社的经营者和艺员以及民间艺人等。

(4) 演播厅现场观众。根据不同演播厅场地的具体情况，在现场安排一定数量的观众。

2．观众参与性节目的设想

(1) 由观众参与的节目，内容以游戏的形式为主，辅以其他形式；

(2) 参与和双向交流的形式，分为主持人与各位嘉宾之间的交流和主持人、嘉宾与现场观众之间的交流两种；

(3) 每场上半部分结束前，主持人可将若干问题作为有奖征答由电视机前的观众来解答，并在以后的场次中宣布答案及获奖人的名单；

(4) 参与性的节目内容围绕着中国戏曲的主题展开，形式活泼多样，以引导观众了解、认识相关戏种的知识为目的。

(5) 参与性节目的具体模式：

①与所介绍戏曲有关的由现场观众直接参与的游戏；

②相关背景知识问答。历史、唱腔、演员、流行地域等；

③结合实物和大屏幕。如利用不同戏种中所使用的道具、脸谱、服装及大屏幕中播放的场景和资料等，组织由现场观众直接参加的游戏式的节目。

互动式游戏形式的初步设想：

A．从不同的戏装中找出合适的戏装并进行正确组合；

现场放置衣架，衣架上随意挂放不同种类的戏装，由观众按主持人提出的有关戏曲的要求，自己选择戏装和道具穿扮。

B．戏曲脸谱对号入座；

现场放置画有戏曲著名人物或角色的立牌（缺头部），由选出的现场观众根据人物和角色的需要，在现场提供的脸谱当中挑选合适的与立牌进行组合。

C．听音乐辨乐器；

现场设置屏风或布幔，其后有该剧种最典型的伴奏乐队。在一阵过场之后，乐师分别使用不同的乐器演奏一段乐曲，让现场观众对乐器进行辨认，最后乐队向观众亮相。

D．解释不同戏曲中出现的身体语言；

由该剧种的演员现场表演身体语言较丰富的段子，并请观众注意这些动作在戏剧中的具体含义。然后，该演员将重复上述表演，并在做主要动作时做短时间停顿，以便让嘉宾或观众说出该动作在戏中的具体含义。最后由专家或著名演员进行说明。

E．看扮相，猜角色；

由儿童演员（为增加轻松、活泼的气氛）分别装扮成戏曲中具有代表性的角色鱼贯而入，亮相后退场。然后再分别单独粉墨登场，让观众说出其在哪些戏中扮演的什么角色。

F．特殊道具的功能及使用等；

根据不同戏种的具体特点，选择该戏种当中具有代表性的某些道具让观众示范具体的表现功能。如：京剧中的马鞭（骑马）、木碗（喝酒）等。

3．经典唱腔唱段的介绍

在节目的进行过程中，由现场嘉宾中的该剧种的著名演员和戏曲专家对著名曲目、唱段，以及相关的北京知识和掌故进行知识性的介绍，同时，演员、票友及普通观众还将为观众清唱（或有伴奏）部分具有代表性的唱段。

4．演播现场的置景

（1）打破通常的嘉宾——代表队模式，座位安排的尽量轻松自如和随意；（可参照《实话实说》栏目）

（2）舞美设计力求简洁、明快，突出中国的文化味、戏曲味；布景随戏中的变化进行细小的变化，以反映出地方特色；在舞台布景方面要巧用戏曲道具，以达到画龙点睛的效果；

(3) 主持人采取场地游戏式和固定式相结合；

(4) 观众席安排在场下。

5. 中国戏曲栏目的名称

(1) 中国戏曲百花园

(2) 戏曲大观

(3) 戏曲之窗

(4) 戏曲综艺

(5) 点将台

(6) 戏曲万花筒

(7) 大家说唱戏曲

图书在版编目（CIP）数据

电视节目策划/项仲平编著．—北京：中国广播电视出版社，2002.5

（现代传播系列丛书）

ISBN 7－5043－3902－4

Ⅰ．电… Ⅱ．项… Ⅲ．电视节目－策划 Ⅳ．G222.3

中国版本图书馆 CIP 数据核字（2002）第 024875 号

电视节目策划

编　　著：	项仲平
责任编辑：	王　萱
封面设计：	李燕萍
责任校对：	谭　霞
监　　印：	陈晓华
出版发行：	中国广播电视出版社
电　　话：	86093580　86093583
社　　址：	北京市西城区真武庙二条 9 号 (邮政编码　100045)
经　　销：	全国各地新华书店
印　　刷：	廊坊人民印刷厂
开　　本：	850毫米×1168 毫米　1/32
字　　数：	280 (千) 字
印　　张：	12
版　　次：	2002 年 5 月第 1 版　2006 年 1 月第 4 次印刷
印　　数：	11001-16000 册
书　　号：	ISBN 7-5043-3902-4/G·1541
定　　价：	20.00 元